青岛海关年鉴

2022

《青岛海关年鉴（2022）》编纂委员会——编著

中国海关出版社有限公司
·北京·

图书在版编目（CIP）数据

青岛海关年鉴.2022/《青岛海关年鉴（2022）》编纂委员会编著.—北京：中国海关出版社有限公司，2023.4

（中国海关史料丛书）

ISBN 978-7-5175-0645-4

Ⅰ.①青…　Ⅱ.①青…　Ⅲ.①海关—青岛—2022—年鉴　Ⅳ.①F752.55-54

中国国家版本馆 CIP 数据核字（2023）第 036558 号

青岛海关年鉴（2022）

QINGDAO HAIGUAN NIANJIAN（2022）

作　　者：《青岛海关年鉴（2022）》编纂委员会
责任编辑：熊　芬
出版发行：中国海关出版社有限公司
社　　址：北京市朝阳区东四环南路甲 1 号　　邮政编码：100023
编 辑 部：01065194242-7528（电话）
发 行 部：01065194221/4238/4246/5127（电话）
社办书店：01065195616（电话）
https://weidian.com/?userid=319526934（网址）
印　　刷：北京新华印刷有限公司　　经　　销：新华书店
开　　本：889mm×1194mm　1/16
印　　张：18.75　　字　　数：380 千字
版　　次：2023 年 4 月第 1 版
印　　次：2023 年 4 月第 1 次印刷
书　　号：ISBN 978-7-5175-0645-4
定　　价：180.00 元

《青岛海关年鉴（2022）》编纂委员会

《青岛海关年鉴（2022）》编辑部

编辑说明

一、《青岛海关年鉴》由青岛海关组织编纂，旨在全面、客观、系统地记述、反映青岛海关上一年度的工作面貌和发展历程，是集权威性、综合性、实用性为一体的资料性工具书，为读者了解、认识、研究青岛海关提供信息服务，每年出版一卷，本卷为首卷。

二、《青岛海关年鉴（2022）》的编纂坚持以习近平新时代中国特色社会主义思想为指导，载录2021年度青岛海关工作的基本情况，包括青岛海关改革发展的重要举措、重大事件以及成绩和经验，以记录历史、凝心聚力，为推动新时代现代化强关建设提供精神动力和史实支撑。

三、《青岛海关年鉴（2022）》记述时间为2021年1月1日至12月31日。鉴于本卷是首次编纂，综合反映青岛海关发展的前言、概况等内容适当上溯。记述范围为青岛海关及隶属海关单位、直属事业单位管辖事务。

四、《青岛海关年鉴（2022）》采用分类编辑法，设类目、分目、条目3个层级，卷首设专题图片，全书除编辑说明、前言、大事记、附录外，正文部分设有特载、专记、政治建设、业务建设、政务及后勤保障、隶属海关单位、直属事业单位等类目，以条目为基本记述单元。

五、《青岛海关年鉴（2022）》统计数据和单位名称以及标点符号均按国家有关规定执行，计量单位采用国家法定计量单位和国际单位，技术规范、专业名词从规范要求。

前　言

青岛海关是受海关总署直接领导，负责指定口岸及相关区域范围内海关工作运行管理、监督监控的正厅级直属海关，负责辖区范围内的征税、监管、缉私、出入境检验检疫、统计等各项工作。青岛海关辖区范围为山东省青岛、枣庄、烟台、济宁、威海、日照、临沂、菏泽8市。

山东省及青岛地区海关机构的产生、发展有悠久的历史。早在春秋战国时期，各诸侯国之间就设立许多关卡征收商税。宋代在密州板桥镇设立北方唯一的市舶司。清代先后在烟台、青岛设立东海关、胶海关，其中胶海关也是我国第一个设在租借地内的海关。1945年8月，烟台东海关被中国共产党接收，成为最早的人民海关。1949年6月，青岛解放，胶海关回到人民手中。

中华人民共和国成立后，胶海关于1950年2月11日正式更名为中华人民共和国青岛海关，东海关正式更名为中华人民共和国烟台海关；1951年1月1日，烟台海关改为烟台分关，划归青岛海关领导，从此山东省成为一个关区。1953年，海关划归对外贸易部领导，青岛海关与山东对外贸易局合并。1960年，青岛海关为山东对外贸易局下属的处级单位。

1978年12月，中共十一届三中全会以后，在邓小平建设有中国特色社会主义理论指导下，实行以经济建设为中心，坚持四项基本原则，坚持改革开放的基本路线，中国进入新的发展时期，海关建设也得到了恢复和发展。1980年，根据国务院《关于改革海关管理体制的决定》，青岛海关成为直属海关总署领导的厅局级海关。此后随着改革开放的不断深入，青岛海关业务量大幅增加，机构不断扩大，人员逐年增加。2010年，青岛海关税收突破千亿元大关。2012年，青岛海关的隶属机构济南海关升格为直属海关总署领导的厅局级海关。

2018年，根据党和国家机构改革部署，出入境检验检疫管理职责和队伍划入海关；4月20日起，原出入境检验检疫系统统一以海关名义对外开展工作。青岛海关各业务现场、口岸一线、旅检、查验和窗口岗位实行统一上岗、统一着海关制服、统一佩戴关衔。8月1日起，进出口货物整合申报正式实施，原报关单、报检单合并为一张新报关单。12月，海关总署明确了青岛海关的职能配置、内设机构和人员编制。青岛海关共设有副厅级机构4个、正处级机构84个、副处级机构8个，包括机关内设正处级机构21个，隶属海关19个（副厅级2个），副厅级缉私局、副厅级海关总署风险防控局（青岛）及正处级青岛海关风险防控分局；设有派驻纪检组14个、经中央编办审批设立的事业单位23个。出入境检验检疫职责和队伍划入海关后，新海关的职责更宽广、队伍更壮大，海关事业进入崭新的发展阶段。

2021年，青岛海关始终把学习贯彻习近平新时代中国特色社会主义思想作为首要政治任务，全面落实总体国家安全观，严格落实"第一议题"制度，聚焦"三道防线"守牢防疫阵地，用绝对忠诚铸牢国门安全钢铁长城。深入开展党史学习教育，培育推广党建示范品牌，树立鲜明导向，培育高素质干部队伍，以大事实事引领全面高质量发展，幸福青关建设提速推进，全面加强从严治党、从严治关，专项整治走深走实，权力制约监督机制不断健全。纵深推进重点领域改革，多措并举助推山东"走在前列、全面开创"，围绕"两区"建设、黄河流域生态保护和高质量发展，加大首创性改革创新力度，全力培塑青关特色、打造青关样板，在服务扩大开放中体现海关担当、展示海关作为。

目　录

第四篇　业务建设

第五篇　政务及后勤保障

第六篇　隶属海关

第七篇　直属事业单位

第八篇　大事记

第九篇　荣誉榜

“中国海关史料丛书”编委会

海关专题图片

领导活动

◀ 2021 年 7 月 15 日，海关总署副署长王令浚出席由海关总署主办、青岛海关承办的第二届跨国公司领导人青岛峰会海关总署闭门会并致辞

2021 年 7 月 15 日，海关总署副署长王令浚（右一）在青岛海关所属黄岛海关调研新技术应用情况 ▶

◀ 2021 年 4 月 2 日，海关总署副署长邹志武（左二）在海关总署风险防控局（青岛）听取工作汇报

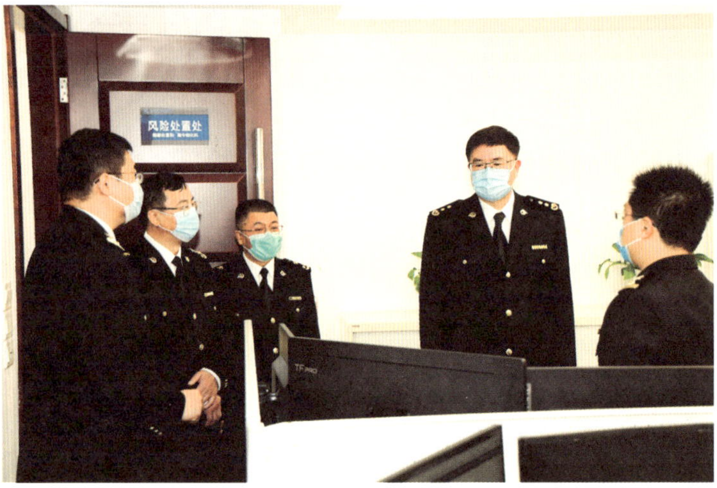

22021 年 4 月 2 日，海关总署副署长邹志武（右二）在海关总署风险防控局（青岛）调研 ►

◄ 2021 年 12 月 8 日，海关总署副署长孙玉宁（左二）在海关总署风险防控局（青岛）听取工作汇报

2021 年 12 月 9 日，海关总署副署长孙玉宁（前排左三）在海尔集团调研 ►

◀ 2021 年 12 月 20 日，青岛海关召开党委理论学习中心组（扩大）学习、统筹口岸疫情防控和促进外贸稳增长工作领导小组第三十三次会议暨形势分析及工作督查例会

2021 年 4 月 27 日，党委书记、关长贺水山（右一）与白俄罗斯共和国驻华大使先科·尤里座谈交流 ▶

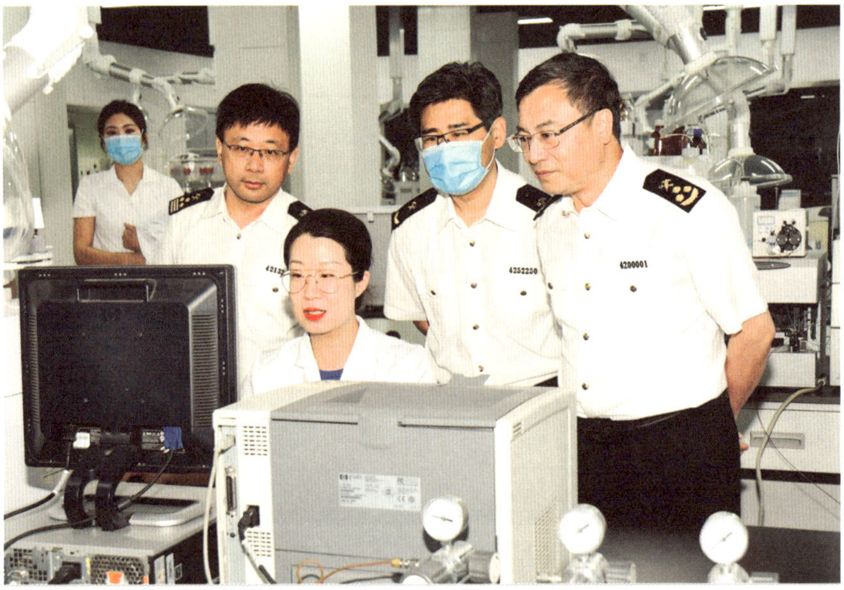

2021年6月17日，党委书记、关长贺水山（右一）在青岛海关技术中心红岛基地调研

2021年7月2日，党委书记、关长贺水山（右二）在青岛海关所属蓬莱海关调研

◀2021 年 6 月 1 日，党委委员、副关长兼政治部主任王学全（右二）出席青岛大港海关旅检科“全国工人先锋号”揭牌仪式

2021 年 11 月 6 日，党委委员、副关长石勇（左二）出席上海第四届中国国际进口博览会以及山东省 RCEP 经济合作高层对话会 ▶

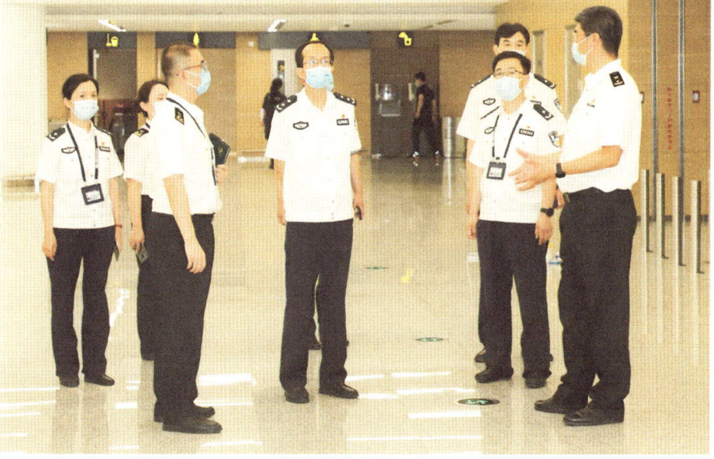

◀2021 年 7 月 20 日，党委委员、缉私局局长陈建新（中）在青岛胶东国际机场调研

2021年6月10日，党委委员、副关长王洪兵（右三）在青岛海关所属荣成海关调研 ▶

◀2021年5月14日，党委委员、党委纪检组组长闵飞（右二）在青岛实华原油码头有限公司实地调研

2021年5月14日，海关总署风险防控局（青岛）局长、青岛海关党委委员朱宏（右三）在威海海关调研 ▶

党的建设

▲ 2021 年 6 月 29 日，青岛海关召开庆祝中国共产党成立 100 周年大会（组图）

2021 年 2 月 7 日，青岛海关党委成员走访慰问部分离退休干部和中华人民共和国成立前老党员 ▶

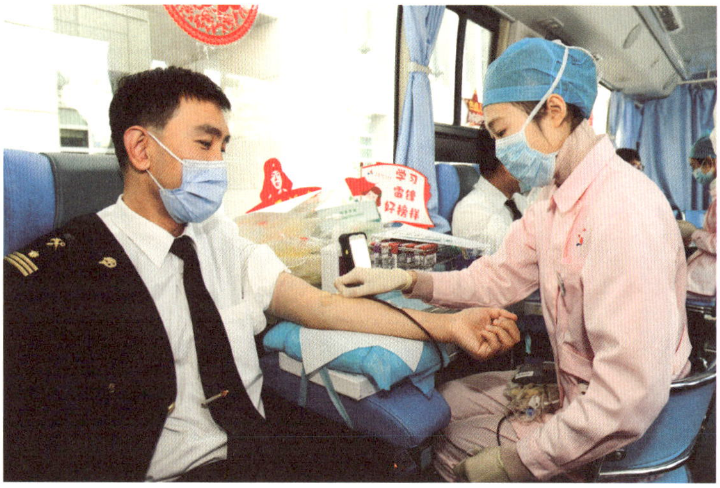

▶ 2021 年 3 月 4 日，青岛海关机关组织开展“传承雷锋精神 勇当热血先锋”无偿献血活动

◀ 2021 年 3 月 5 日，青岛海关机关团委开展“志愿服务月”活动

▶ 2021 年 3 月 28 日，青岛海关所属青岛大港海关在青岛市革命烈士纪念馆开展“缅先烈 学党史 铸初心”清明祭扫活动

◀2021年4月2日，青岛海关所属黄岛海关开展“一针一线绣党旗，颗颗红心永向党”主题活动

2021年5月14日，青岛海关所属烟台海关举办“寻印·初心之旅”城市定向活动 ▶

◀2021年5月28日，青岛海关组织观看由临沂海关关员自行创作的50米剪纸长卷作品《红色百年》

2021 年 6 月 9 日，青岛海关所属日照海关参加“颂歌献给党·奋进新征程”庆祝中国共产党成立 100 周年大型群众合唱艺术节擂台赛 ▶

◀ 2021 年 6 月 28 日，青岛海关所属黄岛海关召开庆祝中国共产党成立 100 周年大会，与会党员代表重温入党誓词．

2021 年 7 月 1 日，青岛海关所属莱州海关举行升国旗仪式 ▶

◀2021 年 7 月 27 日，青岛海关办公室机关党支部参观庆祝中国共产党成立 100 周年青岛主题展

2021 年 9 月 28 日，青岛海关技术中心组织开展红歌会 ▶

◀2021 年 11 月 9 日，青岛海关进出口食品安全处机关党支部在青岛红景新区开展“重温党史 汲取力量”主题党日活动

疫情防控

2021 年 1 月 1 日，青岛海关所属烟台海关关员对入境航班进行登临检疫 ▶

◀ 2021 年 1 月 13 日，青岛海关所属黄岛海关关员在锚地对入境船舶及人员开展登临检疫

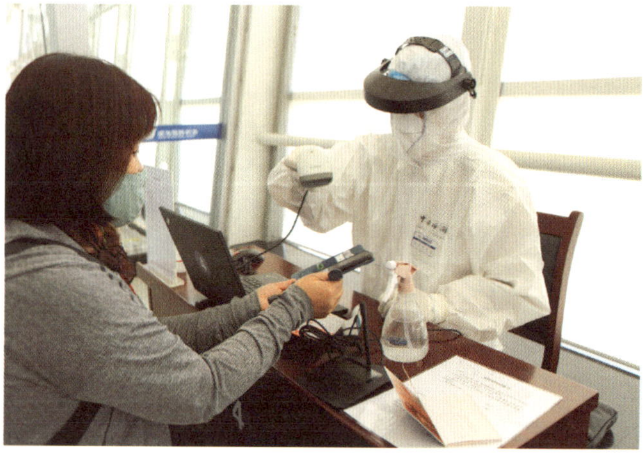

2021 年 1 月 27 日，青岛海关所属威海海关启用智慧卫检系统 ▶

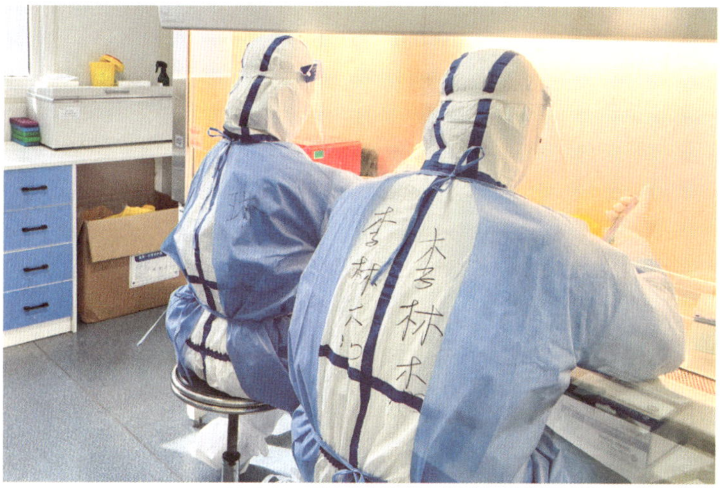

◀2021 年 1 月 29 日，青岛海关所属日照海关实验室人员正在进行新冠病毒核酸检测

2021 年 2 月 2 日，青岛海关所属青岛大港海关卫生检疫人员与地方口岸专班工作人员签署交接单 ▶

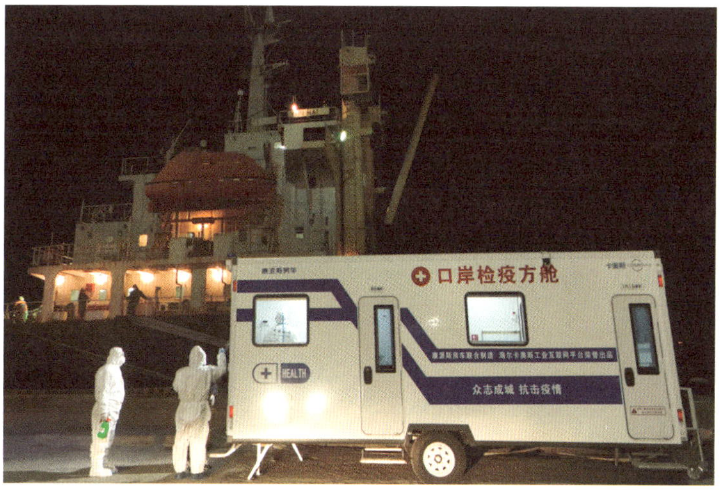

◀2021 年 2 月 16 日，青岛海关所属海阳海关启用移动式检疫方舱对船员开展卫生检疫

2021 年 4 月 22 日，青岛海关 ▶
所属龙口海关关员实施锚地检疫

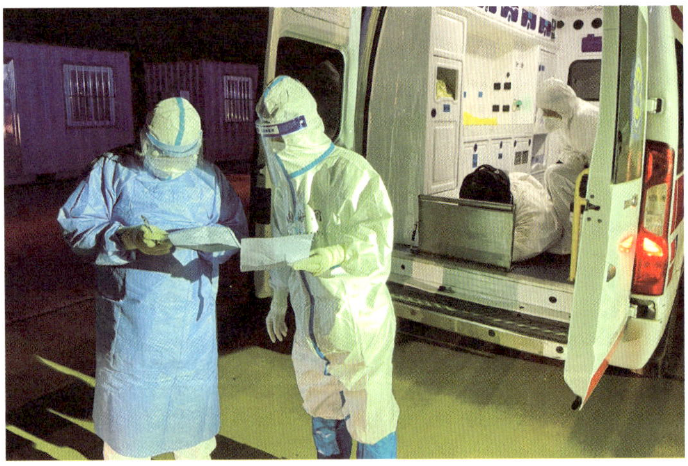

◀ 2021 年 6 月 29 日，青岛海关所属董家口港海关关员与地方卫生部门工作人员办理受伤船员交接手续

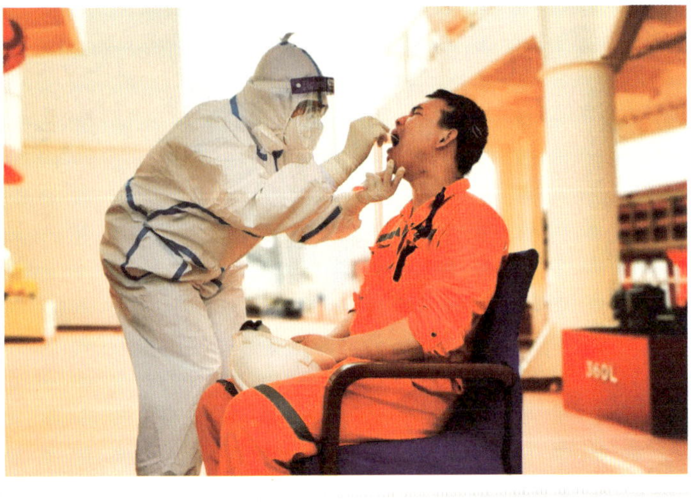

2021 年 7 月 18 日，青岛海关 ▶
所属黄岛海关关员对入境船员进行采样

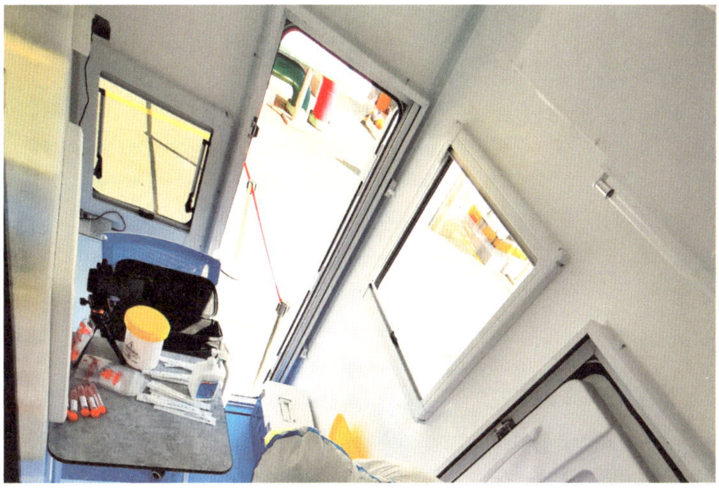

◀2021 年 8 月 10 日，青岛海关所属日照海关关员利用口岸检疫方舱对进境换班船员进行采样

2021 年 8 月 12 日，青岛海关所属青岛胶东机场海关关员对当日转场运营的进境航班人员实施登临检疫 ▶

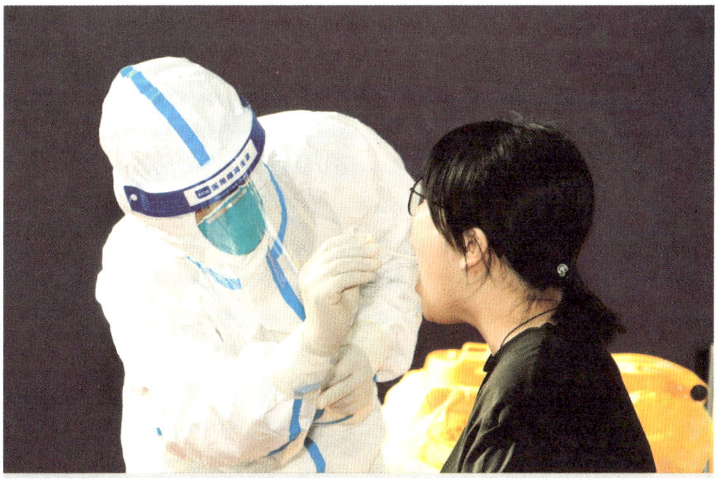

◀2021 年 11 月 25 日，青岛海关举行“口岸新冠肺炎卫生检疫岗位技能竞赛”决赛

业务建设

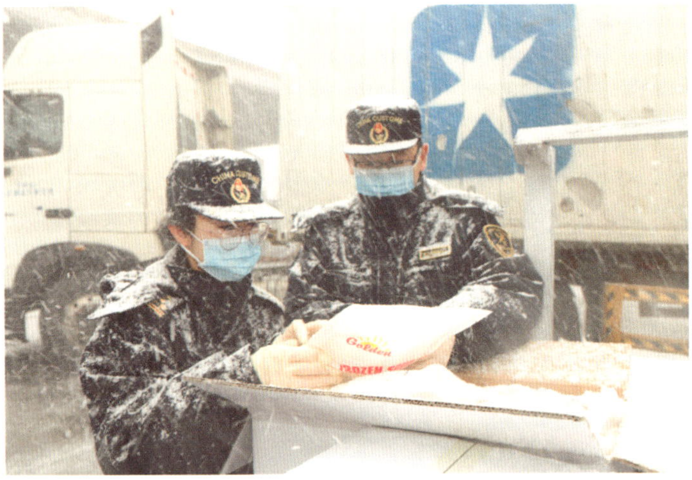

2021 年 1 月 28 日，青岛海关所属荣成海关关员冒雪查验出口禽肉制品 ▶

◀ 2021 年 3 月 29 日，青岛海关所属青岛大港海关关员在辖区食品生产企业宣传进出口食品安全法律法规

2021 年 3 月 31 日，青岛海关所属临沂海关关员在临沂商城市场采购企业现场调研 ▶

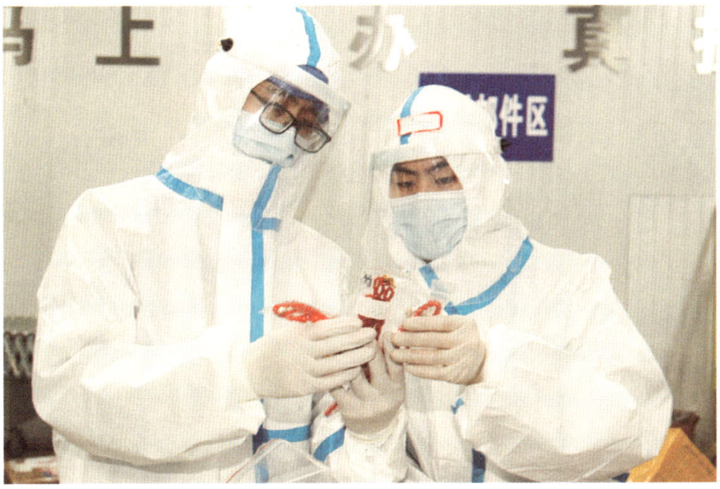

◀2021 年 4 月 8 日，青岛海关所属青岛邮局海关关员现场查获违规邮寄入境红珊瑚制品

2021 年 4 月 10 日，青岛海关缉私警察在进口大豆货舱内查获 200 多千克走私毒品 ▶

◀2021 年 4 月 29 日，青岛海关所属枣庄海关关员在枣庄内陆港验核进境货物

2021年5月7日，青岛海关所属菏泽海关关员对出口芍药鲜切花进行检疫查验 ▶

◀2021年7月5日，青岛海关所属黄岛海关关员对查获的牛皮进行现场查验

2021年7月26日，青岛海关所属即墨海关关员在青岛即墨综合保税区监管直升机出区 ▶

◀2021年8月4日，青岛海关所属青岛大港海关关员在企业宣讲海关主动披露政策

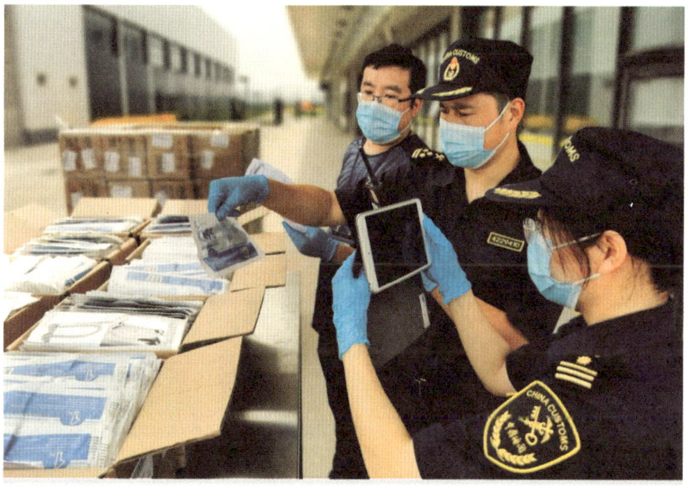

2021年8月13日，青岛海关所属青岛胶东机场海关普货查验监管场地正式启用 ▶

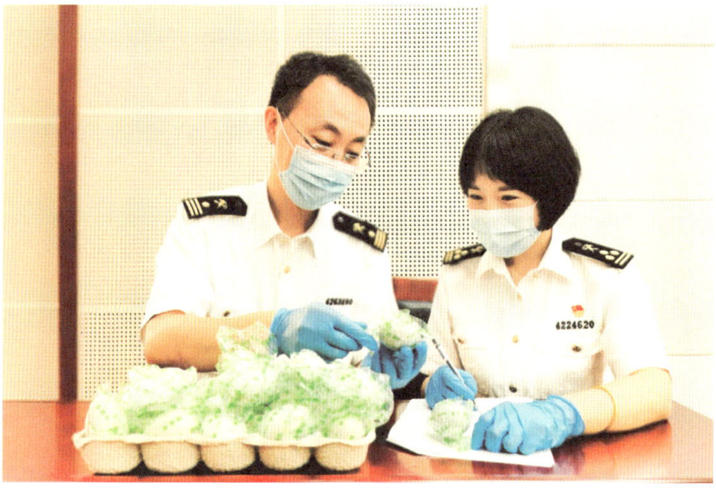

◀2021年8月17日，青岛海关所属济宁海关关员对出口咸鸭蛋进行现场查验

2021 年 8 月 18 日，青岛海关所属莱州海关关员在备案种植基地检查果园种植情况 ▶

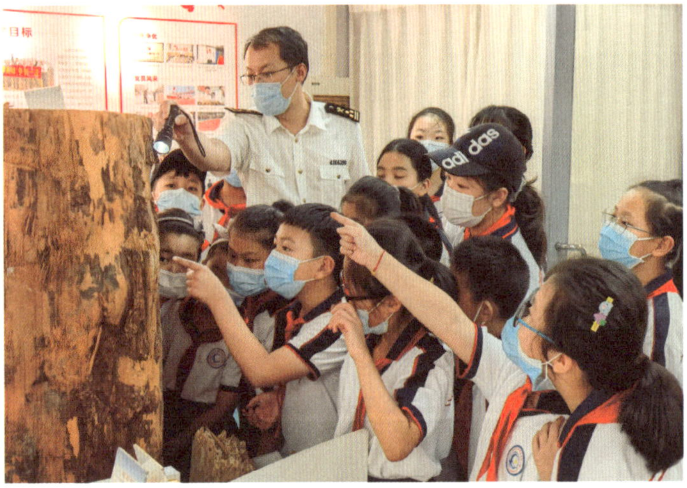

◀2021 年 9 月 14 日，青岛海关所属日照海关关员向学生展示讲解被有害生物侵蚀过的木材虫道

2021 年 9 月 24 日，青岛海关所属即墨海关关员对进境香蕉进行现场查验 ▶

◀ 2021 年 10 月 11 日，青岛海关所属蓬莱海关关员对出口禽肉备案饲养场开展源头监管

2021 年 10 月 14 日，青岛海关所属威海海关关员对出口轮胎进行现场检验 ▶

◀ 2021 年 12 月 3 日，青岛海关所属烟台海关关员现场开展鱼病防治技术指导

2021 年 12 月 9 日，青岛海关所属胶州海关关员现场监管验放“中老国际班列” ▶

第一篇

特载

乘势而上 攻坚突破 推动新时代现代化强关建设再上新台阶

——在2021年青岛海关工作会议上的讲话

青岛海关关长、党委书记 贺水山

(2021年1月29日)

同志们:

这次会议的主要任务是:以习近平新时代中国特色社会主义思想为指导,深入贯彻党的十九大和十九届二中、三中、四中、五中全会及中央经济工作会议精神,全面落实全国海关工作会议部署,总结工作、分析形势,研究安排关区2021年工作。

一、2020年和“十三五”时期工作回顾

刚刚过去的2020年,是极不平凡的一年。关区上下团结一心、砥砺奋进,统筹推进口岸疫情防控和促进外贸稳增长,各项工作取得显著成绩,新时代现代化强关建设实现全面起势。

这一年,最值得肯定的是践行“两个维护”坚决有力。我们坚持发挥政治建设统领作用,持续推动学习贯彻习近平新时代中国特色社会主义思想走深走实,分层级开展十九届四中、五中全会精神轮训,党委同志带头宣讲,推动学懂弄通做实。落实习近平总书记重要指示批示精神坚决有效,参与“蓝天2020”集中行动,立案侦办固废和濒危物种、野生动物走私案件数居全国海关前列,非法进境固废应退尽退;决战决胜脱贫攻坚,“第一书记”帮扶贫困户全部脱贫。“模范机关”建设扎实开展,管党治党责任进一步压实,基层党建“强基提质工程”持续深化;巡视整改完成率、群众满意率100%;立足强关建设发展规划形成细化方案,党委九件大事实事全面见效。

这一年,最来之不易的是新冠肺炎疫

情防控扎实有效。我们坚决贯彻上级部署要求，口岸疫情防控严之又严，建立横到边、纵到底、全覆盖、无遗漏的防控体系，形成全链条防控闭环，采样方舱实现海港全覆盖。进口商品监管细之又细，加强风险监测和监督管理，推动实施口岸环节预防性消毒，及时配合开展国内市场相关溯源调查。内部安全防护慎之又慎，为一线顶格配发防护物资，实施全覆盖健康监测，组建三级保障队伍。

这一年，最令人鼓舞的是国门安全屏障持续巩固。我们全面落实总体国家安全观，检验检疫防线更加牢固，有效截获检疫性有害生物，进口食品、进出口商品监管不断强化。实际监管效能不断提升，深化标准化智能查验建设，建立“多查合一”协同配合机制，开展安全生产专项整治三年行动。打造缉私工作“新样板”，深化全员打私，“国门利剑2020”专项行动深化推进。

这一年，最欣喜自豪的是服务经济发展成效斐然。我们充分发挥部门职能优势，服务外贸稳增长效果明显，第一时间出台应对疫情稳外贸17条、落实“六保”19条措施；加强技贸措施应对，落实减税降费政策；“港站一体化”改革顺利推进，中欧班列业务量持续攀升。推动高水平开放扎实有力，推出自贸试验区监管制度创新举措，牵头成立青岛检验检测认证协会，首创“中国对上合组织国家贸易指数”，海关特殊监管区域全部转型升级为综保区。促进贸易便利化亮点纷呈，口岸营商环境持续优化，青岛口岸在中国十大集装箱海运口岸营商环境测评中排名第二。

这一年，最难能可贵的是改革创新红利不断释放。我们持续创新监管服务模式，重大改革实现突破，“放管服”效应不断放大，“改革2020”全面落地；全国首创企业集团加工贸易监管改革模式。科技创新成效显著，完成“智能审图”二期攻关，研发旅检智能检疫系统，区块链技术在快件监管等多领域应用；1项科技成果获省科技进步一等奖。法治建设扎实推进，青关特色制度体系基本建成，新海关岗位操作手册全新建立；“七五”普法圆满收官。

这一年，最振奋人心的是事业发展动力明显增强。我们全力打牢事业发展根基，干部队伍活力极大提振，出台激励担当作为、干事创业的具体措施，加强事业单位专业技术人才培养；教育培训务实管用，全员学时学分双达标。清廉海关建设持续深化，政治监督走深走实，派驻监督实现“全覆盖”；深入落实中央八项规定精神，持续纠治形式主义官僚主义；强化警示教育，惩治腐败“零容忍”，抓早抓小成为常态，系统集成、协同高效的监督体系逐步构建。

此外，政务运行效能大幅提升，督察审计、内控监督力度加大，财务保障更加有力，后勤服务水平有效提升，工青妇、离退休工作持续优化，博物馆、学会工作取得新进展。

二、把握全局、统筹谋划，在新的起点上全面推进强关建设

2021年是“十四五”规划的开局之年，也是我国现代化建设进程中具有特殊重要性的一年。我们要立足“两个大局”，心怀“国之大者”，准确把握新发展阶段，深入贯彻新发展理念，加快构建新发展格局，确保“十四五”各项工作开好局、起好步。针对当前的形势和任务，关党委将2021年确定为新时代现代化强关建设的攻坚突破之年，全面发起再攻坚，力争取得新突破。

一是聚焦理论武装再攻坚，在践行实效上取得新突破。我们要坚持用习近平新时代中国特色社会主义思想武装头脑、指导实践，把各领域、各条线的工作融入国家发展大局和海关事业全局，敢于担当、主动作为，确保习近平总书记重要指示批示、中央决策部署要求，在关区落地生根、开花结果。

二是瞄准改革创新再攻坚，在广树样板上取得新突破。我们要坚定改革方向，坚持一流标准，优化思路、创新模式、改进方法，不断拓展改革广度和深度。要坚持问题导向，加强调查研究，积极构建系统完备、科学规范、运行有效的监管体系，努力打造具有青关特色、全国领先的“试验田”和“样板间”。

三是突出大事引领再攻坚，在工作落实上取得新突破。关区上下要始终保持“闯”的精神、“创”的劲头、“干”的作风，观大势、谋全局、抓大事，以年度大事实事为抓手，明晰工作标准，优化工作流程，找准弱项、补齐短板，把求实问效贯穿于工作全过程，形成真抓实干、狠抓落实的合力。

四是围绕队伍过硬再攻坚，在凝心聚力上取得新突破。要坚持从严治关，严明纪律、严格管理，打造信念坚定、全面过硬的人才队伍。坚持严管和厚爱相统一，完善监督管理机制，建全激励容错措施，把“严管”体现在日常，把“厚爱”贯穿于始终，激发干事创业的热情和干劲，凝聚矢志笃行的精神和动力。

今年关区工作的总体思路是：以习近平新时代中国特色社会主义思想为指导，深入贯彻党的十九大和十九届二中、三中、四中、五中全会和中央经济工作会议精神，增强“四个意识”、坚定“四个自信”、做到“两个维护”，全面落实全国海关工作会议和全面从严治党工作会议部署，聚焦“五关”建设总要求，坚持大事实事引领战略，乘势而上、攻坚突破，推动新时代现代化强关建设再上新台阶，以优异成绩庆祝建党100周年。

三、再接再厉、真抓实干，全力以赴做好2021年各项工作

（一）筑牢基点，坚决践行“两个维护”。

牢记海关政治机关定位，始终从讲政

治、顾大局的高度谋划工作，走好践行“两个维护”第一方阵。

深入学习贯彻习近平新时代中国特色社会主义思想。始终把贯彻落实习近平总书记重要讲话和重要指示批示精神作为首要任务，坚持“第一议题”制度，围绕《习近平谈治国理政》第三卷和党的十九届五中全会精神学习，分批组织集中轮训和全员培训，推动广大党员干部持续深入学理论、用理论，做到学思用贯通、知信行合一。

持续强化党员干部政治机关意识。开展模范机关创建，争做“三个表率”。巩固深化“不忘初心、牢记使命”主题教育成果，开展好建党100周年系列活动，深化“四史”教育，挖掘和宣传表彰一批过硬典型。将巩固拓展脱贫攻坚成果与乡村振兴有效衔接，保持帮扶政策稳定，依托“第一书记”制定落实“四不摘”具体措施。

（二）聚焦重点，全力守卫国门安全。

把握好开放和安全的关系，深入贯彻落实总体国家安全观，牢牢守住监管底线，切实防范化解重大风险。

持续加强疫情防控。完善常态化口岸疫情防控机制，加强疫情监测和重点布控，严防疫情输入。落实进口冷链食品、高风险非冷链集装箱货物口岸环节预防性消毒要求。构建疫病疫情和外来入侵物种监测预警体系，推进“智慧动植检”建设，严防疫病疫情叠加。持续做好口岸一线和内部安全防护工作。

切实提升监管效能。深化进出口食品智慧监管体系建设，持续开展进口食品“国门守护”行动。推进进出口商品质量安全风险预警监管体系建设。持续落实安全生产专项整治三年方案，完善口岸三级运行监控指挥体系，完善旅检“无感通关”模式，试点旅客分类监管。深入开展知识产权海关保护。加强重点领域专项稽查。扩大主动披露适用范围。加强保税监管场所管理。深化税收征管改革，实行事中分散与事后集中相结合的验估作业模式，深化属地纳税人管理实践创新，不断提升税政研究的精准性、针对性。

保持打私高压态势。开展“国门利剑2021”专项行动，深化关警全员打私，打造反走私“打防管控”立体格局，深化反走私源头治理、综合治理。

（三）破解难点，精准服务经济发展。

主动适应双循环新发展格局，立足山东、放眼全国，精准定位，精细施策，促进更大范围、更宽领域、更深层次的对外开放。

积极服务“六稳”“六保”。固化稳外贸稳外资措施，精准纾困惠企。实施促进资源型农产品进口、服务农产品扩大出口“两大工程”，增加优质食品农产品进口，加快出口食品农产品品牌建设。推进跨境电商B2B出口监管试点，鼓励关区跨境电商多模式业务融合发展，支持市场采购做优做强。做好RCEP协定实施工作。加强技术贸易措施研究储备。

做强做优开放平台。牵头探索沿黄海关合作新模式，制定服务黄河流域生态保护和高质量发展具体措施。推动综合保税区高质量发展，加快青岛空港综保区申建步伐。推进“一带一路”物流通道建设，优化中欧班列和多式联运监管。助力建设世界一流海洋港口，复制推广海铁直运监管模式。

不断优化营商环境。全面落实“放管服”改革36条措施，完善权责清单动态管理机制，建立“放管服”成效评估机制。参与做好新一轮跨境贸易便利化专项行动，继续压缩整体通关时间。推进海关行政相对人统一管理平台建设，持续提高企业协调员服务质效，推进AEO培育示范市、示范点建设。探索开展“一带一路”沿线国家和地区海关国际合作，推进“三智”合作重点项目取得实质性进展。

（四）培塑亮点，持续深化改革创新。

围绕打造“青关样板”，统筹谋划各领域改革发展，提升制度创新和治理能力建设水平。

打造海关改革样板田。坚持“大事引领”，推动关区各项工作创新求强。深化“改革2020”5项创新，强化改革统筹。以自贸试验区、上合示范区为载体加大自主性改革力度，着力打造首创经验。做实做新企业一般纳税人资格试点、仓储货物按状态分类监管等改革举措，做好上合指数的完善、发布和应用。积极参与总署“十四五”规划编制，对照完善关区发展规划。强化业务结合部协调联动，建立业务协调长效机制。建立健全改革问题及建议反馈、解决机制，推动资源配置优化，释放改革效能。

争当科技创新排头兵。深化科技对业务执法的支撑保障。推进新技术应用创新，做好H2018新一代通关管理系统推广应用，研究在智能审图中叠加国门安全管控要求。扩大区块链技术应用。深入推进“智慧缉私”建设。强化数据安全管理。

建好法治青关示范点。实施“法治青关”建设提升活动。做好制度“立改废释”，打造青关制度“样板田”。建立“谁执法谁普法”普法责任制和“普法讲师团”管理制度，制定“八五”普法规划。

（五）把握要点，深入推进固本强基。

坚持打基础、利长远，抓党建、严管带，打造全面过硬干部队伍。

推进党建高质量发展。巩固深化“强基提质工程”，实施基层党建全面提升计划，推进“四强”和“三级”党支部建设。制定党建与业务深度融合的具体措施。建立基层党建实训点，组织党务干部分类培训和研讨交流。强化准军事化纪律部队建设，开展“内务规范强化月”活动。

建设高素质干部队伍。选优配强领导班子，丰富“职务+职级”干部管理模式。扎实推进事业单位改革、专业技术类公务员分类改革和关衔制度改革。构建科学分级分类干部培训体系，建立青关特色“师带徒”长效机制，推进“青关网课”系列精品课程上线。

强化高水平综合保障。实施督查精细化管理，加大新闻宣传力度，做好值班应急、机要保密、建议提案办理、政务公开和信访等工作。围绕中央重大决策部署开展专项审计和跟踪督察，统筹开展关区督察。加快推进节约型机关创建，贯彻落实“过紧日子”要求。用心用情做好老干部工作。

高标准推进党风廉政建设和反腐败斗争。认真落实十九届中央纪委五次全会精神，建立各级党委落实全面从严治党主体责任检查考核机制、党建述职评议制度和履责提醒机制。坚决查处违反中央八项规定精神的问题。用好“四种形态”，一体推进“三不”建设。推进廉政文化建设，常态化开展警示教育。高质量完成巡视“后半篇文章”，持续推进巡察全覆盖。

同志们，新的征程已经开启，让我们不忘初心、牢记使命，发扬为民服务孺子牛、创新发展拓荒牛、艰苦奋斗老黄牛的精神，保持慎终如始、戒骄戒躁的清醒头脑，保持不畏艰险、锐意进取的奋斗韧劲，乘势而上，攻坚突破，努力推动新时代现代化强关建设再上新台阶！

在 2021 年青岛海关全面从严治党工作会议上的讲话

青岛海关党委书记、关长 贺水山

（2021 年 1 月 30 日）

同志们：

这次会议的主要任务是，深入学习贯彻十九届中央纪委五次全会精神，落实全国海关全面从严治党工作会议部署，进一步统一思想、提高认识，明确任务、狠抓落实，切实增强推进全面从严治党的思想自觉、政治自觉和行动自觉。2021 年，关区全面从严治党工作的总体要求是：以习近平新时代中国特色社会主义思想为指导，全面贯彻党的十九大和十九届二中、三中、四中、五中全会精神，增强“四个意识”，坚定“四个自信”，做到“两个维护”，认真落实十九届中央纪委五次全会部署，深入贯彻全国海关工作会议、全面从严治党工作会议要求，坚定政治方向、保持政治定力，大力弘扬“崇法尚德、图强跨越”核心价值理念，坚定不移推进全面从严治党、从严治关，巩固党风廉政建设和反腐败成果，持续推进清廉海关建设，为新时代现代化强关建设提供坚强保证。下面，我就推进关区全面从严治党工作谈几点意见：

一、加强政治建设，坚决做到“两个维护”

全面从严治党首先要从政治上去认识，必须立足“两个大局”，心怀“国之大者”，自觉把“两个维护”作为思想认识上的政治态度和一切实践活动的政治原则。我们要牢记海关工作的政治属性，坚持把政治建关贯穿到各方面、全过程。要坚决做到“两个维护”。把习近平总书记的重要指示批示精神作为“第一议题”和行动号令，第一时间研究部署、第一时间推动落实，构建学习、传达、督促、落实的闭环链条。切实发挥领导班子“头雁”作用，教育引导党员干部在践行“两个维护”上见态度、见行动、见效果。要巩固深化“不忘初心、牢记使命”主题教育成果。将“不忘初心、牢记使命”作为加强党的建设的永恒课题和党员干部的终身课题，把学习习近平新时代中国特色社会主义思想与“四史”教育贯通起来，推进十九届五中全会精神集中轮训。按照中央部署，组织开展“党旗在基层一线高高飘扬”活动。发挥党委理论中心组学习示范带动作用，引领关区各级党组织加强政治学习。要始终坚守政治纪律政治规矩。认真学习贯彻党章、纪律处分条例，做到心有所畏、言有所戒、行有所止。加强政治生态分析研判，定期分析评估，及时纠正问题，确保我们的队伍始终正气充盈。要进一步深化党建引领。围绕纪念建党百年，开展系列活动。开展“过硬”党支部和“四强”党支部创建，大力培树党建品牌，持续深化“强基提质”工程，增强基层党组织的政治功能和组织能力，深入推进模范机关建设。提炼创建全国文明单位的经验做法，在基层海关予以推广，确保关区文明创建工作不断取得新成绩。

二、强化担当作为，压紧责任链条

推动全面从严治党向纵深发展，必须强化责任担当，拧紧责任链条，精准实施问责。根据上级部署，机关党委、各隶属海关党委均制发了全面从严治党责任清单。各级领导干部要坚决扛起主责主业、当好主角，持续压紧压实全面从严治党责任，推动“两个责任”同向发力。要切实担责尽责。“一把手”是全面从严治党第一责任人，要坚持亲自抓、带头做、负总责，围绕年度工作目标，定期组织自查评估，确保各项任务稳步推进。领导班子成员要落实“一岗双责”要求，既管事又管人，做到工作推进到哪里，主体责任就延伸到哪里。纪检监察机构、派驻纪检组和纪检监督员要履行监督专责，敢监督、会监督，通过重大事项请示报告、提出意见建议、推动党委决策落实等方式，切实发挥监督保障执行的作用。要加强监督检查。研究出台加强对党委“一把手”和领导班子监督意见的实施细则，使监督和被监督成为自觉。有关职能部门要加强协作配合，明确监督重点，形成监督合力。要深化评议考核。根据总署部署，系统推进全面从严治党主体责任考核工作，激励担当、促进发展。

三、加强作风建设，彰显海关形象

作风建设既是攻坚战也是持久战，必须马不离鞍、缰不松手，全面从严、一严到底。我们要把“严”的主基调长期坚持下去，持之以恒推进作风建设。要坚决落实中央八项规定精神。深化特权思想和特权现象整治，驰而不息纠治“四风”。对公车私用、违规收受礼品礼金、违规接受吃请、餐饮浪费等歪风陋习，露头就打、反复敲打。坚持“过紧日子”，开展节约型机关创建行动，推动形成浪费可耻、节约光荣的氛围。要力戒形式主义官僚主义。巩固精文减会成果，在确保会议效果的基础上，减数量、减人员、减议程、减时长、减篇幅；结合疫情防控形势，多开“屏对屏”的会，开务实管用、解决问题的会，讲真话、讲短话、讲干货。统筹推进下基层调研、督察督导、检查考核，开展“指尖上的形式主义”排查，持续为基层松绑减负，让基层拿出更多时间来抓落实、谋发展。要全面加强准军事化纪律部队建设。推进“好差评”系统政务服务事项应上尽上，开展“我为群众办实事”主题实践活动，不断增强企业和群众的获得感。聚焦实战实训，重点针对基层业务一线开展练兵比武，培养更多的专业技术人才。常态化开展远程视频检查和行风督察，组织“内务规范强化月”活动，抓好仪式教育，强化号令意识，促进作风纪律养成。进一步优化现场办事流程，推进实施一批“网上办、云上见”举措，以扎实的作风成效展示海关形象。

四、提升监管效能，防控廉政风险

防控廉政风险，涉及海关权力运行的各方面各环节，必须树立系统观念，实现整体推进。我们要坚持教育、管理、监督并举，全面防控廉政风险。要聚焦监督重点。系统分析近年来关区发生的各类案件，找准通关监管、稽核查、检验检疫等传统风险领域以及跨境电商、快件等新业态中存在的风险隐患，紧盯资产管理、基建工程、招标采购、信息化建设、样品处置等非执法领域风险，加强管控，推进“权力在阳光下运行”。要加强教育警示。强化以案说法、以案释纪，抓好纪律教育、政德教育、家风教育，持续开展“警示教育月”活动和清廉文化建设，促使党纪党规内化为日常习惯和自觉遵循。要从严管理干部。坚持思想管理和行为管理相统一、工作圈管理和社交圈管理相衔接，全面识别管理干部。持续规范领导干部配偶、子女及其配偶从业行为，规范干部个人有关事项申报，让党员干部习惯在监督下工作生活。要构建长效机制。聚焦业务运行情况，研判内控节点，精准督察、规范审计，健全“屡审屡犯”问题治理长效机制。发挥“新海廉”平台监督功能，深化“制度+科技”监督体系建设，实现权力运行的精准监督、全程监督。

五、统筹巡视巡察，深化政治监督

巡视是全面从严治党的重要举措和加强党内监督的战略性制度安排。我们要牢牢把握政治巡视定位，贯彻巡视工作方针，发挥巡视巡察震慑作用，既整改问题，又推动工作，不断提升海关制度创新和治理能力建设水平。要持续抓好巡视整改。去年，我们顺利完成了总署巡视整改任务，整改完成率和满意率均为100%，取得了阶段性成效。下一步要认真贯彻习近平总书记关于巡视整改“四个融入”的重要指示要求，对巡视整改效果进行再评估、再验证，对巡视整改中发现的问题进行再聚焦、再整治，有破有立、综合施策，及时将整改效果固化成为制度机制，进一步放大巡视整改成效。要切实提升巡察工作质量。聚焦“四个落实”，围绕贯彻新发展理念、构建新发展格局、推动高质量发展、落实疫情防控、严禁洋垃圾入境、优化口岸营商环境等决策部署开展监督，夯实政治巡察基础。创新方式方法，把常规巡察与专项巡察、机动式巡察和巡察“回头看”，贯通起来、穿插使用，提高监督实效，推进巡察工作“全覆盖”。

六、严肃执纪问责，保持高压态势

从大形势看，腐蚀和反腐蚀斗争将长期存在，惩治腐败任何时候都不能松、不能软，必须准确把握“惩、治、防”辩证统一关系，加大“惩”的力度，完善“治”的举措，提升“防”的效果，做到系统施治、标本兼治。我们各级领导干部特别是主要负责同志，必须始终保持“赶考”的清醒和对“腐蚀”“围猎”的警觉，坚持挺纪在前，严格执纪审查，保持反腐败高压态势。要用好“四种形态”。把正风肃纪与监管服务、深化改革、完善制度贯通起来，主动运用监督执纪“四种形态”，特别是“第一种形态”，抓早抓小，发挥教育警醒、惩戒挽救、惩治震慑的功效。要深入推进“一案双查”。将其纳入全面从严治党主体责任清单，齐抓共管、形成合力，切实提升“一案双查”的精准率和成案率。要严肃查处违纪违法行为。对各类执法腐败、违纪违法问题，一查到底、形成震慑。严肃执纪，坚决斩断“查验代理人”“贴着海关发财”等利益链条。常态化纠治酒驾醉驾问题。要强化追责问责。聚焦政治责任，盯住“关键少数”，随案析责、结案追责，以严肃问责倒逼责任落实。坚持“三个区分开来”，落实容错纠错机制，防范“洗碗效应”，鼓励党员干部担当作为。要增强以案促改实效。开展案件审查时，同步启动以案促改，分析案发原因，查找治理、监管、制度、作风等方面的深层次问题，加强整改督导和成效评估，做到查处一案、警示一片、治理一域。

同志们，让我们坚持以习近平新时代中国特色社会主义思想为指导，奋发进取、砥砺前行，以永远在路上的韧劲和决心，扎实推进全面从严治党、从严治关，为新时代现代化强关建设提供坚强保证，以优异成绩迎接建党100周年。

青岛海关贯彻落实"十四五"海关发展规划暨新时代现代化强关建设2021—2025年行动方案（摘录）

根据海关总署《"十四五"海关发展规划》部署要求，青岛海关编制本行动方案，摘录如下：

一、开启社会主义现代化海关建设新征程

（一）"十三五"青岛海关发展取得重大成就。

（略）

（二）明确青岛海关发展新方位。

"十四五"时期，青岛海关必须立足新一轮科技革命和产业变革深入发展，坐标山东建设新时代现代化强省地位，注重发挥自身职能优势，完整准确全面贯彻创新、协调、绿色、开放、共享的新发展理念，继续强化"崇法尚德、图强跨越"核心价值理念，在新发展阶段的大背景下谋划未来发展，统筹发展和安全，促进内需和外需、进口和出口协调发展，主动承接国家沿海开放战略，助推黄河流域生态保护和高质量发展，全面扩大区域高水平开放，放大开放型经济发展新优势，全力服务构建以国内大循环为主体、国内国际双循环相互促进的新发展格局。继续坚持一流标准，优化思路、创新模式、改进方法，不断拓展改革广度和深度，积极参与"一带一路"、中日韩地方经贸合作示范区、中国（山东）自由贸易试验区2.0版、中国—上海合作组织地方经贸合作示范区等重大平台加快建设，积极构建系统完备、科学规范、运行有效的监管体系，努力打造具有青关特色、全国领先的"试验田"和"样板间"，打造山东对外开放新高地，展现青岛海关新的使命担当。

二、"十四五"青岛海关发展指导方针和主要目标

（三）指导思想。

高举中国特色社会主义伟大旗帜，深入贯彻党的十九大和十九届二中、三中、

四中、五中全会精神，坚持以马克思列宁主义、毛泽东思想、邓小平理论、“三个代表”重要思想、科学发展观、习近平新时代中国特色社会主义思想为指导，为全面建设社会主义现代化国家，实现山东“走在前列、全面开创”目标贡献青关力量。

（四）遵循原则。

具体把握好坚持“党的全面领导”这一根本保证、坚持“以人民为中心”这一价值追求、坚持“新发展理念”这一行动先导、坚持“深化改革开放”这一有利抓手、坚持“系统观念”这一重要方法5个基本原则。

（五）主要目标。

在新海关制度创新和治理能力建设中快人一步、先做先成，各方面制度体系框架搭建完成，在制度更加成熟更加定型上取得明显成效，软硬件综合实力大幅提升，打造一批引领全国海关改革建设的“青关样板”，形成特色鲜明的“青关品牌”，为全国海关系统提供的可复制可借鉴经验做法明显增多，关区各项工作全面进入高质量发展轨道，保持稳中有进态势，“五关”建设各领域各条线工作均走在全国海关最前列，可比性指标位居系统内前三名，在政治建设水平、治理能力水平、法治建设水平、科技发展水平、干部队伍建设5个目标实现突破，大关强关地位得到全面巩固，迈入全国海关第一方队最前列。

专栏1　“十四五”青岛海关发展主要指标

（略）

三、坚决维护国家安全

（六）加强进出境环节实物监管。

统筹口岸监管资源，全面优化物流监管，打造全链条管控体系。提升口岸基础设施和监管智能化水平，构建完善的口岸反恐体系。加强对进出口濒危野生动植物种、易制毒化学品等重点商品口岸监管环节管控。实行旅客风险等级分类管理，构建旅检现场业务运行和监控指挥体系。认真履行蒙特利尔议定书等国际公约有关规定，因地制宜推动关区加工贸易业务高质量发展。

（七）确保税收安全。

构建多层次、立体化税收风险防控格局。打击价格低报瞒报等各类涉税要素偷逃税款违法活动。打造在全国具有示范意义的属地纳税人管理“青关样本”。加强“智慧征管”建设，破解税收征管工作中的难点、痛点。强化非贸渠道的涉税风险防控水平，提升正面管控能力。引导企业用好用足保税、减免税政策，提高企业对税收优惠政策和改革的认知度和参与度。提升税政调研层次和深度，提出有利于促进发展的高质量税政建议。

专栏2　税收风险防控能力工程

（略）

（八）维护口岸公共卫生安全。

推进境外传染病监测哨点建设，建立重大传染病疫情防控联防网络。建立风险管理、全程控制的口岸卫生监督机制，开展“口岸食品安全监督抽检计划”，科学完善卫生处理指征判断机制，推动相关国际卫生海港、国际卫生机场创建。健全口岸公共卫生突发事件应急管理体系，探索建立联合指挥平台，建立健全工作联动机制。积极参与境外疫情监测，加强口岸公共卫生技术支撑建设和国际旅行卫生服务。

专栏 3　口岸公共卫生防控体系建设工程

（略）

（九）严格进出境动植物检疫监管和外来入侵物种口岸防控。

建立项目完备、布局合理的重大动植物疫病疫情和外来入侵物种口岸监测网络，完善有害生物传入的应急处置机制。建立健全便利可控、集约高效的检疫监管机制。不断提升现场检疫、实验室检测、检疫处理等管理规范化水平，积极协助收集国外检验检疫法律法规标准。助力“智慧动植检”应用集成平台建设，密切与地方农业农村、林业等相关部门的合作。

专栏 4　动植物检疫和外来入侵物种口岸防控能力提升工程

（略）

（十）强化进出口食品安全监管。

构建关区进出口食品安全制度体系，健全输华食品准入管理体系，优化进出口食品监督抽检和风险监测机制，建立多部门紧密协作的业务运行机制。完善输华食品国家或地区食品安全管理体系回顾性审查机制，建立健全关区不合格食品信息通报制度，加强与相关监管部门的交流合作。推动出口食品安全监管制度与国内监管制度有效衔接，持续研究跟踪主要贸易国家食品安全法律法规标准及监管体系。

专栏 5　进出口食品安全监管能力提升工程

（略）

（十一）保障进出口商品质量安全。

健全关区进出口商品质量安全风险预警和快速反应监管体系，完善进出口商品质量安全信息通报机制，建立健全关区进出口商品质量安全监管制度规范。积极向总署提出法检目录和检测项目动态调整建议。强化重点敏感商品以及大宗商品安全、卫生、环保检验。持续开展“清风行动”，完善假冒伪劣商品风险信息收集。积极有序推进检验结果采信，规范采信机构管理。探索进出口商品检验监管改革措施，推动新业态发展。

专栏 6　进出口商品质量安全检验监管能力提升工程

（略）

（十二）强化风险有效防控。

统筹关区贸易渠道和非贸渠道的风险整体防控，实现风险防控全覆盖。拓展风险防控视野，促进风险防控在事前、事中、事后监管全链条中有效贯通。建立关区重点领域、重点商品防控档案，深化“洋垃圾”、濒危物种及其制品等重大安全准入风险专项防控。加强济青、沿黄、“一带一路”等区域一体化风险防控协作。完善关区业务风险协同防控机制，提升重大查发现场快速响应能力。依托山东省口岸联防联控机制，构建多元共治的口岸监管新格局。构筑风险信息情报网络，推进与地方政府间的信息交换合作。探索情报专案工作模式，视情组建跨部门工作小组，联合开展专题研判分析。发挥总署风控局（青岛）驻在优势及功能作用，加强具有海运特色的风险防控体系和能力建设，推动联防联控机制、智能分析模型等在关区先行先试，打造两级风险部门协同防控“样板间”。

专栏7　风险管控能力提升工程

（略）

（十三）严厉打击走私违法行为。

围绕突出走私问题，统筹开展“国门利剑”系列联合专项行动。强化打私专业能力建设，优化“智慧缉私”建设，推进“情、侦、法、关”联动机制建设，探索建立“全域动态感知、智能精准研判、高效监测预警”的情报工作体系和“事前预警、主动查发、精准打击、有效管控”的专业打击方式，进一步强化海关全员打私和执法规范化建设。探索建立联合打私机制，增强全社会反走私整体效能。

专栏8　缉私专业能力建设工程

（略）

四、服务国内国际双循环相互促进

（十四）推动共建“一带一路”高质量发展。

支持“一带一路”开放平台建设，助力中国—上海合作组织地方经贸合作示范区建设，助推中国（山东）自由贸易试验区建设和综合保税区升级发展。配合做好与伊朗、黑山两国 AEO 国际互认相关工作。支持省内海港空港与日韩主要口岸建立“多港联动”合作机制，支持亚欧货运大通道建设，优化中欧班列和多式联运监管。开展“一带一路”重点国家和地区的贸易统计分析与监测预警。持续开展对“一带一路”沿线重点国家和地区技术性贸易措施的通报评议和特别贸易关注。探索与釜山海关等韩国地方海关建立合作关系。探索与日本、韩国等国家合作开通相关产品快速通关“绿色通道”，推荐符合要求的出口食品农产品企业在沿线国家注册。充分发挥关区技术优势，配合优化中东欧国家食品农产品输华准入评估程序。

（十五）推动产业链供应链优化升级。

探索创新威海全球打印机制造中心全产业链保税模式，提升高端制造全球竞争力。拓宽保税政策范围，创新保税监管模式，完善按状态分类监管改革。支持在中国（山东）自由贸易试验区青岛片区、烟台片区及综合保税区设立全球供应仓与物流枢纽。优化完善海关保税物流监管，支持在关键物流节点按需建设“中欧班列”保税监管场所。积极支持地方政府在有条件的口岸建设进口动植物及其产品指定监管场地，支持企业建设大中动物隔离场，扩大动植物及其产品进口种类。探索将入境高风险特殊物品逐批评估调整为使用单位生物安全风险控制能力评估。加强知识产权海关保护，强化数据分析应用。

专栏9 知识产权海关保护能力提升工程

（略）

（十六）推动外贸创新发展。

抓好促进山东外贸创新发展系列举措落地见效。引导关区企业提升产业附加值，增强谈判、议价能力。助推企业提升加工贸易技术含量和附加值，促进产业链由加工组装向技术、品牌、营销等环节延伸。研究出台适应外贸新业态发展的支持措施。开展跨境电商零售进口试点，实施“保税网购+线下体验”监管新模式，支持企业依托综合保税区打造网购保税购物中心，引导企业将“跨境电商海外仓”引入综合保税区。推动适应新业态发展的通关便利化措施落地见效。以青岛、威海为样板城市，培育关区服务贸易新的增长点。

（十七）促进内外贸一体化。

助推关区有条件的港口打造粮食进口集散地、粮油加工基地。优化大宗资源性商品“入境检验监管+出区验核放行”的便捷化监管模式，打造全国资源性商品集散中心。支持扩大重点产业的原材料、生产设备、关键零部件进口。鼓励优质消费品进口，助力打造中日韩消费中心、北方特色商品分拨中心等，支持青岛西海岸新区国家级进口贸易促进创新示范区建设。不断完善技术性贸易措施工作机制，促进内外销产品同线同标同质。对海关特殊监管区域内生产的内销商品，探索实施特殊质量安全检验监管便利化措施。

专栏10 技术性贸易措施研究与服务能力提升工程

（略）

（十八）支持区域协调发展。

深化黄河流域关际合作，建立“11+1”关际一体协同机制，建立区域业务异常问题联合快速响应机制。拓展上合指数网站服务功能，提供上合组织国家贸易数据信息服务，支持打造上合组织国家食品农产品进口平台，强化上合示范区进出口商品质量安全风险监测点建设。支持确有发展需要且符合条件的地区设立综合保税区。支持优势食品农产品出口，帮扶脱贫乡村创建出口蔬菜、水果、禽肉备案种养殖基地和备案生产企业，鼓励推广“公司+农户”模式。

（十九）促进跨境贸易便利化。

推动将报关企业纳入“多证合一”改革范畴，做好“注销便利化”工作。推动进出口环节监管证件和通关物流类单据单证电子化无纸化。稳固整体通关时间压缩成效在合理区间。推广海关多元化担保模式，降低企业税收担保成本，增加企业便利缴税渠道。健全完善进出口环节经营服务性收费动态管理机制。加大与 RCEP 成员方有贸易往来的进出口企业信用培育力度，支持中日韩“海上高速公路”建设。

（二十）加快口岸现代化建设。

积极协助地方政府，全力推进“五型”口岸建设，争创全国一流的现代化口岸。完善口岸安全生产联防联控机制，加强与地方应急管理、海事、港航等部门的安全生产监管协作。协同推进效能口岸建设，强化与地方口岸部门的常态化联系配合机制，加大海关业务流程优化、制度创新力度。支持实现国际贸易“单一窗口”功能覆盖贸易物流全链条，积极参与开发山东特色应用项目，支持拓展国际贸易“单一窗口”功能。建设法治口岸，健全完善口岸管理制度，建设绿色口岸，实现口岸资源集约利用、投入产出最优、设施共享共用。

五、持续深化海关改革

（二十一）深入推进“放管服”改革。

持续推进简政放权，2023 年年底前编制完成青岛海关和隶属海关权责清单，建立健全公开、动态调整、考核评估等配套机制，准确界定海关法定职责，厘清权力边界，规范权力运行。规范行政许可事项管理，动态调整行政许可事项清单，加强“海关行政审批网上办理平台”应用和标准化建设。探索事中事后监管制度创新，拓展“多证合一”“双随机、一公开”等改革。在保证数据安全的情况下，推动行政相对人管理系统数据的共享共用。接住接稳接好总署行政审批制度改革任务，落实“谁审批谁负责”工作机制。加强与政府部门间联合检查，加快建设服务型海关，完善首问负责、一次告知、一窗受理、自助办理等制度。

（二十二）深化全国通关一体化改革。

积极承接总署业务改革试点工作。开展业务部门与“两中心”的联合风险研判，强化作业现场与“两中心”之间的执行反馈。强化业务运行监控，做好常态化监控和重要商品进出口业务运行异动情况监测预警。完善与改革相适应的关区组织管理体系。深化关检业务全面融合。优化属地查检作业流程，探索结合企业信用等条件差别化查检作业模式。强化改革系统集成，积极探索海关全业务领域一体化。

（二十三）创新事中事后监管。

推动关区信用管理体系建设，推动“守信激励、失信惩戒”管理原则落地，释放 AEO 政策红利。推进“智慧稽查”建设，加大“互联网+稽核查”应用推广力度，拓展“信息围栏”应用范围，推进分行业后续监管创新。强化涉税、涉检等重点领域的专项稽查，加强对检验检疫违法违规问题的贸易调查和风险研判，开展对粮食、危化品等检验检疫领域专项稽查。优化稽核查工作机制，深化核查双随机及核查领域部门间联合抽查，探索在涉检领域引入第三方协助海关稽核查工作。推动适应跨境电子商务、市场采购贸易方式、海外仓等新业态发展的通关便利化措施落地见效。扩大主动披露范围。

专栏 11 稽查核查能力提升工程

（略）

（二十四）推动自由贸易试验区和特殊监管区域发展。

更好发挥自由贸易试验区先行先试“改革试验田”优势，将海关改革项目优先在自由贸易试验区先行先试。服务国家战略及地方战略部署，协同推进在海关管理机制、管理方式、监管模式和科技手段上的差异化创新、系统集成制度创新，每年至少推出 1 项“管得住、放得开”的海关监管创新举措。做好关区自由贸易试验区改革试点经验的复制推广，更好服务自由贸易试验区高质量发展。推动综合保税区落实促进综合保税区高水平开放、高质量发展的政策措施，“一区一策”助力综合保税区发展成为具有全球影响力和竞争力的加工制造中心、研发设计中心、物流分拨中心、检测维修中心、销售服务中心，服务新技术、新产业、新业态、新模式健康发展。

（二十五）全面提升服务决策能力。

做好前瞻性、战略性、基础性政策研究，着力提升重要课题的研究水平，不断提高政策研究成果的转化率和有效性。深入开展全球贸易、重点商品和贸易市场的监测预警分析，加强贸易数据、业务数据和其他相关数据的价值挖掘和融合分析。做好“中国对上合组织成员国贸易指数”常态化发布工作，探索开展其他区域贸易指数研究。拓展业务分析的深度和广度，完善分析方法手段，实现业务分析与一线业务实践互联互动。继续深化“开门搞研究”合作机制，建立关区分析研究“外脑”智库，建立完善高效有序的智库运行机制，争创总署特色智库。持续深入开展“一关一品”“一处一品”建设，培树服务黄河流域外贸发展、上合组织国家外贸高质量发展、大宗商品等 3~5 个有亮点有特色的分析研究品牌。建立广泛参与、快速反应、高效协同、动态预警的分析研究大格局。

开展统计制度方法探索研究，服务外贸创新发展和产业链供应链优化升级。开展业务统计指标和数据源调研，完善青关特色指标。提升统计调查能力，完善重点企业、重点商品进出口调研机制。提升统计基础数据质量治理能力，探索研究统计数据质量全过程管控，设立二级数据审核中心，建立整合高效、快速反应的数据质量管理机制。完善海关业务数据安全与管理机制，建立与《中华人民共和国数据安全法》相适应的数据分层管控应用机制，建立完善标准统一、流程规范的统计数据服务制度。

专栏 12 特色新型智库建设工程

（略）

（二十六）完善海关技术规范和业务规范体系。

围绕业务数据标准化，有序推进海关业务指标提取口径和加工过程标准统一。落实数据规范体系要求，实现数据规范化、标准化。细化支撑性业务规范，统一各业务现场执法尺度、技术规范。落实适用于全链条监管的统一技术规范。统筹推进海关技术规范工作，积极参与行业标准研发修订。

（二十七）深化财务管理改革。

深入推进预算和绩效一体化改革，建立“全方位、全过程、全覆盖”预算绩效管理新体系。建设标准统一、程序统一、管理统一的财务制度体系，适时出台修订预算绩效管理、固定资产、涉案财物、政府采购等系列规章制度，密切关注业务技术用房建设标准建立进程，积极参与制度起草相关工作。建设具有青关特色的事业单位财务管理制度体系，持续加强精细化管理，发挥智慧后勤“幸福青关”App 作用。优化资产配置，建立符合关区发展需要的资产保障体系。持续推进应急物资储备库建设，分级制定应急物资应急保障响应机制。提升财务管理信息化、智能化水平，全面完成机关本级智慧财务建设，实现关区行邮税、罚没收入移动支付数据集中化。

六、全面推进法治海关建设

（二十八）构建系统完备的关区制度规范体系。

统筹推进制度“立改废释”，全面优化青岛海关制度布局，推进制度、业务类操作规范的集中管理和精细化管理，强化制度性文件的合法性审查，完善制度架构体系，健全制度评估长效机制，青关制度体系全面建成，2025 年前实现制度实施后评估全覆盖。参与推动海关执法密切相关领域立法工作及总署立法后评估工作。

（二十九）严格规范公正文明执法。

全面落实落细行政执法公示、执法全过程记录、重大执法决定法制审核等制度，动态调整完善相关工作清单，按时编制并公布行政执法统计年报。规范行政执法自由裁量权，制定、细化行政处罚裁量基准，推行轻微违法行为依法免予处罚清单，强化对重大行政处罚案件、重大行政执法决定的集体审议把关。建立健全执法监督检查机制，加强行政复议能力建设，严格落实重大行政诉讼案件挂牌督办和败诉风险预警制度，以“零败诉”倒逼执法规范化。探索建立信访、行政复议、行政诉讼等的纠纷多元预防调处化解综合机制，深入推行行政执法案例指导制度，打造“模拟法庭”平台，丰富“以案释法专栏”内容。

（三十）强化法治保障作用。

加强对业务改革创新措施以及相关配

套文件的法律论证和合法性审查，对审查内容实行目录管理，完善跟踪反馈和评估制度。运用法治思维和法治方式推动海关业务改革，及时将成熟的业务改革经验和举措固化为制度规范。持续关注和加强对涉及海关国际规则及涉外法律制度的比较研究。

（三十一）营造良好法治环境。

严格落实主要负责人履行推进“法治青关”建设第一责任人职责，完善党委中心组集体学法、年终述法制度，建立健全领导干部任前考法和应知应会法律法规清单制度。强化法治队伍及后备人才的培养与使用，加强关区公职律师队伍建设，强化关区公职律师的统一调配使用，形成科学专业的法治人才梯队。进一步加强法律顾问工作，建立以内部法律顾问为主体、外聘法律顾问为补充的关区法律顾问队伍。制订关区“八五”普法工作规划，开展海关法治宣传日、国家宪法日暨宪法宣传周等重要节点集中普法活动，把“青关法语”建成具有高辨识度的普法品牌，推动具有青关特色的法治文化从有形覆盖向有效覆盖转变。

七、全面提升科技创新应用水平

（三十二）强化国门安全科技保障。

面向口岸重点应用需求，在核生化、危化品等重点国门安全领域加快共性技术与装备研发应用，按照一体化思路组织实施重点关键难题攻关。强化重点领域新技术应用，在有害生物监测与预警防控等方面进行创新研究，加强对防疫物资、固体废物属性鉴别等重要贸易商品的风险识别、检测技术及监管技术研究。开展数据建模和数字孪生助力海关风险分析与防控现代化研究等。采用“揭榜挂帅”等方式，破解国门安全管控相关技术难题。建立“金标准”成果评价机制，推进先进实用的科技创新成果落地应用。建立科技创新经费长效保障机制，加大对科技创新的支持和投入力度。探索“开门联合”的工作模式，实现科技创新的“实战”目标。开展“联研联创”，探索区块链、人工智能、云计算等高新技术在一线监管领域的应用。

专栏 13 国门安全关键技术提升工程

（略）

（三十三）增强关区信息化支撑能力。

规范信息化应用项目管理，做好署级食品安全信息化项目建设，推广应用H2018新一代通关管理系统，加快信息系统整合优化，加强智能审图、智能化卡口、区块链等技术应用，实现“支撑引领”发展目标。构建多系统集成统一、多业务协同办理的政务服务总门户，推进移动政务服务平台建设，拓展移动政务服务场景，探索建立政务大数据平台，实现“智慧政务”建设目标。建设山东省网络安全试点示范工程项目，建立“一个中心，三重防护”关区网络安全保障体系，完善态势感知平台、病毒防范与补丁分发集中管控平台，实现“零风险、零泄漏”防控目标。加强海关科技资产管理，研究大数据分析、机器学习在海关运维中的应用，建立监控预警、运维处置、运行优化、分析展示的全链条一体化的“智慧运维”体系，实现“智能高效、定位准确、随需而动”运维目标。加快国产化软硬件推广应用，构建国产应用支撑生态。稳步推进国产桌面云在关区的试点应用。构建“无感顺势、精准高效”的现代化智能机检监管作业模式，提升装备应用绩效。

专栏 14　智慧运维建设工程

（略）

（三十四）深化大数据应用。

深化大数据技术研究，继续优化完善关区大数据池。积极引入外部数据，开展国务院部门数据资源申请使用。持续推进数据治理工作，加强元数据管理、数据标准管理、数据质量管理、数据集成管理、数据安全管理等工作。加强数据管理，强化数据分析工具应用，通过整合分布式数据库、全文检索引擎、机器学习算法、深度学习算法、知识图谱、微服务等产品，建设集基础数据服务、算法开发、模型管理等功能于一体的智能分析平台，构建从数据到知识的智能化生产环境。强化应用水平，运用大数据算法解决实际业务中的难点和痛点。探索大数据和智能算法在风险预测、单证识别、关系抽取、实体识别方面的应用。

专栏 15　大数据应用提升工程

（略）

（三十五）加强实验室整体规划和协同建设。

通过整合现有国家检测重点实验室资源，积极争取建设署级中心实验室，引领关区生物安全、食品安全、消费品安全等领域的实验室发展。根据青岛海关业务特点和发展需要，不断完善国家检测重点实验室、区域中心实验室、常规实验室三级规划布局。合理布局关区技术机构，打造顺畅便捷的实验室检测网络体系。充分发挥科技协作区作用，助力黄河流域和“一带一路”海关科技协作。建立实验室检测数据与海关业务数据的关联，更大限度发挥实验室检测数据对海关业务的技术支撑作用，提高实验室信息化管理水平。积极发挥青岛海关技术中心红岛检测基地对海关直属院校人才培养的支持作用。

专栏 16　关区实验室技术支撑工程

（略）

八、构建青岛海关大外事工作格局

（三十六）推进“三智”合作。

深入挖掘“三智”理念内涵，深化大数据、云计算、人工智能、5G、区块链等新技术应用，推进关区“智慧海关”建设。支持丰富国际贸易“单一窗口”功能，优化口岸营商环境。深化中韩海关风险防控合作，推动建立风险信息特别是重点商品信息互换机制和合作防控机制，深入推进“智能边境”建设。广泛宣传推介“三智”重大倡议，提升“三智”认知度，扎实推动“智享联通”建设。

专栏17 全面推进“三智”建设和合作工程

（略）

（三十七）深化对外合作伙伴关系，加强与港澳台地区海关检验检疫交流合作。

持续巩固深化与韩国仁川海关、釜山海关关际合作，推进建立与日本大阪海关的关际合作，积极服务国家中日韩三国合作战略大局。充分利用中国—上海合作组织地方经贸合作示范区发展平台，到2025年前选择与青岛海关辖区业务联系紧密的1~2个上合组织国家或“一带一路”沿线国家和地区，开展建立关际合作关系可行性研究，申请并争取总署工作支持。深化与港澳台地区海关检验检疫交流合作，推进与港澳地区海关在卫生检疫、动植物检疫、食品安全、商品检验、经贸协定、知识产权保护、口岸通关、打击走私等领域规则衔接、制度对接和数据共享互通。在AEO互认、知识产权保护、打击走私等领域探索推进与台海关务实合作。

（三十八）推动自由贸易协定实施和落地见效。

围绕《区域全面经济伙伴关系协定》（RCEP）等新签和升级自由贸易协定，深化与商务、贸促会等部门以及沿黄流域海关合作，加强政策宣贯和培训，“靶向”开展原产地、技术性贸易措施等专业指导，推动关税减让、原产地规则、海关程序、检验检疫、技术标准等规则落地实施。与地方政府共建RCEP原产地证书审签中心，优化升级关区原产地证书虚拟审签中心，围绕市场采购等新业态改革原产地签发等管理模式，扩大经核准出口商覆盖范围，提高原产地证书自助打印和企业自主声明比例。以对韩经贸合作为重点构建自由贸易协定实施效果测度指标体系，加强《全面与进步跨太平洋伙伴关系协定》（CPTPP）等前期工作研究。

九、持续推进准军事化海关纪律部队建设

（三十九）加强党的建设。

建立形势分析及工作督查例会机制，将学习习近平总书记重要讲话及重要指示批示作为“第一议题”。健全党建工作机制，完善上下贯通、执行有力的组织体系，大力实施青年理论学习提升工程。巩固深化“强基提质工程”成果，统筹开展“四强”和“三级”党支部建设，建立完善机关部门与基层单位联学联建机制，推进“一支部一品牌，一品牌一特色”工作。建好用好青岛海关博物馆、隶属海关关史馆等关区特色资源，打造青岛海关红色基因现场教学点；建立集革命传统、党性教育、爱国主义教育于一体的教学体系。全面加强离退休干部党的建设，大力推进离退休干部工作“信息化、精准化、

规范化”三化建设。加强工会、共青团、妇女组织规范化建设。

（四十）加强领导班子建设。

加强政治思想建设，实施“一把手”政治能力提升计划。选优配强领导班子，畅通领导干部交流渠道，着力形成年龄梯次配备、专业优势互补、来源渠道广泛的合理结构。健全知事识人体系，分类别、分领域建立和完善后备干部人才库，形成有进有出、优进拙退的动态管理机制。通过“选育管用”环环相扣又统筹推进的全链条机制，打造清正廉洁好干部队伍。大力培养选拔优秀年轻干部，完善“选育管用”全链条机制。进一步加强企事业单位领导班子建设，统筹使用行政和事业编制领导干部。不断加强执法一线科长队伍建设。完善“三位一体”干部考核体系，健全领导干部任职评估机制，强化考核评价结果运用。

（四十一）加强人才队伍建设。

大力实施人才强关，打造一支数量充足、结构合理、素质优良、充满活力的人才队伍。对特殊人才实施精准培养，推荐参加拔尖人才、享受政府特贴专家遴选；鼓励事业单位科研技术合作，以科研合作促进专业技术人才成长。分级分类建设海关专家库，进一步优化人才专业结构，大力开发急需紧缺人才，补充引进卫生、外语、法治等人才队伍储备，统筹培养重点领域人才，大力推进综合管理人才、行政执法人才和专业技术人才队伍建设。持续优化领导干部年龄结构，进一步提高干部队伍综合素质。建立完善专业技术人才管理制度，营造积极开放、充满活力、创新发展的人才环境。

（四十二）加强干部教育培训。

把学习贯彻习近平新时代中国特色社会主义思想作为首课、主课，贯穿始终、覆盖全面。切实发挥干部教育培训在海关业务改革和队伍建设中的先导性、基础性、战略性作用。以素质培养为中心，以“小而精、管用实用、群众欢迎”为导向，创新培训方式方法，完善全面系统的培训内容体系，建立高效顺畅的教育培训工作机制。

专栏 18　教育培训水平提升工程

（略）

（四十三）加强文化建设。

大力加强海关职业道德教育，开展践行青岛海关核心价值理念先锋示范行动，加大典型培树和表彰奖励力度，打造一批具有典型示范作用的先进集体和个人。推进文化载体、文化设施、文化活动“三个阵地”建设，开展丰富多彩的文化体育活动，推动形成一批青关特色文化品牌，建设具有鲜明青关特色的文化体系。加强关区新媒体建设，构建全员参与、内外联动、上下一体的海关新闻舆论新模式。做好重大活动、重大事件和重大项目的专项档案收集、整理、监督指导及保管工作。

（四十四）加强党风廉政建设。

探索推进关区全面从严治党主体责任考核，推动政治监督常态化、日常监督实化细化，细化“一把手”和领导班子任务分工，以有效监督把“关键少数”管住用好。坚决落实中央八项规定及其实施细则精神，扎实开展为基层减负工作，建立基层问题及合理化建议征集机制，加大监督指导力度。强化“制度+科技”成果运用，加强权力的监督制约，推进廉政风险源头防控，重点纠治侵害群众利益的不正之风和腐败问题。聚焦重大决策部署、重大改革措施落实情况等开展跟踪督察，围绕关区大事实事、年度重点工作任务统筹自主督察，提升督察整体成效。持续开展领导干部经济责任审计，坚持任中审计与离任审计相结合，落实审计全覆盖要求，按照总署要求有重点地开展专项审计，提升审计监督质效。巩固内控机制建设成效，开展关区内控节点岗位清单制管理，加强内控节点应用。运用海关执法评估体系，有针对性开展专题评估。创新巡察工作方式方法，完善巡察制度体系，建设有序、精准、高效的青岛海关巡察工作机制。深化构建系统集成、协同高效的监督体系，推动派驻监督从“有形覆盖”到“有效覆盖”，统筹衔接纪律监督、监察监督、派驻监督、巡察监督。深入推进清廉海关建设，持续开展领导干部配偶、子女及其配偶从业自查抽查工作，推进家庭助廉、文化倡廉及警示教育月活动。

十、实施保障

坚持在青岛海关党委的领导下，有效激发广大干部职工的积极性、主动性、创造性，凝心聚力，协同配合，有序推进，形成强大合力，保障本行动方案有效落实。

（四十五）加强组织部署。

（略）

（四十六）全面统筹推进。

（略）

（四十七）强化支持保障。

（略）

（四十八）狠抓督导落实。

（略）

第二篇

专记

青岛海关服务黄河流域生态保护和高质量发展

2021年，青岛海关认真学习贯彻习近平总书记在深入推动黄河流域生态保护和高质量发展座谈会上的重要讲话精神，扎实落实《黄河流域生态保护和高质量发展规划纲要》《山东省黄河流域生态保护和高质量发展规划》部署，围绕生态保护根本要求，立足高水平对外开放需求，务实开展黄河流域海关一体化协作，助力山东建好黄河流域最便捷出海口，打造黄河流域高质量发展桥头堡。2021年，沿黄河流域9省区进出口5.6万亿元，同比增长27.9%，占同期我国外贸进出口总值的14.3%，占比提升0.7个百分点。其中，出口3.3万亿元，同比增长31.5%，占我国出口总值的15.2%；进口2.3万亿元，同比增长23.2%，占我国进口总值的13.2%。

一、牵头构建黄河流域关际合作新模式

2021年，青岛海关成立以关长贺水山为组长的服务黄河流域生态保护和高质量发展领导小组，先行一步开展全业务领域的区域关际合作研究，通过深入分析调研，第一时间形成翔实的基础素材，为总署正式出台服务举措提供第一手材料。2021年7月6日中央推动黄河流域生态保护和高质量发展领导小组会议在济南召开后，总署即于7月14日出台12项服务重点举措，指定由青岛海关牵头“11+1”(包括黄河流域9省区涉及的太原、呼和浩特、满洲里、青岛、济南、郑州、成都、西安、兰州、西宁、银川海关11个直属海关和黄河流域西部重要通道涉及的乌鲁木齐海关）黄河流域关际一体协同机制，并设立“海关服务黄河流域生态保护和高质量发展协调办公室”，承担区域各海关之间的统筹协调、督促推进和内外联络。2021年，青岛海关协调区域其他11个海关建立5项关际一体协同机制，成立14个条线工作专班，协同推进28项重点攻坚项目。

二、全力筑牢国门安全防线

2021 年，区域海关建立沙漠蝗、高致病性禽流感、红火蚁等黄河流域重点警戒动植物疫病疫情联合监控机制，协同推进黄河入海口口岸病媒生物本底监测和预警防控体系建设，维护黄河流域生态环境安全和生物多样性。青岛海关深入开展“国门利剑 2021”“蓝天 2021”专项行动，立案侦办走私象牙等濒危动物制品案件 33 起，查证走私固体废物8,500余吨，完成固体废物退运出境7,118吨，坚拒“洋垃圾”于国门之外；开展“国门绿盾 2021”等专项行动，严防动植物病虫害传入传出和外来有害生物入侵，全年截获大豆北方茎溃疡病菌、小麦线条花叶病毒等有害生物 5.5 万余种次，非贸渠道截获活体动植物疫情 366 批次，降低了黄河流域小麦、大豆等主要农作物减产风险，维护了区域农林牧渔业生产安全。青岛海关联合济南海关、烟台大学等单位承担的“口岸外来有害生物及媒介的联合监测与预警防控研究应用”项目获省重点研发计划立项。

三、助力畅通黄河流域国际物流通道

2021 年，青岛海关首创“陆海联动、海铁直运”监管模式，赋予内陆港码头前沿功能，境内综合运输成本下降 20%，已复制到淄博、滨州、济南等多个内陆港；创新实施“水水中转”智能管理，实现青岛前湾港水水中转24小时自动化作业，支线船与干线船无缝衔接，降低单箱中转成本约 200 元；发挥中国—上海合作组织地方经贸合作示范区（以下简称“上合示范区”）东西双向核心节点作用，推行区港一体化，支持海铁集装箱自由换装和“日韩陆海快线”“上合快线”开通，同时推广“船边直提、抵港直装”，助力构建东联日韩、西接中亚欧洲大陆的国际大通道。青岛海关支持开展以铁路运输为纽带的多式联运业务，允许中欧班列货物多程转关，支持多式联运中心开展组货及内外贸货物混编运输业务，促进“齐鲁号”中欧班列业务快速发展；支持增建多式联运监管中心与山东济铁物流园之间的公路闸口，便捷集、散货物调拨，优化铁路整体运输效能。2021 年，青岛关区共开行中欧班列1,077列、载货 8 万标箱，同比分别增长 11.7%、14.2%。青岛海关高质量完成胶东国际机场转场启用相关工作，实行旅客出境“海关+安检一次过检”、进境“先期机检+智能拦截”，推进进境托运行李先期机检和出境行李“一次过检”改革。

四、全面促进优势产业高质量发展

2021 年，青岛海关大力扶持优势产业，支持山东打造东北亚水产品贸易中心，获批开展来进料加工鳕鱼鱼胃业务，强化快捷通关和分类分层管理，助力特色鲜活水生动物扩大出口；积极开展企业对外注册推荐，关区获欧盟注册水产品加工企业和渔船数分别占全国的 33.1%、

41.2%。青岛海关创新实施出境竹木草制品“线上查检”新模式，助力关区出口竹木草制品货值同比增长53.8%。青岛海关充分发挥技术性贸易措施作用，促成韩国、欧盟调整技术法规，输韩泡菜、动物源性食品和花生等出口产品每年获益约33亿元。青岛海关支持扩大重点商品进出口，推行棉花“集成查检+分次出区”，对进口原油、矿产品开展“先放后检”、保税状态下混兑调和、优化“保税分拨”检验监管模式、“品质依申请检验”等改革，进口原油单批货物验放时长减少48小时以上，矿产品单批货物验放时长由7天压缩为3天以内。青岛海关推进进出口食品农产品示范口岸和出口食品农产品品牌建设，深化进境散装粮食靠泊检疫等措施，便利种牛等优质种质资源进口。青岛海关支持新兴业态发展，创新推出“网购保税+线下展示”跨境电商监管新模式，畅通海、空两种方式退货渠道，支持青岛建设国家跨境电商综合试验区，全面参与跨境电商B2B监管试点；支持开通3条跨境电商货运包机航线和中欧班列“齐鲁号”跨境电商专列，指导企业用好“直接出口”和“出口海外仓”等新政策，引导线上线下融合发展。

五、持续加强风险联防联控和信息互联互通

区域海关加强风险信息收集，采集涉及固体废物、濒危等各类风险信息；开展风险联合验证处置，就危险化学品逃检风险开展专题风险联合研判，查实风险企业19家；强化稽查领域合作，对河南鹿邑县、郸城县化妆刷行业出口退税开展跨关区稽查，查发出口骗退税案件5起，案值2,170万元，并通报地方政府，进一步规范企业经营，促进行业健康发展。区域海关构建黄河流域外贸运行态势监测机制，定期开展域内重点行业、特色商品、外贸发展质量效益监测预警分析，共享交流域内省区外贸分析报告，发布黄河流域整体外贸运行情况分析。青岛海关持续推进中韩“检测前置、结果互认”，2021年共有74批食品农产品到达韩国口岸后免除现场查验和常规抽检，实现直接通关。

（撰稿人：魏同欣）

青岛海关推进《区域全面经济伙伴关系协定》（RCEP）实施准备

2020年11月15日，全球规模最大的自贸协定——《区域全面经济伙伴关系》（RCEP）正式签署。青岛海关积极落实总署和山东省委省政府部署要求，坚持支持全国和服务关区并重的原则，立足职能优势，积极推进RCEP实施准备工作，助力企业抢抓RCEP先机，助力提升外贸发展的质量和效益。2021年，山东对RCEP成员方进出口1.03万亿元，同比增长32.9%，高出外贸整体增速0.5个百分点。

一、开展“FTA原产地管理提升年”，加强政策宣介

联合济南海关、山东省贸促会、青岛市贸促会印发关于开展“FTA原产地管理提升年”活动的相关通知，发起成立全国首个省级原产地签证技术联盟，组织山东省原产地岗位技能比武，加强全省统筹，提升抢抓RCEP新机遇的整体效能。2021年，全省原产地签证机构采用“线上+线下”方式举办120期RCEP政策宣贯会，培训规模超万人。以对日出口和“两头在外”贸易为重点，对400多家重点企业一对一“靶向”开展政策推介，指导企业提前谋划开拓海外市场。

二、主动对标、先行先试，抢占“示范领跑”高地

在全省率先出台助推山东省抢抓RCEP机遇先期行动方案，推出25项硬核措施，支持上合示范区、中国（山东）自由贸易试验区、RCEP青岛经贸合作先行创新试验基地、中韩自贸区地方经济合作示范区对标RCEP等国际高水平经贸规则先行先试。在5个隶属海关启动RCEP海关监管服务创新试验基地建设，研究确定70余个创新项目，鼓励基层海关因地制宜培育具有“领跑”性质的业务场景，持续向各类开放平台赋能。推广应用进出口货物“提前申报”“两步申报”通关模式，将整体通关时间控制在合理区间，推进输韩食品农产品“前置检测、结果互认”，落实RCEP易腐、快运货物“6小时放行”要求。优化金伯利进程实施机制，支持青

岛空港口岸启用RCEP新通道进口毛坯钻石，打通山东省钻石加工业供应链梗阻。

三、深化原产地管理改革创新，便利企业享惠自贸协定

积极推进原产地管理创新，打造数字化审签平台，推进原产地证书虚拟审签中心建设。依托RCEP青岛经贸合作先行创新试验基地，全国首创关地共建原产地证书审签中心，并在上合示范区设立国内首个以服务上合经贸合作为特色的审签中心，打造全国领先的综合性企业服务平台，为企业提供享惠方案设计、证书签发等一站式服务，中央电视台《新闻联播》两次对此进行报道。推广应用原产地证书自助打印和智能审核，推动青岛海关与山东贸促会系统互认原产地调查结果，全国首创原产地证书领事认证“一窗受理”。2021年，青岛海关关区原产地签证“零跑腿”办证的比重达到63%，“零等待”审核的比率超过七成，“零重复”调查实现100%。

四、承担关税实施准备任务，保障RCEP顺利生效

在承担总署RCEP关税实施准备工作专班实施执行组牵头工作的同时，打造“2+10+20”（2名总署专班成员、10名参加总署线下集中工作人员、20名青岛关区专班成员）的人员保障模式。青岛海关牵头完成《海关经核准出口商操作规程》等2个RCEP实施文件的起草，并参与完成总署RCEP原产地管理信息化应用项目报关单申报模块改造和原产地签证系统开发的需求编写、系统测试，承担系统上线后报关单申报和审单规则两个模块的全国业务支持，保障按时完成RCEP生效前的准备工作。

（撰稿人：赵广英）

第三篇

政治建设

党建工作

【概况】2021年，青岛海关党的建设坚持以习近平新时代中国特色社会主义思想为指导，以党的政治建设为统领，以党史学习教育为主题，以庆祝中国共产党成立100周年为主线，聚焦围绕中心、建设队伍、服务群众，全面推进党的建设高质量发展。深入推进政治机关建设，一以贯之抓好习近平总书记重要讲话和重要指示批示精神的学习宣传贯彻。扎实开展“我为群众办实事”实践活动，推进党史学习教育走深走实。将文明创建工作和模范机关建设纳入“党委大事实事”，推动机关党的建设走在前、作表率。深化“强基提质工程”，完成直属机关党委、纪委、团委换届。推进“政治功能强、支部班子强、党员队伍强、作用发挥强”“四强”和“三级”党支部建设，以党建品牌创建和党建课题研究推动党建难题攻坚，促进党建与业务深度融合。深化准军事化纪律部队建设，开展“内务规范强化月”和“警示教育月”活动。

【宣传思想文化】2021年，青岛海关开展党史学习教育宣传，深入挖掘“人民海关第一关”红色故事，申报海关红色教育基地。在“青关好声音”微信平台开设“红色印记”“党史精读”“学史进行时”“青关红色档案”等系列专题，发布60余篇。统筹做好对外宣传，在“学习强国”平台发布稿件25篇，在《中国国门时报》《大众日报》《金钥匙》等报刊、平台共发布稿件60篇。营造庆祝中国共产党成立100周年浓厚氛围，开展“永远跟党走”群众性主题宣传教育活动，通过“学史·铸魂”红色讲坛、“中国梦·新时代·跟党走”宣讲、“党旗在基层一线高高飘扬”等载体开展学习体验活动，征集全媒体作品78件、建党百年征文115篇，征集“我和我的支部”微视频20部，其中《小邮件　大国门》《奥运会图标之海关岗位》分别获得2021年度《金钥匙》传统媒体、新媒体十佳作品。开展习近平总书记“七一”重要讲话精神专题宣讲，参加省直机关“中国梦·新时代·跟党走”宣讲比赛并荣获一等奖。每季度收集汇总人员思想动态，加强疫情防控一线干部职工心理疏导和人文关怀，开展疫情防控一线人员、青年干部2个群体的思想状况调研，开展心理测试评估，举办线上心理讲座，配送体育用品，向疫情防控一线发放防暑降温慰问品。开展党建理论研究，《深化海关党建品牌创建研究》等党建创新案例、优秀征文在全省机关评选中获一、二、三等奖。推进文明创建和模范机关建设，青岛海关机关获评省直模范机关建设工作表现突出单位，黄岛海关、日照海关获评表现突出集体。参与文明城市创建，1个集体和1名个人获青岛市委市政府通报表彰，机关及4个隶属单位获评“无烟示范机关”。2人获评第三届省直机关道德模范，1个集体获评青岛市抗击新冠肺炎疫情先进集体，2人获评先进个人。

▲2021年6月29日，青岛海关召开庆祝中国共产党成立100周年大会，关员代表表演诗歌朗诵

【基层党组织建设】2021年，青岛海关坚持把党史学习教育作为重大政治任务，成立青岛海关党史学习教育领导小组，研究细化各项工作，2次召开推进会，4次听取专题汇报，成立4个巡回指导组实现督导全覆盖。党委书记、关长贺水山讲授专题党课，青岛海关累计讲授专题党课280余次。建好用好博物馆、关史馆、荣誉室等特色资源，利用沂蒙红色资源举办专题培训班，组织4,606名党员参加党史知识竞赛。推进“我为群众办实事”实践活动，制定5个方面72项措施清单，确定重点民生项目235个并狠抓落实，4个项目获评全国海关百佳项目。深化“强基提质工程”，开展基层党组织书记抓党建述职评议考核工作，组织4个基层党组织书记现场述职。完成机关党委、机关纪委换届工作，做好缉私局所属党员党组织关系整体划转工作，优化组织设置。开展“四强”和“三级”党支部建设，部署支部标准化建设梯次提升行动，青岛海关223个支部评定为“过硬党支部”。评选表彰“两优一先”（优秀共产党员、优秀党务工作者和先进基层党组织）57个，10个党组织和党员获评山东省和省直机关“两优一先”，7个支部获评全国海关党建示范和培育品牌，“深化海关党建品牌创建”项目入选总署“书记项目”试点，1个活动入选省直机关优秀主题党日案例，2个支部党建工作法入选省直机关支部工作法。加强党内关怀，“七一”、春节期间走访慰问困难党员、老党员和因公牺牲党员家属117名。为212名老党员颁发纪念章。加大党员教育监督管理力度，严格政治标准，把好党员入口关，发展预备党员99人。组织青岛海关党务干部网上专题培

训，根据机关、基层和企事业单位不同性质，分类开展培训5次。结合工作调研、工作检查、巡察监督等开展党建培训7次，提升专兼职党务干部工作能力。

【党风廉政工作】2021年，青岛海关统筹落实全面从严治党任务。1月30日，召开青岛海关全面从严治党会议，总结2020年度全面从严治党、从严治关工作，对2021年度工作目标进行部署动员。2月24日，制订青岛海关2021年全面从严治党工作重点任务分工方案，明确6大类45项工作任务。8月9日，制订青岛海关党委深入治理违反中央八项规定精神突出问题、推进清廉海关建设若干措施分工方案，进一步深化党风廉政建设。8月31日，制订青岛海关落实总署党委加强对“一把手”和领导班子监督实施意见的分工方案，分解细化61项任务。

【“身边事”强化警示震慑】2021年，青岛海关加强警示教育提升震慑效应。5月11日，召开警示教育大会，通报4类8起违纪违法典型案例。8月至9月，开展“警示教育月”活动，通报违纪违法案例67起，印发学习资料18期，组织拍摄《书记组长说责任》视频6部，开展微信党规党纪竞答3场次。9月6日，明确青岛海关党纪处分工作指引，推进青岛海关党纪处分工作规范化标准化发展。11月19日，通报“现场监管与外勤执法权力寻租”专项整治活动查处的6起违纪违法典型案例。12月16日，制定青岛海关党委关于加强机关纪委建设的若干措施。开展领导干部配偶、子女及其配偶从业情况自查抽查，抽查处级领导干部88人，科级及以下干部889人，对5名存在违规行为关员给予组织处理，纠正违规行为。组织领导干部任职前廉政法规考试5批28人次。分类汇总全面从严治党各类制度136部。

【准军事化纪律部队建设】2021年，青岛海关围绕锻造“政治坚定、业务精通、令行禁止、担当奉献”的准军事化纪律部队目标，坚持用准军事化理念管理队伍、用准军事化作风锤炼队伍、用准军事化标准检验队伍，不断提高海关队伍的凝聚力和战斗力。4月，开展“内务规范强化月”活动，运用手机客户端开展内务规范知识竞答、开展全员海关内务规范测试，根据新冠肺炎疫情防控形势，灵活组织队列训练，确保思想不放松、标准不降低、成效不减弱，不断推动训练成果拓展延伸到日常工作中。督察覆盖青岛海关，通过实地与视频督察相结合、定期与不定期督察相结合等多种方式，开展内务督察51次，通报情况5次，对发现的问题及时进行提醒纠正，建立台账跟踪问效，并纳入年度绩效考核工作。参加总署以“提升维护国门安全能力”为主题举办的商检领域岗位练兵和技能比武，干部职工积极参与、勤学苦练、奋勇争先、普遍提升，预赛阶段青岛海关入选“万人争先”线上练兵团体八强、4人入选个人百强名单。

【依托“第一书记”开展扶贫】2021

年，青岛海关依托第五批“第一书记”制定落实“四不摘”（摘帽不摘责任、摘帽不摘政策、摘帽不摘帮扶、摘帽不摘监管）具体措施，通过“脱贫地区农副产品网络销售平台”采购脱贫地区农副产品108.50万元。参与卢氏县朱阳关镇中心小学师生来青岛研学活动，向学生赠送科普书籍。组织“慈心一日捐”，青岛海关4,897人共捐款988,191元。

【群团工作】组织义务献血，机关25个单位部门88人参加，累计献血28,000毫升。开设“庆百年文化活动展”专栏，2幅作品在省直机关庆百年书画摄影展中获奖，6件“红歌大家唱”作品在大众日报网上发布。青岛海关500余人打卡线上万人健步走活动，累计步行9万公里。举办毽球比赛，24支代表队170余名运动员参与。召开直属机关团委第七次团员代表大会，完成直属机关团委换届选举工作，不断强化团委工作力量。开展青年思想状况专项调研，了解青年学习、工作、生活现状，有针对性制订下一步工作计划。实施青年理论学习提升工程，优化设置小组120个，实现40周岁以下青年干部全覆盖。编发青岛海关青年理论学习交流材料，发布3期16个典型案例；在“青关好声音”微信公众号开辟专栏刊发青年理论学习交流18期。持续加强青年文明号创建，主动把青年文明号创建工作融入模范机关、文明单位创建全过程，高质量完成青年文明号申报、评选、复审等工作，2个集体获评第20届全国青年文明号，4个集体获评山东省青年文明号，现有全国青年文明号集体15个、省级青年文明号51个。开展“强关建设最美青年”评选活动，推荐表彰爱岗敬业、崇法尚德、热心公益、融媒善用4个方面表现突出的身边榜样50个，营造学先进、争先进、当先进的浓厚氛围。直属机关团委、直属工会获评省直机关2020年度群众工作先进集体。机关工会连续23年获评“全国模范职工之家”荣誉称号，青岛海关工会获评“2017—2020年度全国群众体育先进单位”称号。大港海关旅检科获评2021年“全国工人先锋号”荣誉称号。青岛海关“口岸新冠肺炎卫生检疫岗位技能竞赛”入围省直机关工会2021年重点支持的劳动技能竞赛项目。

▲2021年7月8日，青岛地区海关毽球比赛决赛现场

（撰稿人：王增江　李　志　李家存
侯　康　姜　海　魏　玮）

巡视巡察

【概况】2021年，青岛海关党委把巡视巡察作为全面从严治党、从严治关的重要抓手，认真落实巡视整改和巡察工作主体责任。巡察工作承担统筹协调、指导督导、服务保障职责。设立专门巡察机构以来，青岛海关党委深入学习贯彻习近平总书记关于巡视巡察工作的重要指示批示精神，坚持“发现问题、形成震慑，推动改革、促进发展”的巡视工作方针，以“有序精准高效”为目标，持续深化巡察政治监督。2019年，总署党委第三巡视组对青岛海关党委进行了常规巡视，巡视反馈后，青岛海关党委坚持“当下改”与“长久立”相结合，实行建账销账制度，定期督查通报，层层传导压力，至2020年12月底整改完成，并按照总署持续整改要求，通过定期召开调度会、专项调度检查等方式落实长期整改机制。

【巡视整改工作】2021年，青岛海关党委在工作会议、全面从严治党会议上对巡视整改工作进行系统总结分析，对持续推进整改工作进行安排部署。7月，青岛海关党委落实习近平总书记巡视整改融入日常工作、融入深化改革、融入全面从严治党、融入班子队伍建设“四个融入”要求，对各部门单位巡视整改工作进行了调度汇总。9月，起草报送了青岛海关持续推进巡视整改有关情况。12月，对巡视整改工作进行再调度，进一步健全完善相关巡视整改档案台账，按照巡视整改工作分段、时间节点，逐项梳理巡视整改工作进展情况及验证材料，建立巡视整改台账13卷。汇编接受巡视以来相关资料10个篇章，编撰青岛海关巡视整改资料汇编20余万字。

2021年，青岛海关对19个隶属海关巡视整改工作实施了“全覆盖”监督，共参加隶属海关巡视整改专题会议62次，开展监督检查69次，提出意见建议44条。对个别问题进一步抓细抓实，优化调整业务部门职责14项，推出加强业务协调措施9项，进一步细化岗位任务分工，梳理出26个执行管理与业务管理叠加的业务事项；先后撤销相关海关业务现场监管科室1个、整合职责相近科室2个，调整细化科室职责22个。在做到个性问题整改到位、共性问题整治到位的基础上，把巡视整改的重点放在破症结、立规范，做好“结合”文章上，将大量整改措施通过制度和文件的形式予以固化。截至2021年年底，青岛海关制发加强党委自身建设、规范权力运行监督、推进全面从严治党等各项制度规范32件。

【巡察工作】2021年，青岛海关党委认真履行巡察主体责任，党委会听取巡察综合情况3次，严格落实“点人、点事、点问题”要求。党委书记贺水山对巡察工作批示4次，召开专题会议研究巡察工作15次，定期调度、实时推进，切实加强对巡察工作的组织领导。2021年，青岛海关党委组织4轮对34个单位部门的常规、专项和巡察“回头看”，共发现问题455个，提出意见建议151项，提交专题报告6份，压实青岛海关所属各级党组织管党治党责任。

2021年，青岛海关加强巡察工作制度化、规范化建设，建立17项614条检视内容、362个依据文件和302个典型问题的巡察工具包，编写44万余字的巡察工作指引与实务，建立以巡察报告、专题报告、政治生态报告和问题清单、意见建议清单为主体的“三报告、两清单”巡察成果体系。优化工作程序，健全完善巡察组长与被巡察党组织主要负责人沟通机制，进一步优化巡前问题收集、巡中督导、巡后情况通报等工作程序。开展3次巡前调研和30余次巡前走访，围绕巡察监督重点收集材料94份；巡中发布工作指引35条次，聚焦政治责任开展监督；巡后制发青关呈报3期，巡察告知函24份，持续推动成果运用。

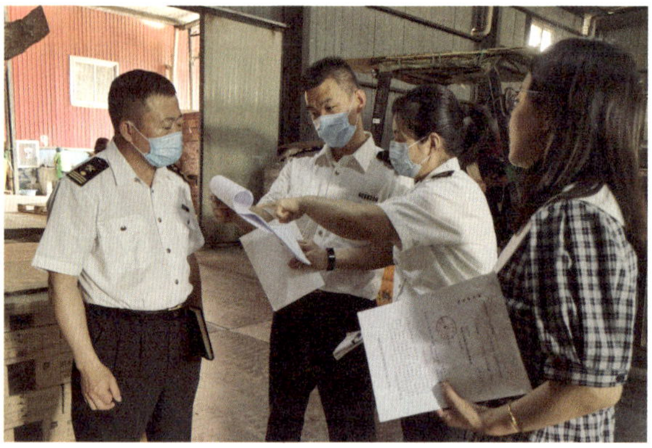

▲2021年6月1日，青岛海关党委第三巡察组在企业调阅相关材料

【巡察监督联动】2021年，青岛海关党委落实总署党委关于加强巡视巡察上下联动的意见，制定任务分解表，确定11项具体任务。推动巡视巡察人才联动，先后共派出28名领导干部参加总署巡视，派出7人次参加总署巡视集中工作、巡视巡察调研等各项工作。坚持以巡视促巡察，进一步提升巡察监督质效，邀请参加过总署巡视的领导干部参与青岛海关巡察培训班授课，把巡视整改作为巡察监督的一项重要内容。2021年，完成了对22个机关处室的巡察全覆盖。

2021年，强化巡察监督与其他监督的联系配合，巡察组与审计组、选人用人专项检查组共同开展检查7次，与政工办双向联动开展“远程+现场”内务督察3次，完善“同时进驻、联合检查”模式；围绕

"现场监管与外勤执法权力寻租"专项整治工作，开展联合座谈3次、走访2次、谈话288人次。搭建人事、政工、监察、巡察"四支力量"监督平台，充分发挥监督合力。

2021年，青岛海关建立完善巡察组全过程监督、派驻纪检组全方位监督、职能处室全领域监督的"三全"整改监督体系。巡察组向被巡察单位制发5份立行立改通知书，反馈24项立行立改问题；列席整改专题民主生活会5次，联合派驻纪检组开展实地检查27次；派驻纪检组制发监督建议书5份，提出整改建议40条，集中整改完成率达到99%，整改评估满意率达到98.95%。

【巡察队伍建设与成果】 2021年，青岛海关分层次建立巡视干部推荐库、巡察组长库、人才库，动态双向调整，向总署推荐巡视干部24人，巡察骨干队伍扩大至232人。组织4期巡察培训班，巡察骨干100%参与、100%合格，选派12人次参加总署巡视工作，遴选88名干部参加巡察。制定巡察干部选派管理考核办法，完善激励考核机制。组织巡察课题研究专班，围绕构建科学完备的巡察工作模式和提升巡察监督质效等方面开展理论研究，在《中国国门时报》、总署政治工作简报等平台刊发高质量政研文章9篇，获评总署巡察课题研究二等奖。

（撰稿人：李　博　倪　杰）

纪检监察

【概况】2021年，青岛海关全面落实海关系统全面从严治党工作会议和纪检监察工作会议精神，注重标本兼治、强化监督检查、从严执纪问责，主动担当、积极履职，推动全面从严治党向纵深发展。青岛海关共配备纪检监察干部69人，75.36%的人员配备在基层一线派驻监督岗位，在19个隶属海关及总署风险防控局（青岛）、青岛海关风险防控分局派驻14个纪检组，向后勤管理中心、技术中心等直属单位派驻3名纪检监督员，实现派驻监督“全覆盖”。

【监督检查】2021年，青岛海关紧盯学习、部署、落实和成效4个环节，围绕打击象牙等濒危物种走私、严禁“洋垃圾”进境等重要工作做实做细政治监督。建立纪检、职能部门日常监督双向通报和问题整改联合推动机制，形成“检查—整改—督办—评估”的新冠肺炎疫情防控监督闭环。8月30日，召开毫不松懈抓好青岛海关新冠肺炎疫情防控监督工作专题会议，传达学习全国海关纪检机构毫不松懈抓好新冠肺炎疫情防控监督工作视频会议精神，通报阶段性新冠肺炎疫情防控监督工作部署情况。制发监督工作要点5期，及时调整监督重点，确保监督质效。紧盯重点环节和关键领域，以“不发通知、不打招呼、不听汇报、不用陪同接待、直奔基层、直插现场”的“四不两直”方式到5个重点口岸实地检查。每周梳理汇总青岛海关疫情防控监督工作情况，并向驻署纪检监察组报送。建立“问题汇总”“整改落实”两份台账，推进问题深层次整改，围绕新冠肺炎疫情防控开展监督检查620次、制发监督建议书24份，推动解决问题135个。

▲2021年12月25日，监察室组织开展反腐倡廉理论学习

2021年，青岛海关制定加强对“一把手”和领导班子监督10条具体监督措施。纪检监察干部参加各级领导班子年度民主生活会，并参与民主生活会巡回督导，同步做好监督。指导派驻纪检组对5个隶属海关的巡察整改情况进行监督，并适时开展巡视整改“回头看”，实现巡视巡察整改监督常态化、长效化。

【“现场监管与外勤执法权力寻租”专项整治】2021年，青岛海关党委统筹部署“现场监管与外勤执法权力寻租”专项整治工作（以下简称“专项整治”），将专项整治工作作为“一把手”工程，列为形势分析会固定议题。3月11日，召开专项整治动员部署会，党委书记、关长贺水山对专项整治工作进行动员部署，党委委员、纪检组组长闵飞通报专项整治工作的具体安排。3月11日，制订专项整治工作实施方案，分解任务，逐项明晰责任，落实工作任务。党委纪检组统筹做好廉政风险排查工作，构建“基层一线、隶属海关、职能部门、领导小组”四轮排查机制，风险排查实现人员全面覆盖，将执法领域3,313人全部纳入专项整治范围；抽调11个职能部门业务骨干对14个隶属海关开展实地检查；青岛海关自查查处7起典型案件。8月21日，制订专项整治整改工作方案，抓好问题整改落实。专项整治期间，政治部出台干部交流锻炼工作计划，动态评估重点人员、风险岗位，交流处科级干部505人。纪检监察部门多渠道多方式开展警示教育，加强防腐治腐课题研究，形成一批政研成果。针对自查发现的风险和问题，制定完善制度15项、工作机制22项、操作指引26项、工作流程3项。

【日常监督】2021年，青岛海关做好日常监督工作，持之以恒纠治“四风”。推进解决形式主义问题为基层减负，进一步优化政务运行机制，精简会议数量；抓住关键节点正风肃纪，每次节前发布纠治“四风”问题的通知，通报典型案例，全年从严处置违反中央八项规定问题，立案4起，处分5人。6月21日，制定青岛海关党委派驻纪检组与驻在单位党委会商通报工作办法，建立健全职责分明、流程规范、协同高效的会商通报工作机制，各派驻纪检机构与驻在单位党委开展会商通报57次，形成同向发力、协作互动的工作格局。用好用足“第一种形态”，党委纪检组组长开展廉政工作谈话、提醒谈话、任前廉政谈话、常规谈话。建设、用好电子廉政档案，实现电子廉政档案建设“全覆盖”，为实现科学精准监督执纪问责提供信息化支撑。用好“四支力量”联系配合机制，与人事、政工、巡察部门各司其职、信息共享、同频共振。探索“智慧监督”，监察室及8个职能部门成立廉政风险数据分析工作专班，精准监督执法权力运行情况。

【执纪审查】2021年，青岛海关落实问题线索处置，完善问题线索移送反馈机制，加强与地方纪委监委协作。深化打私反腐“一案双查”，立案1起。优化办案机制，实行专人负责、集中攻坚。通过对14个派驻纪检组实施划片管理，实行跨区域联合办案新模式，提高案件办理质量和效率。严格落实“以上为主”要求，及时向驻署纪检监察组请示报告。2021年，青岛海关立案8起、处分10人，6名干部主动向组织讲清问题，查办案件数量和质量实现了双提升。

【问责追责】2021年，青岛海关制定问责工作指引，聚焦责任分析、启动问责、问责调查、问责决定和后续工作等关键环节，细化规范工作程序，提高问责规范化水平。把问责工作开展情况纳入对基层单位和派驻纪检机构的考核指标，推动各级党组织切实加强对问责工作的领导和监督。紧盯领导班子和领导干部等“关键少数”，严肃追究失职失责党组织和党的领导干部的主体责任、监督责任及领导责任。对青岛海关立案查处的8起违纪案件开展责任分析，针对案件暴露出的管党治党责任落实不到位等问题，对其中6起案件启动问责程序。

（撰稿人：杨海峰）

队伍管理

【概况】截至2021年年底，青岛海关共有副厅级机构4个、正处级机构84个、直属事业单位5个、隶属海关19个。青岛海关共有人员4,217人，其中行政编制3,496人（含缉私327人）、事业编制721人，平均年龄43.3岁，硕士研究生以上学历占29.6%，享受国务院政府特殊津贴专家4人次和省部级优秀中青年专家5人次。

【领导班子建设】2021年，青岛海关坚持新时期好干部标准，完善领导干部任职评估和退出机制，班子结构进一步优化。持续强化执法一线科长队伍建设，队伍平均年龄下降3岁。统筹机关、事业单位领导干部队伍建设，强化多岗位历练，平级交流27名处级领导干部，8名处级领导干部在机关和事业单位间交流任职，3名优秀干部参与援疆、乡村振兴等重点工作任务。

【人才队伍建设】2021年，青岛海关成立青岛海关党委人才工作领导小组，围绕“十四五”海关人才发展规划要求逐项、分条线制订五年工作计划及落实措施，明确职责、压实责任。推动专业技术类公务员分类管理改革平稳落地，关税、风险、科技、动植、卫生5个条线256人纳入实施范围，233人获副高级以上任职资格。深化人才培养工作，制订事业单位岗位设置方案，全面清理“双肩挑”情况（同时聘任在两类岗位），720余名事业编制人员完成岗位聘用，139人晋升专业技术岗位，23人经总署评审取得高级职称；推动岗位实践历练，推荐专家参与涉外工作及各类专家技术委员会工作，4名干部赴驻外使领馆、世界海关组织（WCO）任职，9人次参与世界贸易组织（WTO）、世界海关组织（WCO）等国际组织召开的国际会议。建设青年人才队伍，新取得副高级职称专技人才中40岁以下青年人才占73%。完善人才库建设，组建涵盖13个专业领域包含36人的科学技术委员会和182人的专业技术委员会，40名专家入选总署专业技术委员会，40名专家入选总署科技评估专家库。550余人入选外事、法律、督审、财务等条线人才库。

【监督管理】2021年，青岛海关做好

日常监督、专项监督、选人用人监督，以“一把手”和领导班子为重点，发挥人事、政工、监察、巡察“四支力量”监督合力，用好监督执纪“四种形态”特别是“第一种形态”，通过明晰清单、挂账销号、督促整改、约谈负责同志等措施抓好落实整改。开展企业兼职（任职）问题专项整改和自查工作，对相关问题进行清理整改。完善制度体系建设，制定领导干部选拔任用工作实施办法，修订职称评审、请休假、因私出国（境）等管理办法，编写业务实操手册、政策问答，建立“实施办法+学习问答+操作手册”三位一体的制度体系。

【激励保障】2021 年，青岛海关发挥正向激励作用，推动关衔制度和公务员职务与职级并行制度衔接，开展首次 991 名职级公务员关衔评授。聘任 21 名四级调研员（高级主办）以上职级干部为“青关好师傅”；选派优秀职级干部参加巡视巡察、审计、干部考察等专项工作。聚焦重点、中心工作，注重基层一线导向，对疫情防控、查缉走私、打击出口骗税等工作中表现突出的 25 个集体和 376 名个人予以表彰奖励。关心关爱疫情防控一线人员，完善梯队建设，有计划地做好人员增补、撤回和轮岗轮休工作，通过公务员招录、军转干部接收安置、干部调动等方式，为各疫情防控口岸海关增配人员 65 人，跨单位分批调配干部 40 人开展应急支援，争取地方疾控部门选派 190 余名专业医护、翻译等人员长期支援，对表现突出的 169 人予以嘉奖，占年度奖励总量的 44.95%。

▲2021 年 6 月 6 日，青岛海关组建应急梯队，支援空港口岸一线防疫工作

【教育培训】2021 年，青岛海关秉持“小而精、务实管用、干部欢迎”理念，举办集中培训 11 期次，远程和网络培训 29 期次，选派 20,104 人次参加总署培训班，人均获得 128 学分、185 脱产学时、165 网络学时，3,672 名应考核人员全部学时学分提前达标。加大远程与网络培训比重，运用网络平台以考促学助力党史学习教育、疫情防控、岗位练兵等重点工作，举办各类考试考核 65 场，党史学习教育每周练习 31 次，涉及人员达 16 万余人次，颁发资格证书 431 人次。深化“青关好师傅”培训模式，在企管、督审、关税等业务领域组建“行动学习”团队 29 个，聘任导师和助理导师 72 人，招募学员 580 人次，建设“青关好师傅”长效工作机制。开展“青关好课程”建设，建成集课程直播、录播、课件制作、在线研讨等多项功能的课件录制室，协助总署录制关税、企管、加贸、风险防控等署级课件26个，自行录制办公综合、疫情防控、业务专题类青关微课程共计65课时。加强实训点建设，完善建立审批流程和管理规范，建设并挂牌运行知识产权海关保护、进出口危险货物及包装2个实训点。

（撰稿人：王　姗　胡宗尧）

离退休干部管理

【概况】2021年，青岛海关共有离退休干部1,307人，其中离休干部11人、退休干部1,296人，平均年龄68.44岁，其中中共党员1,055名，占比80.72%。青岛海关离退休干部办公室获评山东省离退休干部统计年报工作成绩突出单位（优秀等次）、省直单位老干部工作转型发展创新案例一等奖，在省市组织的活动中4次获得优秀组织奖，刘志克同志被山东省委老干部局评为专项工作先进个人，范莹莹、李权等5名同志在山东省委老干部局组织的“我心中的老干部工作”征文活动中荣获一等奖、二等奖、三等奖。

【离退休干部党建工作】2021年，青岛海关落实习近平总书记关于老干部工作的重要论述和新时代党的建设总要求，统筹“政治、思想、组织”三项建设，做好离退休干部党建工作，带动老干部工作全面提质增效。

2021年，青岛海关突出政治引领，强化思想教育，把学习贯彻习近平新时代中国特色社会主义思想和党的十九大精神作为重大政治任务，开展“读书日”活动，建立“每月一学”制度，重点选取习近平总书记重要讲话精神、“四史”等方面内容，开展“云上学”和“线下学”。线上发布学习资料和视频，线下发放习近平《论中国共产党历史》等书籍，全年发布学习内容12次。加强组织建设，2021年成立青岛海关机关离退休干部党委，将原6个支部改设12个支部；青岛关区离退休干部共有党委2个，党支部31个，各级党组织班子配备齐全。选举党性强、威信高的同志组成党组织班子，开展离退休干部党务工作者培训。

2021年，青岛海关开展庆祝建党百年系列活动，举办“我看建党百年新成就”座谈会，组织“颂党恩、跟党走、添光彩”主题党日，开设“红色讲堂”，组织老同志重温入党誓词、唱红歌、参观红色基地。通过邀请老干部代表参加“七一”庆祝大会、举行支部主题党日、上门等形式颁发“光荣在党50年”纪念章，共颁发纪念章212枚。

2021年，青岛海关严格执行证件统一管理和出国（境）审批制度。加强网络言论监督管理，发布微信群管理规定。对离退休干部在企业任职和投资经营企业进行自查清理，督促违反规定的老干部完成整改。开展“禁酒驾醉驾，做守法模范”和“以案为鉴，遵纪守法”等警示教育活动，通报离退休干部违纪违法典型案例，引导老干部知敬畏、存戒惧、守底线。

2021年，青岛海关离退休干部积极参加扶弱帮困、文化传播、关心下一代等活动，建立“情暖夕阳”“心系桑榆”等离退休干部集体及个人党建品牌9个。自新冠肺炎疫情发生以来，青岛海关老干部连续两年捐款共25万元。2021年，青岛海关老同志张世金被山东省委老干部局评为表现突出的离退休干部共产党员，邢德茂、张世金、袁洪福3名老同志被省委老干部局、省委离退休干部党工委评为“本色家园·银龄榜样”先进个人，烟台海关离退休干部党总支被评为先进集体。马荔、姜道忠2名老同志被评为青岛海关优秀共产党员。

【老同志服务管理】2021年，青岛海关完善荣誉退休制度，制定离退休干部工作管理办法、新退休干部服务管理手册，汇编习近平总书记关于老干部工作的重要论述、离退休干部工作政策文件选编和问答、青岛海关离退休干部工作制度规范等资料，推进青岛海关离退休干部制度化、规范化建设。

2021年，青岛海关按照“就近便利、全面覆盖”的原则，科学划分网格单元，建立支部（片区），将所有老干部编入支部（片区），建立完善包含个人情况、家庭情况、健康状况、特长优势等内容的老干部档案，实施动态全方位管理服务。每个支部（片区）确定1名专职联络员，做好政策传达、活动组织、日常情况收集等沟通联络。联络员和支部委员每年至少与联系对象之间见面或通话1次，及时准确了解每位离退休老干部最新情况。对异地老干部实行双重网格管理服务，明确管理地和居住地海关职责。构建离退休干部管理部门、片区联络员、老干部自身管理团队相互结合、互为补充的网格化管理模式。

2021年，青岛海关落实离退休干部政治待遇和生活待遇，把服务好离休干部作为重点，建立“一对一”联系关怀工作机制。坚持“三必访”制度，重大节日纪念日、老干部因病住院、家中重大变故时及时上门慰问。针对老干部关注点，通过座谈会和微信新媒体向老干部通报干部任免等重大情况，宣讲养老保险政策等。做好老干部节日福利发放、医药费报销、健康查体、报刊订阅等各项服务工作。上门走访慰问离退休干部700余人次，电话问候近2,000人次。

【老年文体活动】2021年，青岛海关机关新建老干部活动中心投入使用，面积900平方米，将原分散在外的活动中心集中到办公楼，建设书画室、阅览室、大教室等场所并配备设施。推动隶属海关设立专门的老干部活动场所，截至2021年年底，青岛关区建有专门老干部活动场所10处，面积共约2,500平方米。

2021年，青岛海关开展丰富多彩的文化教育活动。在“寻访红色基地、重温红色记忆”系列参观活动中，组织老同志参观青岛党史纪念馆、青岛一战遗址博物馆等红色基地；在“看变化、助发展”系列参观活动中，组织老同志参观海洋国家实验室、青岛胶东机场等新型企业。成立合唱、舞蹈、太极拳、书法绘画、摄影、棋牌等文体协会，定期开展活动、组织比赛。举办机关离退休干部“感党恩、颂党情”庆祝建党百年文艺汇演，向老同志征集“向党说句心里话”微心愿，组织参加总署“学悟百年风雨史，颂赞海关新篇章”主题征文活动和山东省“翰墨光影颂百年——建党百年百幅书画摄影展”活动，共收集老干部各类作品120余幅（篇）。2021年，青岛海关老干部合唱队获省级集体金奖，张辉鹏等3名老同志获省级个人二等奖，梁坚等2名老同志获省级个人三等奖；丁根生、于惠英获市级个人二等奖，胡乃忠、姜绍华等6名老同志获市级个人优秀奖；孙英、张勤等11人次作品入选全国海关老干部建党百年主题征文作品集、书画摄影作品集和青岛市离退休干部庆祝中国共产党成立100周年征文集。开展请老干部“回家看看”活动，组织老干部回单位参观办公场所、观摩现场作业，开展主题党日活动，请老干部讲海关历史、讲党课等，500余名老干部回到原工作单位参加活动。

▲2021年6月25日，青岛海关组织老同志参观青岛党史纪念馆、青岛一战遗址博物馆等红色教育基地

（撰稿人：刘志克）

第四篇

业务建设

业务改革与发展

【概况】2021年，青岛海关统筹推进全面深化改革，服务地方发展，推动业务改革与发展工作取得进展。牵头开展海关服务黄河流域生态保护和高质量发展工作，建立“11+1”关际一体协同机制（包括黄河流域9省区涉及的太原、呼和浩特、满洲里、青岛、济南、郑州、成都、西安、兰州、西宁、银川11个直属海关和黄河流域西部重要通道涉及的乌鲁木齐海关），风险联防联控等28项重点任务全面起势。业务改革“五项创新”（两步申报、两轮驱动、两段准入、两类通关、两区优化）持续深化，“问题清零”机制不断优化，提升检查效能、优化依申请品质检验等9个重点项目全面推进。稳外贸稳外资精准施策，建立2个台账解决重点企业问题348个。营商环境持续优化，35条具体措施落地见效，12月进口、出口整体通关时间较2017年分别压缩60.73%、90.83%，出台25条服务措施助力山东抢抓RCEP机遇，青岛海关辖区大港、济宁、威海、蓬莱等地区启动示范基地创建。济宁专用车和威海对韩技术性贸易基地等2个技术性贸易措施研究评议基地通过总署评审，26条对外交涉意见被总署采纳，助力超33亿元商品出口。采取知识产权保护扣留措施1,908批次，扣留侵权货物58.3万件，同比分别增长21.3%和11.6%，查办的知识产权案件连续16年入选中国海关知识产权保护典型案例。

【通关运行管理】2021年，青岛海关在全国率先开展出口提前申报延长运抵期限试点，进口、出口提前申报比率分别为28%和45%，同比分别提高14%和28%。两步申报应用率21.93%，高于全国平均水平。对主要业务现场进行现场督导，开展陆运、空运、重点商品通关时间专题分析，有针对性地提出优化措施。同山东省口岸办、济南海关建立通关时效会商机制，持续优化工作措施。12月，青岛海关进口、出口整体通关时间分别为37.92小时和1.97小时，为历史最短，其中进口海运、空运整体通关时间较全国平均分别短1.42小时和8.41小时，出口整体通关时间压缩比首次超过90%，超额完成国务院和总署“到2021年年底整体通关时间较

2017 年压缩一半”的工作任务。

2021 年，青岛海关有序完成 H2018 系统 3.0 版切换工作，成立工作组统筹推动切换工作开展。建立问题快速解决机制工作小组，编写 H2018 系统 3.0 常见问题操作指引，帮助现场解决各类问题 100 余个，向总署反馈问题 200 余个，优化综合业务岗人工接单布控比例、推进部分证件联网核查和部分系统优化等建议被总署综合业务司采纳。青岛海关所有业务现场均已完成切换，业务运行总体平稳。

2021 年，青岛海关强化通关业务运行监控，建立业务运行常态化监控工作机制和重要商品进出口监测预警指标体系。监控工作每月开展，先后对进口粮食滞港、进口冷链食品、综合保税区进口玉米加工情况等开展专项分析，保障重点物资进出口。优化监控指标，进一步规范结关处置、特殊通道申报等工作。推广应用“数 e 通——关员便捷助手”进口肉类和水产品智能审证功能，实现监管效能和效率的双提升。落实总署简化随附单证部署，发布关于简化报关单随附单证有关事项的公告。完善结关岗位操作手册，指导各隶属海关对10,143份长期未结关报关单进行分类处置。制定进出口货物报关单特殊通道操作指引，规范特殊通道申报审批和处置要求。加强业务系统应用账号管理，所有业务系统授权统一由直属海关负责，并明确授权职责和流程。做好能源保供工作，指导现场海关做好在港煤炭的处置和进口煤炭通关，年度进口煤炭1,394万吨。开展新型易货贸易可行性分析，支持上合示范区开展易货贸易试点。配合山东省、青岛市财政部门申请青岛前湾港作为离境港试行启运港退税政策。试点“两步申报+区块链”，依托区块链探索数字化申报模式。

【业务改革协调】2021 年，青岛海关分析研究黄河流域 9 省区外贸情况，牵头区域海关形成关际合作实施方案和服务重点举措，助力总署出台海关服务黄河流域生态保护和高质量发展重点举措，明确由青岛海关牵头建立黄河流域“11+1”关际一体协同机制，并设立“海关服务黄河流域生态保护和高质量发展协调办公室”。发挥协调办公室作用，牵头区域海关建立 5 项关际一体协同机制，成立 14 个条线工作专班，印发落实重点举措行动方案，制定 28 项重点任务分解，编发 5 期黄河流域关际合作情况交流，关际一体协同机制纳入山东省国民经济和社会发展“十四五”规划。

2021 年，青岛海关统筹开展业务改革创新，落实总署海关业务改革专项工作机制，参与业务协调联动、通关管理系统应用、业务流程及问题收集等 5 个专项工作组，牵头黄河流域关际合作、区域海关探索风险联防联控、跨关区联合稽查等业务一体化改革实践。完成总署新查管系统和 E-lab 系统对接试点任务。探索开展“出口无感直通”模式改革。优化业务改革

“问题清零”长效机制，按月收集梳理一线业务改革问题，收集各隶属海关业务改革与运行问题72条，解决61条。建立19个业务现场和5个重点帮扶企业问题直报点，畅通一线直报业务改革问题渠道。通过改革问题信息化系统向总署报送业务优化建议38条，8项入选总署典型案例。

2021年，青岛海关协调推进业务深度融合，确立提升检查效能、优化依申请品质检验等9项重点攻关项目。聚焦一线业务执行瓶颈，选取分离运输物品、保税棉花二线出区、出口竹草木制品等精准提升典型商品查检质效。推动总署相关司局优化国际航行船舶登临、特殊区域二线货物分线检疫检验、进境芝麻等商品查验率调整、归并出口口岸查验和核查货证等工作。聚焦业务结合部等复杂问题，建立业务结合部会商制度，协调处置分工不明且没有对应业务条线、难以确定主办部门的业务事项。协同指导黄岛、烟台、威海等8个隶属海关优化机构岗位设置，推动职能承接全面紧密，业务运行高效有序。聚焦工作系统性、长效性，推进工作成果转化固化，同步建立优化“风控+查检”全天候快速响应机制、业务运行实时监控机制和依申请品质检验协调机制，推行“水水中转”智能管理、联合查检和“青关好师傅”3项创新模式。

【优化口岸营商环境】2021年4月，青岛海关印发通知对优化口岸营商环境各项工作开展作出具体要求。与山东省、青岛市口岸部门建立常态化联系机制，联合组建营商环境国评迎评工作专班，联合谋划推动抢抓RCEP机遇、助企纾困、稳外贸等工作，全年共同组织会议26次、开展调研4次、参加营商环境发布会3次。组建贸易便利化工作专家库，8月在青岛海关管理网主页上线“青岛海关优化口岸营商环境专栏”，11月试运行“青岛海关贸易便利化工作台账系统”，实现了各业务领域优化口岸营商环境工作措施及各隶属海关帮扶企业情况数字化填报展示。3月，制订青岛海关助推山东省抢抓RCEP机遇先期行动方案，在5个隶属海关启动RCEP海关监管服务创新试验基地建设，指导制订实施方案，合计推出70项创新措施。建立重点企业帮扶台账，一企一档、一企一策，针对818家外贸重点企业开展帮扶，全年解决相关企业问题诉求348个。通过山东省双稳服务平台解决企业问题诉求33个。抓住RCEP协定签署、生效及营商环境国评3个关键时间节点策划开展集中宣传，刊发相关主题报道900余篇次，《人民日报》头版报道青岛海关相关工作，提炼推报“五字工作法”（快省通先扶）经验入选山东省优化营商环境创新案例。

【技术性贸易措施】2021年，青岛海关扎实开展技术性贸易措施工作，培育和激发市场主体活力，有效应对国外技术贸易壁垒，为地方高水平开放、高质量发展贡献海关力量。全面推进协作工作机制建设，促成山东省商务厅、海关等6部门建立山东省应对国外技术性贸易工作机制，出台8项工作措施，共建山东省技术性贸易措施信息服务平台；联合山东省商务厅围绕“黄河流域”、RCEP等国家重点战略开展5项技术性贸易专题研究，完成研究报告100余万字，收集国外技术法规43部、标准66个。推动济宁、威海海关加入“山东省国际贸易摩擦预警工作站”。选取36家企业作为国外技术壁垒应对重点企业，联合开展通报评议和应对交涉，建立企业技术性贸易措施问题跟踪问效台账，逐一落实解决。开展国外技术性贸易措施通报评议和特别贸易关注提报等对外交涉工作，累计对26个国外通报提出评议意见51条，18条被总署采纳对外提出，提出特别贸易关注20条，8条在WTO例会中与国外进行磋商。促成韩国认可国内机构对输韩泡菜企业的HACCP（危害分析的临界控制点）认证，助力约20亿元泡菜出口韩国。促成欧盟更新法规，解决中国输欧动物源性食品企业无法注册问题，约7亿元货值产品获益。支持济宁专用车及零部件、威海对韩技术性贸易措施研究评议基地创建，推进2家基地顺利通过总署评审考核。联合海尔集团共建青岛家电技术性贸易措施研究评议基地，提出对印度尼西亚有关制冷产品最低能效要求的特别贸易关注，提出对美国有关洗衣机测试程序技术法规的评议意见，均被总署采纳并对外提出。

【知识产权海关保护】2021年，青岛海关加大知识产权边境执法力度，促进企业创新发展，扎实推进开展知识产权海关保护专项执法“龙腾”行动，采取知识产权保护措施，查办的知识产权案件连续16年入选中国海关知识产权保护典型案例，1起案件入选《2020年中国知识产权与营商环境新进展报告》，为全国海关唯一入选案例，2起案件入选2021年青岛市首次发布的十大知识产权保护典型案例。依托“问题清单清零”机制开展对企业知识产权政策指导，重点服务出口知识产权优势企业52家，指导解决企业维权、通关问题42个。全年，山东省共新增知识产权海关备案431件，新增权利人120个，持续保持高速双增长。试点自由贸易试验区“进出口货物知识产权状况预确认”创新举措，共对11批次货物进行知识产权预确认，涉及32个中外知名品牌，实现10万件合法商品快速通关，该创新措施被纳入

▲2021年2月23日，青岛海关所属黄岛海关关员对侵权摩托车外胎进行现场清点

省级以上复制推广。与中国（山东）自由贸易试验区（青岛片区）等共同推动出台RCEP框架下企业合规指引，指导企业应对协议规则，提升企业合规能力。

（撰稿人：王玉军　王志鹏　王润飞
孙晓静　李　红　谭加强）

法治建设

【概况】2021年，青岛海关法治建设有组织推动、普法宣传、复议应诉、法规管理、“放管服”改革、涉检案件职能管理等13项工作职责。截至2021年年底，青岛海关共有10个隶属海关设立法制工作专门科室，71人专职从事法制工作，3人入选总署普法讲师团，5人入选总署行政复议应诉人才库；有法律职业资格人员98人，公职律师62人，2人获评全国海关优秀公职律师。2021年，青岛海关深入学习宣传贯彻习近平法治思想，认真贯彻落实全国海关工作会议、全国海关法治工作会议精神，对标对表“一规划两纲要”（《法治中国建设规划（2020—2025年）》《法治社会建设实施纲要（2020—2025年）》《法治政府建设实施纲要（2021—2025年）》），严格按照“十四五”海关法治建设规划部署，加强领导、精心组织，扎实推进法治海关建设。青岛海关法规处被中宣部、司法部、全国普法办评为“七五”普法全国先进单位；被青岛市委、青岛市人民政府评为深化“放管服”改革先进集体。

【法规管理】2021年，青岛海关参与总署立法及立法后评估工作。在《中华人民共和国海关法》修订工作中，1人被聘为专家团队成员，承担“重大业务改革成果（包括放管服改革）如何在《中华人民共和国海关法》中制度化、规范化”专题调研任务，完成改革立法调研报告，提出立法意见35条。对总署8部规章研究提出修订意见建议71条，4名同志参与政法司修法集中工作；梳理总署复议应诉文件60件，提出保留32份、修改8份、废止20份的评估意见。按照海关总署统一部署，组织开展规章立法后评估工作，对18部规章及行政解释进行立法后评估，提出评估意见42条，均被采纳。

2021年，青岛海关加强制度管理，建立“法规部门为主导、各处室为主体、全员共同参与”的制度建设机制。上线运行“制度管理系统”，实现制度实时在线可查，构建起“规范性文件—制度—岗位操作手册—操作规范”相互配合、相互协调的青岛海关特色制度体系。对143项制度进行了全面清理，全年立、改、废制度54

项，相关经验做法被总署采用，被5个直属海关复制借鉴。强化制度合法性审查，将规范性文件、制度、支持地方发展举措、合作备忘录以及以党委名义出台的制度性文件等全部纳入合法性审查范围，共对51件制度性文件进行合法性审查，提出法律意见103条；结合实际制定2件规范性文件，全部通过海关总署备案审查。持续完善岗位操作手册，以岗位为单元，以作业流程为主线，统一明确岗位工作职责、操作流程、工作要点、标准和依据，科学编制岗位操作手册，设置25个门类、161个岗位。建立岗位操作手册管理系统，采取“月提醒、季通报、年考核”，推动岗位手册动态维护，修改手册内容619条次，维护文件282件。

2021年，青岛海关提升制度保障能力，为服务“双循环”新发展格局、“六稳”“六保”、促进黄河流域生态保护和高质量发展、自由贸易试验区、上合示范区、疫情防控、企事业单位改革等重大改革举措提供法治保障，进行法律论证，提出合法性审查意见135条，确保重大改革于法有据、合法合规。审查民事合同1,253份，提出法律审查意见3,400余条，合同不规范情事同比下降26%，全面防范非执法领域风险。发布新法速递27期，对新发布的法律法规规章第一时间进行释法解读，逐月梳理总署公告并提炼发布主要内容，涉及法律、行政法规、党内法规、海关规章共16部和总署公告108份。

【执法规范化建设】2021年，青岛海关推进“法治青关”建设，制订贯彻落实《“十四五”海关法治建设规划》实施方案，并结合青岛海关实际实化细化47项落实措施。组织开展“规范执法示范岗”创建活动，制订工作方案，明确创建标准，以点带面，促进整体执法能力和水平提升，青岛海关269个岗位参与创建，27个岗位获评青岛海关“规范执法示范岗”。持续推进“法治青关”示范创建活动，建立完善45项法治青关建设指标，15个隶属海关获评“青岛海关法治建设示范单位”。

2021年，青岛海关推进权责清单编制，落实行政执法“三项制度”（行政执法公示制度、执法全过程记录制度、重大执法决定法制审核制度）。承担海关系统权责清单编制试点工作，统筹权责事项梳理“颗粒度”、总体通稿以及其他类权责事项编制工作。成立青岛海关权责清单编制工作专班，编制形成直属海关权责清单报审稿共11类、179个权责事项、398个子项。召开行政执法“三项制度”落实推进会，制定17项行政执法公示事项清单和16项重大执法决定事项目录清单，制定行政执法资格和执法证管理实施细则，在《法治日报》《中国国门时报》等媒体发表“三项制度”宣传文章8篇。

2021年，青岛海关落实涉检行政处罚管理工作，提出关于规范行政处罚工作的指导意见，明确贯彻新修订的《中华人民共和国行政处罚法》和《中华人民共和国海关办理行政处罚案件程序规定》（海关总署令第250号）的27项具体要求。规范检验检疫行政处罚案件办理，制定印发办理检验检疫行政处罚案件工作指引，优化配套法律文书模板48份。组建涉检处罚“青关好师傅”专家团队，开展线上培训6期、现场实务培训2期，青岛海关190人次参训。全年，共办理检验检疫行政处罚案件456件，入库罚没收入339.56万元，同比分别增长44.80%和19.60%。

2021年，青岛海关践行新时代“枫桥经验”，既抓前端、治未病，又抓末端、治已病，形成讲明法理、讲清事理、讲透道理、讲通情理的“四讲工作法”，多元化解矛盾纠纷。建立前置法治审核机制，对信访、政府信息公开、投诉举报处置等进行前置法治审核29次。强化行政复议监督功能，畅通受理渠道，利用听证、和解、书面审查和实地调查相结合等方式提高行政复议审理工作质量，审理3起行政复议案件均实现案结、事了、人和。积极应对行政诉讼案件，办理8起申诉和诉讼案件全部胜诉，持续保持“零败诉”。1件胜诉案件入选“青岛法院行政审判典型案例”和“山东省法院十大优秀庭审”案例。推行行政执法典型案例指导制度，青岛海关评选11件行政处罚典型案例和9件优秀行政处罚文书，其中2件入选全国海关行政执法典型案例，居全国首位。建立“以案释法”专栏，发布典型案例、判决文书等资料300余份，开展“模拟法庭”，提高实战能力。加强涉法疑难问题研究，解决和协助处置涉法疑难问题367个，编发涉法风险提示、解决基层执法疑难问题问答7期40个问题，解决基层涉法“急难愁盼”问题。

【“放管服”改革】2021年，青岛海关将“‘放管服’改革工作领导小组”调整为“青岛海关深化‘放管服’改革优化口岸营商环境工作领导小组”，负责研究制定重大措施，协调解决重点难点问题，各隶属海关均成立相应组织领导机制。青岛海关党委明确了进一步深化“放管服”改革具体措施，细化“放管服”改革9个方面、36项措施，其中23项已经完成，13项需长期推进措施。加强对“放管服”改革政策解读和成效宣传。

2021年，青岛海关全面实施行政许可标准化、规范化建设，依法依规落实取消“报关企业注册登记”和“进出口商品检验鉴定业务的检验许可”2项行政许可的要求。实施海关涉企经营行政许可事项“证照分离”改革全覆盖，自2021年7月1日起，在事权范围内对纳入《中央层面设定的涉企经营许可事项改革清单（2021年全国版）》的海关涉企经营许可事项采取直接取消审批、审批改备案、告知承诺制、优化审批服务等方式分类推进审批制度改革，优化10项行政许可事项清单，行政许可全部实现“码上办、网上办”。对滞报金减免等6项证明事项实行“告知承诺制”方式办理。全年，共办理行政许可8,198件，持续保持“零超时”“零差评”。

2021年，青岛海关推出42项自由贸易试验区创新举措，12项入选中国（山东）自由贸易试验区首批“最佳实践案例”，“企业集团加工贸易监管模式改革”被国务院办公厅列为全国深化“放管服”改革重点任务。与山东省口岸办联合开展深化“放管服”改革优化口岸营商环境十佳实践案例评选活动。青岛口岸在“中国十大海运集装箱口岸营商环境测评”中排名第一。青岛海关法规处被青岛市委、市政府评为深化“放管服”改革先进集体。

【法治宣传教育】2021年，青岛海关党委坚持“遵循法治之道不动摇”，对重大法治工作统筹谋划、部署督办，全年听取法治工作专题汇报6次。各单位均建立了主要负责人任组长的法治建设领导小组，隶属海关主要负责人讲法50余次，听取法治工作汇报40余次。党委理论学习中心组专题学习习近平法治思想，开展《中华人民共和国宪法》《中华人民共和国民法典》《中华人民共和国行政处罚法》《中华人民共和国安全生产法》等法律知识集中学习4次。青岛海关全员参加“钉钉”平台习近平法治思想考试，通过率100%。年内，新提任的处科级领导干部全部进行任前法律知识考试考核和宪法宣誓。

2021年，青岛海关建立健全主要负责人履行推进法治青关建设第一责任人职责规定、领导干部宪法宣誓实施办法等8项配套制度，强化法治建设主体责任刚性要求。提出做好第八个五年（2021—2025年）时期法治宣传教育工作的意见，全面落实“谁执法谁普法”普法责任制，发布37项年度普法责任清单，制定普法讲师团管理办法，20人普法讲师团发布普法精品课程30项，开展“点菜式”线上线下普法40余次，开展“模拟法庭”展演2次。“七五”普法圆满收官，青岛海关法规处被中宣部、司法部、全国普法办评为“七五”普法全国先进单位；青岛大港海关、济宁海关、临沂海关3个单位，法规处张术杰、烟台海关孙淑宁、威海海关聂涛、日照海关王均山4名个人分别获山东省“七五”普法先进集体和先进个人。

2021年，青岛海关加强法治宣传，积极组织“美好生活·民法典相伴”“8·8海关法治宣传日”“12·4宪法宣传周”活动和《中华人民共和国生物安全法》《中华人民共和国行政处罚法》《中华人民共和国安全生产法》等重要法律法规专题宣传活动，“一企一策、因企施策”精准投放普法资源，组织专题宣传、“法律七进”、送法进百企等活动200余次，提供法律援助80余次、投放法治宣传材料2,600余份。拓展普法阵地，综合运用“报、网、端、微、屏”等资源和平台，在新媒体发布法治作品300余篇。青岛海关9家省级普法基地提档升级，因地制宜建设普法“微景观、微场地、微角落”40余处。以“青关法语”为核心的普法品牌方阵影响扩大，在由中宣部、中央网信办、司法部、全国普法办、中国法学会主办的第17届全国法治动漫微视频征集展示活动中，2部法治动漫微视频分别获得三等奖和优秀奖。加强法治理论研究，建立法治青关分析研究品牌，征集法治理论研究文章102篇，在总署相关载体发表10篇，获得第二届“齐鲁海关法论坛”一等奖的共4篇，获得二、三等奖的共16篇。

▲2021年8月12日，青岛海关所属青岛胶东机场海关关员在候机大厅对旅客开展法治宣传

（撰稿人：卢西高　刘培海　孙延明　徐　璐）

自贸区和特殊监管区域管理

【概况】青岛海关认真贯彻落实全国海关工作会议精神，推进自由贸易试验区、海关特殊监管区域高质量发展。2021年，青岛海关辖区内中国（山东）自由贸易试验区青岛片区、烟台片区，共实现进出口总值3,242亿元，同比增长41.80%，占全省进出口总值的11.20%。青岛海关辖区共有8个综合保税区，分别为青岛前湾、烟台、威海、青岛胶州湾、青岛西海岸、临沂、日照、青岛即墨综合保税区，全年实现进出口总值3,688.30亿元，同比增长74.52%。

【自贸试验区建设】2021年，青岛海关推进自由贸易试验区创新制度落地、重点项目落实、方案内容落细，全面推进总体方案25项任务及青岛海关28项支持措施。截至2021年年底，总体方案25项任务已全部具备实施条件。

2021年，青岛海关探索监管制度改革创新，完善自贸创新制度体系，明确中国（山东）自由贸易试验区青岛海关监管创新举措推荐备案管理办法。"保税原油混兑调和""保税仓储货物核查区块链辅助管理"两项监管创新制度在总署备案，新推荐15项创新举措参选中国（山东）自由贸易试验区第二批"最佳实践案例"。"企业集团加工贸易保税监管新模式""大宗商品重量鉴定智慧管理"等一系列全国首创的监管创新举措落地见效，"企业集团加工贸易保税监管新模式"在全国海关复制推广。

2021年，青岛海关推进特殊区域融合发展，发挥综合保税区对自由贸易试验区建设的引领带动作用，结合片区定位和区域产业特色，打造自由贸易试验区创新发展"样板田"。支持打造数字化生态，围绕服务推动青岛市航运、贸易、金融创新中心建设，推动建设"全国大宗商品仓单登记系统"并上线运行，在全国率先实现了海关与期货交易所的信息联网。支持新业态，推动贸易结构优化，支持企业开展跨境电商网购保税进口业务，落实"管得住、放得开"监管原则，明确业务环节风险点，夯实监管基础。推进跨境电商退货中心仓、商品组套出区等政策，探索"线下展示、线上下单"的融合发展模式，助力开通青岛至东京、大阪、河内 3 条全货运包机，支持唯品会、菜鸟中心仓、网易考拉海外购、抖音等知名电商企业拓展线上直播渠道。

▲2021 年 5 月 21 日，青岛海关所属黄岛海关关员监管保税混配铁矿石运输船舶靠港卸货

【海关特殊监管区域监管】2021 年，青岛海关支持综合保税区升级扩容提质，结合区域产业特色，实施“一区一策”“精准画像”，推动有关创新制度在综合保税区先行先试、全面落地，推动综合保税区高水平开放、高质量发展。支持青岛即墨综合保税区建设，青岛即墨综合保税区于 2021 年 3 月顺利通过总署正式验收并封关运作；支持青岛空港综合保税区申建，指导地方政府做好前期规划和科学申建，做好与总署相关司局的协调沟通；聚焦复制创新制度，复制推广国务院 6 批复制推广监管创新制度，推动《国务院关于推动综合保税区高水平开放高质量发展的若干意见》（国发〔2019〕3 号）中 21 项创新制度在综合保税区全面落地，充分发挥综合保税区政策优势，打造对外开放新高地。

2021 年，青岛海关稳步推进增值税一般纳税人资格试点，赋予综合保税区内企业一般纳税人资格，区内 65 家企业开展试点，促进了企业灵活有效利用国内外“两个市场、两种资源”，增强企业国际竞争力，为相关企业节约成本约 1.42 亿元。全面推进仓储货物按状态分类监管，实施以信用为基础的联网监管、责任分担、数据监控的监管方案，开发仓储企业联网系统，提供制度及技术支持，允许非保税货物以非报关方式进入综合保税区，与保税货物集拼、分拨，盘活大宗货物存储企业的仓储资源。全年，综合保税区共 31 家企业开展试点，非保税货物进出区 18.42 万车次，有效促进企业更好对接国内外市场，提升市场竞争力。推动贸易结构优化，支持期货保税交割业务做大做强，落实与上海期货交易所签署的战略合作协议，通过制度、技术、手段创新，提升标准仓单金融属性和流通价值。全年，青岛海关辖区 6 家 20 号天然橡胶期货指定交割库交割仓单量占全国实际参与交割量的九成以上。支持保税研发、租赁贸易、保税混兑等新业态、新模式在综合保税区落地。

（撰稿人：朱光冬　李　超）

风险管理

【概况】青岛海关风险管理由总署风险防控局（青岛）和青岛海关风险防控分局共同承担。总署风险防控局（青岛）是总署设在青岛海关的副厅级隶属海关单位，非现场执法机构，承担全国海关水运货物和运输工具（来往港澳小型船舶水运的货物和运输工具除外）安全准入风险防控工作。青岛海关风险防控分局为青岛海关正处级隶属海关单位。青岛海关风险管理职责包括：青岛海关业务风险的统筹管理，承接各业务部门安全准入风险的作业要求，组织开展青岛海关风险信息收集和安全准入风险防控，统一下达风险处置要求；开展舱单、运输工具和报关单风险分析，结合青岛海关查验率，统一审批、下达和细化布控规则；开展快件、跨境电商、邮递物品、旅客及行李物品风险防控工作；统筹开展青岛海关内部风险预警，开展风险业务评估及绩效评估等。2021年，青岛海关落实总署党委决策部署及总署风险管理司各项工作要求，聚焦落细落实总体国家安全观，优化防控模式，创新工作方法。全年，移交缉私刑事立案33起，案值9.02亿元；行政立案74起，案值41.51亿元。

【风险预警】2021年，青岛海关发布风险信息周报50期，采编重点航班疫情风险评估周报46期、日本疫情防控相关策略145期。先后与青岛市大数据发展管理局、青岛市国家安全局、青岛市公安局出入境管理局、山东省禁毒委员会等部门开展风险信息共享。青岛海关不断优化工作机制，建立青岛海关风险态势分析和预警防控工作办法，组建青岛海关风险预警联络员队伍41人，建立台账，形成预警“报送—发布—反馈”良性循环。

【风险分析处置】2021年，青岛海关紧抓固体废物入境风险防控，查获禁止进口固体废物29票，共计3,574吨，其中4起新型“洋垃圾”为青岛海关首次查发。持续开展打击濒危动植物及其制品走私风险防控，货运渠道查发涉濒危货物81票；非贸渠道涉濒危野生动物及制品情事679起。强化涉税风险防控。货运渠道查获涉税走私违规情事488票，B类快件征税比首次突破12.80%，较2020年同期提升

2.20%。在山东省和青岛市打击“三假”虚开骗税违法犯罪专项行动中获得集体通报表扬。开展非贸渠道专项行动，查发“水客”走私150余起，查获旅客携带生物制品、濒危制品、奢侈品等2,000余件。通过精准布控查发一起旅客携带高价值化妆品482件案件被选为全国海关打击“水客”走私典型案例。查获各类涉毒品、濒危、枪爆、精神药品、外来生物入侵等进出口安全准入情事3,708起，预定式布控占比62.14%，重大安全准入查获占比58%。布控查发易制毒化学品逃避两用物项许可证情事9起，共计148.20吨。

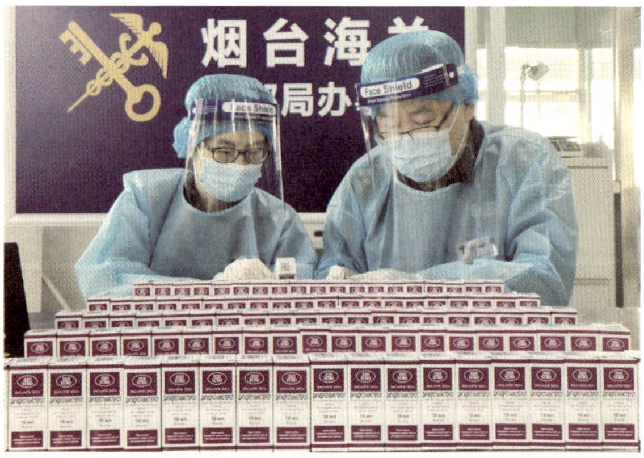

▲2021年9月13日，青岛海关所属烟台海关关员根据风险布控指令在邮递渠道查获管制兴奋剂双氢睾酮滴液

【大数据应用】2021年，青岛海关依托大数据技术，优化智能风险布控及业务监控相关系统，新增功能47个，实现了业务条线主要风险的监控分析。牵头总署风险管理司大数据攻关风险测量项目，开展风险测量模型迭代优化，起草风险测量框架体系，完善丰富风险测量理论体系。牵头完成总署风险管理司“关于风险测量在海关风险布控评估中的应用”研究课题，相关理论研究文章获风险管理司高质量发展征文二等奖。

【风险联防联控】2021年，青岛海关积极推进口岸安全风险联合防控机制建设，着力推动与外部门的信息数据共享和联合研判。先后与青岛市大数据发展管理局、青岛市国家安全局、青岛市公安局出入境管理局、青岛市市场监督管理局4个单位建立合作机制，开展联合研判和座谈交流12次。将获取的风险信息转化为风险处置措施，推动开展联合执法作业。依托青岛海关业务风险防控协同机制，组织青岛海关13个业务职能部门、7个现场海关，召开业务风险联合研判90次。落实海关服务黄河流域生态保护和高质量发展重点举措，开展区域海关涉检业务风险防控合作。牵头召开首次黄河流域风险联防联控机制视频研讨会，共同研究建立黄河流域风险联防联控机制。

【布控指令异常处置】2021年，青岛海关落实“放管服”、优化营商环境工作的要求，立足查检工作实际，发挥“枢纽”作用，聚焦现场执行布控指令中遇到的“难点”“堵点”，提出优化建议并上报跟进，搭建现场与总署沟通的桥梁。就指令执行遇到问题与总署沟通请示198次。建立“风控+查检”的快速响应机制，7×24小时应急值守，妥善解决企业提出的合理诉求，确保现场建议快速向上反映，问题得到有效解决。应急处置各类指令2,075次，为26家企业分析查验率居高原因，优化营商环境、缩短通关时效贡。妥善处置二线棉花出区问题，成立专项应急小组，制订解决方案，为符合条件的二线出区棉花办理解控事宜，共涉及553票，7.1万吨。

（撰稿人：王庆军 王秋歌 王晓静 吕 青 刘学科 孙一成 孙成静 孙学玲 宋 玮 张 莉 贺 娟 路守伟）

关税征管

【概况】2021 年，青岛海关税收入库 1,478.74 亿元。青岛海关进出口货物以一般贸易进出口为主，占全部税收的 98%。纳税企业以国有企业与民营企业为主，各自占全部税收的 42%，外资企业纳税占全部税收的 16%。属地企业纳税占全部税收的 37%，异地企业占 63%。主要纳税商品为石油原油，占全部税收的 30%，其他主要税源商品有铁矿砂、沥青混合物、大豆、石油及从沥青矿物提取的油类等。

2021 年，青岛海关的集中验估中心、原产地证书审签中心、“上合·银关通”关税保函业务促进贸易便利化 3 项改革入选青岛海关 2021 年度深化“放管服”改革优化口岸营商环境十大典型案例。

【税则税政】2021 年，青岛海关积极开展税政调研，深入了解行业诉求，积极建言献策，国务院关税税则委员会发布的《2022 年关税调整方案》中，青岛海关提出的 20 项暂定税率调整建议及其他多项税政建议得到采纳实施，创历年新高，涵盖猪肉、滑雪用具、黄铁矿、人造关节、高速动车零件等多项政策焦点商品。

2021 年，青岛海关强化归类技术支持，常态化开展归类议题研讨，为归类技术服务做好专业保障，做出归类专业认定 32 份，提报税管局签发专业认定 20 份。妥善解决有结晶析出的糖浆、未经混合的蔗糖葡萄糖等敏感商品的归类认定，为现场执法办案提供归类技术保障。同时，增强企业对进出口贸易活动的可预期性，满足企业先期了解进出口商品归类需求，全年共签发归类预裁定 34 份，同比增长 13.33%。对山东省某研究院进口的大型医疗设备先后做出 6 份归类预裁定，提前确定企业关税成本，提高通关效率，为山东省首台质子治疗系统的顺利装配提供便利和支持。

2021 年，青岛海关加强涉税化验流程管理、质量管理和效果评估，通过涉税化验多次发现铁矿块等涉嫌固体废物及限制出口管理风险的货物，有效保障国门安全。加强化验异常货物的处置监督，共受理涉税化验 220 宗，全部出具化验鉴定书，其中出具参考税号的 196 宗，税号出具率 89.10%；化验命中 59 宗，命中率 26.82%。

【估价管理】2021年，青岛海关创新价格管理机制，以特许权使用费和特殊关系（简称“双特”）为突破口，在全国率先建立“双特”价格台账管理机制和系统，实现“双特”管理的智能化、信息化，全年共建立70家属地纳税企业的“双特”台账。结合《海关总署关于公式定价进口货物完税价格确定有关问题的公告》（海关总署2021年第44号公告），从完善制度规定、建立监控机制等方面加强公式定价商品管理。明确关于执行海关总署2021年第44号公告的有关问题，对公式定价商品价格管理进行进一步规范，定期开展公式定价商品监控，确保税款应收尽收和及时入库。

2021年，青岛海关突出港口特色，摸清企业实际困难和诉求，制定青岛海关出特殊监管区域进口保税混油混矿的税收征管指引及审价规定的相关文件，分别为保税原油混兑、铜精矿混矿的行业龙头企业制订税收规范服务方案，解决企业价格、规范申报等方面的关税技术难题，实行“一企一策”个性化服务，以创新驱动新兴贸易业态高质量发展。充分发挥价格预裁定促进贸易便利化的积极作用，全年出具14份价格预裁定，同比增长27.27%。

【税收征管】2021年，青岛海关为适应疫情常态化发展，助力供应链企业物流模式调整，量身为企业推出“一保通”创新担保模式，实现“汇总征税+分送集报”的“一保通用”，大幅降低企业通关成本。为促进上合示范区和中国（山东）自由贸易试验区发展，结合各自的区域优势，与上合示范区管委、中国（山东）自由贸易试验区烟台片区共同研究，量身为区域内企业推出“上合·银关通”和“自贸·关保通”担保改革，实现上述两个特殊区域的进口涉税担保企业零手续费、零担保费、零保证金，降低企业融资成本，加速资金回笼周转。全年，共为12家集团财务公司开通税款担保业务，接受363家企业提交的1,149份关税保证保险，担保金额达147.23亿元。

2021年，青岛海关优化纳税服务，着力为企业纾困解难，设置专人加速办理滞纳金减免和政策性退税工作。全年，共为62家企业履行滞纳金减免手续，合计减免滞纳金170.87万元。办理天然气、石脑油先征后返退税38.29亿元。积极配合企管部门的企业注销和认证管理，对4,900余家拟注销企业进行是否存在未缴款税单和未核销涉税通关担保的核查。积极推进汇总征税、支付电子化等改革，提高征管效率。

2021年，青岛海关落实国家进口税收优惠政策，免税额列前4位的政策类别为远洋渔业、重大技术装备、鼓励项目、科技创新。集成电路、航空维修等新兴产业成为青岛海关免税新亮点，多家集成电路企业首批获得免税资格，为相关企业实现芯片量产构建产业链提供有力支持；维修用航材政策受惠企业范围较“十三五”时期大幅增加。结合“十四五”新政策实施，积极配合省、市相关主管部门制定政策实施办法，多渠道多方式开展政策宣讲，指导企业用足用好政策，推动政策落地见效；主动对接泰山玻纤、石岛核电、裕龙岛炼化一体化项目，提供精准减免税服务，以“减”增能支持省、市重点产业发展；为青岛海洋国家实验室量身打造减免税设备共享监管方案，共为20批次30台设备共享简化手续，推动科研设备使用效益最大化。围绕山东省新旧动能转换和创新驱动发展战略开展税政研究，提出的27条减免税政策建议被财政部等相关部委采纳实施，其中仅大型施工机械关键零部件目录调整已为相关企业节约进口成本1.26亿元。按照总署部署，牵头承担推动《中华人民共和国海关进出口货物减免税管理办法》实施专项工作，成立专项工作组，协助总署制定配套格式文书及相关管理制度，开发H2018减免税管理系统，通过12360新媒体、《中国国门时报》和《中国海关》杂志等多种形式对新修订的办法开展宣传解读。

【税收风险防控】2021年，青岛海关主动作为防控税收风险，梳理总结重点敏感商品税收风险信息，对饲料、食糖、矿砂、木材、计量泵等多种商品实施有效防控，发现综合保税区进口玉米混合饲料规避配额管理和高额关税风险、保税区出区进口玉米饲料存在行业性特殊关系影响成交价格的风险。开展涉原产地违法专项打击行动，加大进口涉税原产地证书风险排查力度，累计查发沥青混合物等敏感商品虚假、非官方出具进口原产地证书165份。加强与税管局、其他业务条线的协同配合。制定联系配合操作指引、成立工作专班，实现对税收风险的快速处置。发现某公司进口铁矿砂存在因特殊关系影响成交价格风险，将该风险信息报送总署税收征管局，并积极参与总署税收征管局组织开展的全国专项风险处置工作。与稽查部门共同对青岛某食品有限公司进口面包预拌粉申报归类错误问题补征税款，与青岛海关风险防控分局联合研判查获不符合“金精矿”标准货物688吨。向稽查缉私移交案件线索，刑事立案4起，案值3亿元。加强新贸易业态风险防控，依托大数据分析，多维度开展非贸风险全方位排查，查发品牌包价格低报、驱蚊类产品归类错误等问题并补征税款。落实跨境电商进口走私“断链刨根”专项行动，加强税收征管数据分析和风险研判。

2021年，青岛海关推动验估模式改革，实施“事中分散与事后集中相结合”的验估模式改革，打破隶属海关职责界限，在烟台、日照成立集中验估中心，承接13个隶属海关30个现场的事后验估指令，实施集约化、专业化验估。结合总署考核指标和青岛海关加强税收风险防控的需要，鼓励验估现场对总署税收征管局指令举一反三、深入挖掘口岸特色风险。自主开发“减免税风险智慧识别系统”，加强减免税审核质量管控。全年自动比对推送风险提示信息次，有效防范减免税审核风险。协助总署关税征管司建立6个减免税监控模型开展全国监控，纠正不规范问题30余起。

【原产地管理】2021年，青岛海关承担总署RCEP关税实施准备工作专班实施执行组牵头工作，打造“2+10+20”的人员保障模式，优化人员保障，抽调人员组成团队对接专班工作，参加规章制度组和信息系统组工作，完成将法律规定落实为内部规范、进而转化为系统升级需求的任务。牵头起草协定缔约方分批实施协定税率的原产地管理预案和海关经核准出口商操作规程，由总署正式印发。顺利完成RCEP原产地管理信息化应用项目需求编写、系统测试以及上线后的全国业务支持工作。

2021年，青岛海关发起成立全国首个省级原产地签证技术联盟，牵头多部门开展山东省FTA原产地管理提升年活动，有效整合各单位数据、信息和资源，联合商务、贸促会、税务、口岸及地方政府采用“线上+线下”方式，举办120期政策宣贯会，培训人员超1万人次。围绕对日贸易和“两头在外”企业等重点领域，对500家企业一对一“靶向”推介RCEP政策，指导企业提前谋划开拓海外市场。

2021年，青岛海关依托上合示范区和RCEP青岛经贸合作先行创新试验基地，与上合示范区管委会和青岛市市北区政府共建原产地证书审签中心，打造综合性企业服务平台。中央电视台《新闻联播》两次对RCEP原产地证书审签中心进行报道。优化升级全国首建的原产地证书虚拟审签中心，推广应用原产地证书自助打印和智能审核，推动海关与贸促会互认原产地调查结果，原产地签证“零跑腿”办证和“零等待”审核的比率超过七成，“零重复”调查实现100%。

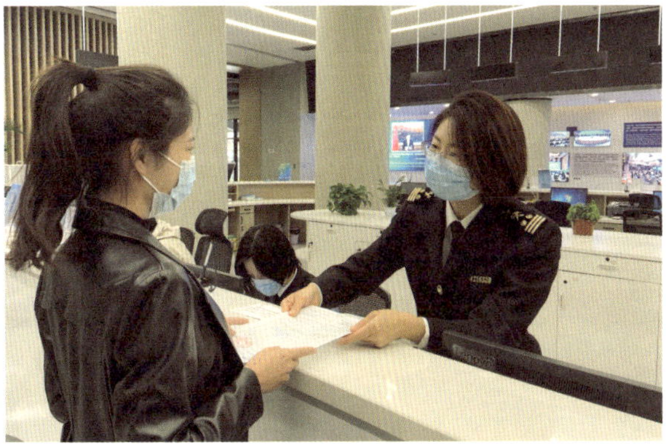

▲2021年10月19日，青岛海关所属青岛大港海关关员在RCEP青岛企业服务中心为企业办理原产地证书

2021年，青岛海关优化原产地技术服务。针对市场采购出口商品因种类杂、货值低、追溯难等因素导致企业不能、不愿享惠等问题，会同山东省商务厅、贸促会等单位开展专题调研，并在临沂商城首创“正面清单”原产地签证制度。通过开展行业性原产地调研和风险评估，将低风险产品的单批原产地确定改为行业性原产地确定，促进市场采购对韩出口商品顺利享惠，山东省政府印发文件在全省范围复制推广有关创新举措。山东省全年市场采购对韩出口商品享惠批次同比增长近100%。

全年共为55.92万批出口货物签发原产地证书，同比大幅增长20%，自贸协定项下进出口享惠货值2,058亿元，减让进口税款86.46亿元。

（撰稿人：王卫锋　李　晶　李长宏　迟　群　陈苍虬　赵广英　赖晓莺）

卫生检疫

【概况】2021年，青岛海关深入贯彻习近平总书记关于新冠肺炎疫情防控工作的重要指示批示精神，全面学习贯彻落实党的十九届六中全会精神，坚决落实党中央、国务院决策部署和总署工作要求，坚持人民至上、生命至上，毫不动摇坚持“外防输入、内防反弹”总策略，始终绷紧新冠肺炎疫情防控这根弦，不断巩固和扩大新冠肺炎疫情防控成果，奋力夺取疫情防控胜利。

【入境检疫】2021年，青岛海关加强空港入境人员管理，严格核验健康申报事项，严格排查所有疑似人员，对所有进境旅客严格进行采样检测，对所有检出新冠病毒核酸阳性快速上报。同时，加强与属地相关部门联防联控，严格落实转运隔离、信息共享等防控措施，实现无缝衔接、闭环管理。加强海港入境船员管理，对来自高风险国家和地区的船舶开展“前置流调”，提前掌握船舶境外换班记录、船舶停靠港记录和船员的旅居史、健康状况，制定针对性检疫措施。对研判为新冠肺炎疫情高风险的船舶适当扩大采样范围，对高风险船员进行采样复测，及时发现新冠病毒核酸阳性病例。对发现有症状者或检出新冠病毒核酸阳性船员的船舶，规范开展现场处置、病例移交、终末消毒，实现闭环管理，防止疫情传播。青岛海关“全面筛查+动态监测+重点复测”防控模式被中央电视台《新闻联播》宣传报道。加强入境航空器及废弃物消毒管理，严格按照国务院联防联控机制和总署部署，对国际航班客货机机组人员严格实施口岸卫生检疫和采样检测，与属地联防联控机制“手递手”实现紧密衔接的闭环管理。同时，联合有关部门压紧压实“四方”责任，切实防止新冠肺炎疫情在口岸传播蔓延。制定规范进一步明确海关、航司、机场集团等部门对航空器及废弃物的卫生处理职责边界，做到无缝衔接。2021年，共检疫出入境客运航班1,271班次，出入境人员13.35万人次；检疫出入境船舶2.71万艘次，出入境船员56.32万人次。

【检疫模式创新】2021年，青岛海关在全国海港口岸率先研发移动式检疫方舱，对入境船员开展“流水式”检疫作业，提高检疫设施部署效率和安全防护性能，在青岛海关辖区所有海港口岸实现全覆盖，并被大连、厦门、宁波、天津、拉萨、昆明等兄弟海关使用；优化海港口岸船员健康申报模式，推进电子集约化申报，避免纸质单据流转引发疫情传播；在空港口岸研发“海关卫生处置应用辅助管理平台+远程流调系统”，缓解封闭管理带来的人员需求压力、降低流调人员职业暴露风险；研发“入境交通工具无接触式卫生检疫监管平台”，将5G通信、智能翻译、内置黑体等技术融入入境检疫“测温”“流调”“采样”“卫生处理监督”等核心环节，将检疫过程安全化、数据化、智能化、便捷化，有效降低了一线感染风险，提高了检疫监管效能；积极调研探究，在胶东国际机场口岸候机楼内公共场所试点“大许可小备案”管理模式，抓住青岛胶东国际机场转场搬迁入驻企业集体换证时机，使候机楼内公共场所运营商家真正实现了零跑腿，海关监管一线人员工作量减少95%，优化了工作流程，降低了企业运营成本，被山东省口岸办评为2021年度深化“放管服”改革优化口岸营商环境十大典型案例。

【多病同防】2021年，青岛海关加强新冠肺炎疫情监测，密切关注新冠病毒变异情况，选派业务骨干参与总署新冠肺炎疫情风险评估工作，制发境外新冠肺炎疫情风险研判纪要151期、全球传染病疫情信息速报1,065期；加强埃博拉、拉沙热、鼠疫、中东呼吸综合征等重大烈性传染病疫情监测和分析研判，及时开展风险评估，科学研判疫情输入风险，动态提出防控建议；推动落实13个部委联合印发的《防止疟疾输入再传播管理办法》，与山东省寄生虫病研究所签订合作备忘录；积极开展“海关口岸生物安全日”“全国疟疾日”“世界艾滋病日”等主题宣教活动，组织相关知识进校园、进企业、进社区、进展馆，在旅检、查检、体检等海关作业场所及微信、微博等线上媒体开展广泛宣传，提升全社会对相关法律及传染病防控知识的了解程度。

【内部安全防护】2021年，青岛海关就加强个人防护工作、加强新冠肺炎疫情防控卫生检疫岗位安全防护工作等下发通知，形成“党委督导、专家排查、各关自查”和“现场巡查、远程督查、重点检查”的安全防护督导制度；建立“发现—反馈—整改—固化”的安全防护管理闭环，细化安全防护检查表，开展入境人员卫生检疫安全防护拉网式督察，将各类检查督察发现问题，及时反馈，每月通报，立行立改，巩固提升，形成管理闭环，青岛海关入境人员卫生检疫岗位未发生职业暴露感染的事件。组织青岛海关新冠病毒疫苗接种工作，有效筑牢免疫屏障。

【能力提升】2021年，青岛海关开展关区一线工作人员安全防护培训、考核及答疑，对采样操作规范、日常工作防护要求等进行讲解和现场演示，对总署个人防护指南等规范性文件的更新和细化进行宣贯和答疑，组织开展口岸应急处置培训和演练，持续提升应急处置能力；联合省直机关工会工委组织口岸新冠肺炎卫生检疫岗位技能竞赛，采用“钉钉”在线笔试、远程无预案演练、现场操作+远程直播操作等多种形式，将关员、地方支援人员、聘用人员等 300 余名一线卫生检疫人员 100%纳入竞赛范围，全面提升一线卫生检疫人员应对新冠肺炎执法把关能力和安全防护能力。

▲2021 年 11 月 25 日，青岛海关举办“口岸新冠肺炎卫生检疫岗位技能竞赛”

2021 年，青岛海关推动多个保健中心取得地方新冠病毒疫苗接种、社会体检资质，在接种系统对接、应急预案制订、接种流程规范等环节给予技术指导，累计为市民提供接种6,500人次、核酸检测 11.80 万份；推动国际通行船舶中国籍海船船员“一检两证”资质互认进程，两个保健中心取得“一检两证”资质，有效便利船员体检；做好出入境特殊物品卫生检疫审批，在从严落实风险等级归类要素核查、审批流程时限、行政许可公示、风险评估实施等要求的同时，热情服务企业、缩短审批时限、助力产业发展；加入山东省政府牵头的新冠病毒疫苗项目推进专班，迅速完成山东省首批临床试验用新冠病毒疫苗出境审批监管，助力省内首款疫苗研制取得重大突破；建立快速反应和技术服务前移机制，全部口岸保健中心取得临床基因扩增检验资质，新增和改扩建 P2、P2+实验室共 5 个，在口岸一线设立核酸检测 24 小时绿色通道，样本随到随检，大幅压缩结果出具时间；采用“扩增片段靶向测序法”对入境阳性样本开展基因测序，时效快、成本低、准确性高。

2021 年，青岛海关持续推进青岛港创建国际卫生海港工作，参加青岛市创建国际卫生港口研讨会议，随青岛市口岸办赴宁波港调研学习创卫经验，与共建单位分享创卫资料。推进胶东国际机场口岸公共卫生核心能力建设，促进青岛市口岸办和青岛胶东机场海关积极就青岛胶东国际机场核心能力建设和创卫工作对接。

【病媒监测】2021 年，青岛海关重点加大对青岛胶东国际机场等新开口岸病媒生物监测力度，3 个月共计捕获鼠 35 只，其中 10 只黑线姬鼠检出汉坦病毒阳性，阳性检出率 28.57%，及时向地方卫健部门进行通报，监督指导青岛国际机场集团加强疫情防控。持续加强入境船舶、空箱、货物和邮件检疫现场病媒生物监测，输入性病媒生物监测截获鼠 7 只、蚊 17 只、蜚蠊 436 只、蝇 471 只；口岸病媒生物监测捕获鼠 82 只、蚊 6,466 只、蜚蠊 445 只、蝇 885 只。

【非冷链疫情防控】2021 年，青岛海关规范作业，严格按照总署布控指令开展高风险非冷链货物的检测和预防性消毒工作；加强防控督导检查，通过监控指挥中心视频检查和实地查看方式相结合，督导进口高风险非冷链集装箱货物口岸环节新冠病毒检测和预防性消毒工作情况，强化核酸监测采样及预防性消毒规范作业监督；加强个人防护指导，组织各业务条线强化进口高风险非冷链集装箱货物检测和预防性消毒工作，持续抓好个人安全防护；做好关地协同防控，派员参加青岛市专班工作，确保内外纵横联系畅通，做好地方新冠病毒核酸阳性检出追溯协查。

（撰稿人：陈　晨）

动植物检疫

【概况】2021 年，青岛海关落实全国海关工作会议和全国海关动植物检疫工作会议精神，坚持以总体国家安全观为统领，深化海关动植物检疫业务改革，完善动植物疫情疫病风险监测、预警和快速反应机制，推进海关动植物检疫制度体系和治理能力现代化，严防重大动植物疫情传入传出和外来物种入侵，切实筑牢口岸检疫防线，坚决维护国门生物安全，服务高水平对外开放。

2021 年，青岛海关组织实施国门生物安全监测方案，开展境外植物疫情信息监测、口岸截获植物疫情监测、非贸渠道植物疫情及外来物种监测、外来有害生物监测、动物疫病监测等工作。组织实施进出口食用农产品和饲料安全风险监控计划，开展进出口饲料、粮食、水果、食用陆生动物、食用水生动物、转基因产品 6 大类动植物产品安全风险监控。

2021 年，青岛海关强化对非洲猪瘟、高致病性禽流感、沙漠蝗、草地贪夜蛾等重大动植物疫情防控，提升进境动植物疫病疫情截获精准度。全年，截获有害生物55,169种次，其中检疫性有害生物 66 种、8,169种次。

【法律法规与行政许可】2021 年，青岛海关参加《中华人民共和国进出境动植物检疫法》《中华人民共和国进境动物检疫疫病名录》《中华人民共和国进境植物检疫性有害生物名录》等法律法规修订工作。参与总署《进出口饲料和饲料添加剂检验检疫监督管理办法》《进出境非食用动物产品检验检疫监督管理办法》《进境动物预检人员管理办法》《进境动物隔离检疫场使用监督管理办法》《出境水生动物检验检疫监督管理办法》《进境水生动物检验检疫监督管理办法》等动物检疫相关法规、管理办法修订工作。修订青岛海关进出境重大植物疫情突发事件、进出境重大动物疫情应急处置预案。

2021 年，青岛海关出境动植物及其产品注册登记企业3,408家，其中对外推荐注册企业1,481家。帮助企业开拓国际市场，新增推荐出口韩国水生动物养殖企业 4 家，新增推荐出口俄罗斯、欧盟等宠物食品企业 6 家，全力助推 7 家水果企业恢复对俄出口。优化进境动植物检疫审批许可证办理程序，缩短办理时限。全年，共办理1,798份进境动植物检疫许可证申请，为企业引进优良动植物资源提供保障。

【监管服务】2021年，青岛海关全力服务区域发展战略，牵头制定黄河流域动植物检疫监管关际协作工作机制，成立黄河流域海关动植物检疫监管关际协作工作组，黄河流域9省区的11个直属海关和乌鲁木齐海关为工作组成员，建立沙漠蝗、非洲猪瘟等黄河流域重点警戒动植物疫病疫情联合监测机制。推进中国（山东）自由贸易试验区进口海洋生物样本清单式检疫审批监管模式创新，争取青岛自贸片区进境生物材料检疫改革新措施；推进进口鲜活农产品货物到港后的“即审即放、即查即放”和入境申报、现场查验、实验室检测一站式直通服务工作的开展。强化联防联控，加强与地方农、林等部门的协作配合，参加山东省和青岛市防控重大动物疫病指挥部非洲猪瘟防控和促进生猪生产相关工作，密切与山东省自然资源厅和青岛市园林和林业局的业务联系。

【队伍建设】2021年，青岛海关成立陆生动物、饲料、粮谷、水果等11个动植物检疫专家组，组织开展系统性业务研究，搜集整理国内外法律法规、行业信息、国内外动物检疫政策和疫情动态，开展重点事项集中工作。开展动植物检疫岗位练兵，举办4期外来入侵物种查缉技能培训班及1期技能比武，举办1期植物产品检疫监管能力提升网络培训，举办1期动植物检疫现场查验及签证岗位资质培训并考试，约800人次参训。将大宗动植物产品纳入质量分析报告管理，组织撰写水生动物、饲料、粮食、木材等9个动植物产品半年和全年专项质量分析报告，重点分析产品进出口贸易情况、检疫监管情况和质量状况。做好动植检能力提升专项工作，推进进出境动植物检疫能力提升工程专项工作，配备有害生物远程鉴定系统、执法装备组合设备、熏蒸气体残留检测仪等106台，提升口岸一线技术把关能力。

【国门生物安全宣传教育】2021年，青岛海关积极开展“4·15”全民国家安全教育日活动，共组织国门生物安全知识进校园、进企业、进社区、进展馆等活动50余场次；在旅检、查检、体检现场和办事大厅等海关作业场所播放国门生物安全视频，张贴宣传挂图，发放科普小册子、宣传品共5,000余份；组织具备开放条件的海关实验室开展线下或线上的开放活动10次。在12360海关热线、微信公众号发布原创稿件25篇，并制作普法宣贯动漫视频1部。

【进出境动物检疫】2021年，青岛海关进境动物及其产品主要为陆生动物、食用水生动物、非食用动物产品等。其中，进境陆生动物24批，数量44.54万只/头，种类主要为种牛、种鸡，原产国（地区）主要为新西兰、澳大利亚、乌拉圭等；进境食用水生动物998批、8,838.92万美元，同比分别增长49.85%、56.67%，种类主要为帝王蟹、雪蟹、海螺等，主要贸易国家（地区）为韩国、日本、俄罗斯等；进境非食用动物产品17,143批、8.30亿美元，同比分别增加53.01%、47.26%，种类主要为牛皮、羊皮、绵羊毛等，主要贸易国家（地区）为澳大利亚、美国、英国等。出境动物及其产品主要为水生动物、宠物食品、饲料添加剂等。其中，出境水生动物8,161批、2.33亿美元，同比分别增长15.01%、9.52%，种类主要为章鱼、海肠、河豚等，主要贸易国家为韩国、日本；出口饲料和饲料添加剂12,640批、货值6.71亿美元，分别同比增长16.38%、17.24%，种类主要为宠物食品、饲料添加剂、配合饲料等，主要贸易国家（地区）为日本、德国、韩国等。

2021年，青岛海关全面落实重大动物疫情防控工作，加大非洲猪瘟、高致病性禽流感等重大动物疫病疫情防控力度，完善进出境重大动物疫情应急处置预案，在黄岛、烟台、日照、龙口等8个重点口岸开展非洲猪瘟、高致病性禽流感、口蹄疫等重大动物疫病防控应急处置演练，持续规范疫情应急处置程序，锻炼应急处置队伍，提升应急处置能力。

2021年，青岛海关引进优良种质资源服务种业振兴，做好战略性、资源性优良种质资源引进工作，建立海关、地方政府、企业三方联防联控工作机制，高标准压实各方主体责任；指导企业规范隔离场基础设施建设，做好预防性防疫消毒，协同地方政府开展动物疫病疫情监测；全程应用智慧监管系统，实现种牛耳标信息自动比对，大幅提高检疫监管效能。全年，进口种牛12批、5.87万头，进口种禽12批、38.67万只。

2021年，青岛海关助力地方特色鲜活水生动物扩大出口，野生捕捞章鱼、贝类以及养殖鱼类等活水生动物是青岛海关特色出口产品。针对活水生动物鲜活、易损、出口通关速度要求较高等特点，强化快捷通关，优先审单，第一时间派单查检，实验室优先检验检测，并为企业提供预约加班等便捷监管服务措施；强化信用管理，针对不同风险等级产品、不同类别生产企业采取不同检疫管理模式。同时，密切跟踪韩国、日本等主要贸易国（地区）技术性贸易措施动向，根据变化情况及时调整安全风险监控计划，有效监控青岛海关水生动物的质量水平和安全隐患。

▲2021年1月12日，青岛海关所属烟台海关关员对出口扇贝实施现场监管

2021年，青岛海关创新模式驱动出口

宠物食品贸易便利化，在对出口宠物食品检验检疫工作风险分析的基础上，进一步优化检验检疫工作流程，制定“监管分层+监控分级+即报即放”新模式，指导企业完善自检自控制度，严格执行安全风险监控和疫病监测，对出口宠物食品注册登记行政申请事项全面实施网上办理，加强出口宠物企业注册登记管理和对外推荐注册工作。全年，新增出口宠物食品注册的登记企业 12 家，新增对欧盟、俄罗斯等国家（地区）推荐注册登记企业 6 家，出口货值达 5.22 亿美元。

2021 年，青岛海关积极参与总署外事工作：参与输华大中种用动物网络预检、参加起草捷克配合饲料检疫和卫生要求、参与起草输哥伦比亚和泰国宠物食品卫生证书模板、参与起草俄罗斯输华宠物食品检疫和卫生要求议定书、参与俄罗斯对华饲料检疫监管调查问卷、协助准备输韩水生动物有关调查问卷答卷材料、协助开展塞尔维亚高致病性禽流感疫情禁令解禁风险评估。其中，动物新冠肺炎疫情防控专班、进境动物远程督查专班、扩大饲料等资源性农产品进口、食用农产品和饲料安全风险监控、水生动物境外源头管控 5 项专项工作得到总署动植物检疫司表扬。

【进出境植物检疫】2021 年，青岛海关进境植物及其产品主要为粮食、原木、板材、水果等。其中，进境粮食2,686.33 万吨、140.56 亿美元，种类主要为大豆、玉米、小麦、大麦等，主要贸易国家（地区）为巴西、阿根廷、俄罗斯等；进境原木 2.01 万批、2,325.55 万立方米，同比分别增长 31.86%、25.51%，主要贸易国家（地区）为美国、德国、捷克等；进境板材 1.9 万批、235.15 万立方米，同比分别减少 8.47%、17.87%，主要贸易国家（地区）为美国、德国、捷克等；进口水果3,270批、2.83 亿美元，种类主要为香蕉、火龙果、龙眼等，主要贸易国家（地区）为越南、菲律宾、泰国等。出境植物及其产品主要为保鲜水果、竹木草制品等。其中，出境保鲜水果 1.61 万批、8.93 亿美元，同比分别增长 0.60%、12.20%，种类主要为苹果、梨、瓜等，主要贸易国家（地区）为菲律宾、印度尼西亚、泰国等；草柳制品 3.92 万批、9.07 亿美元，同比分别增长 34.29%、54.59%，种类主要为草、柳编制的篮、筐等，主要贸易国家（地区）为美国、英国、荷兰等；板材类制品 15.03 万批、54.54 亿美元，同比分别增长 23.76%、53.55%，种类主要为胶合板、纤维板、刨花板等，主要贸易国家（地区）为美国、菲律宾、越南等。

2021 年，青岛海关实施打击非法引进外来物种和种子苗木“国门绿盾 2021”行动方案，严厉打击非法引进外来物种、非法寄递种子苗木、非法携带种子苗木行为，保障国门生物安全。加强口岸外来物种防控工作调度，强化智能审图，整理汇编进境携带、寄递渠道截获外来物种典型案例，加强风险分析提高布控精准度，根据布控指令加大对进境船舶、飞机、火车等运输工具登临检查力度。对查获非法入境种子等情事，在“海关发布”微博、中国海关“强国号”等载体刊发大量新媒体报道。中央电视台《新闻 30 分》等多档栏目报道青岛海关查获的非法入境黑腹果蝇超7,000只案例，引导公众增强法律意识。

2021 年，青岛海关所属临沂海关试点推进出口竹木草制品查验模式创新，多部门联合查检，对所有出口产品现场查验相关业务人员联合办公，集约人力资源使用；现场查验线上线下相结合，创新查验方式，将视频查验与现场查验相结合，将企业监督管理与查验工作相结合，使得现场查验效用最大化；优化“注册登记/分类程序”，新冠肺炎疫情期间改现场审核为书面审核，并在首次出口时进行现场核实，即降低企业成本，又保证工作实效。试点工作开展以来，推动企业扩大出口成效显著，并被海关总署评为“‘我为群众办实事’百佳项目”。全年，出口竹木草制品货值达 63.61 亿元，同比增长 53.75%。

2021 年，青岛海关解决进境粮食滞港难题，优化通关模式，减少作业时间，快速办理进口粮食申报、综合处置、放行等相关手续，安排货物检疫查验人员和卫生检疫人员同时登轮作业，最大限度提升通关效率；快速疏港周转，提升物流速度，支持港口租赁港区附近企业闲置筒仓存储周转进境粮食，积极支持港口充分利用港区周边企业仓储能力；加快检测速度，对于涉及实验室检测的进口粮食，与技术中心加强协调配合，减少送检及样品交接等非检测时间。

2021 年，青岛海关联合查发粮食流向异常问题，为有效防范进口粮食非法流向风险，针对问题线索情况加强与其他直属海关的沟通配合，向哈尔滨海关、郑州海关发函商请协助开展进口大豆流向核查工作，查发问题企业 3 家；加强作业风险预判，深入企业了解企业生产情况和进口计划，核实企业储存和加工能力，重点对调运申报进行符合性评价及防疫情况检查，防止虚假、不合理调运。

（撰稿人：代兴国　许新军　苏茂文
俞　挺　蔡　霞）

食品检验检疫

【概况】青岛海关食品检验检疫工作包括进口食品、化妆品检验检疫监督管理、风险信息收集、业务指标分析，以及进口食品动植物检疫审批、政策研究等工作。2021 年，青岛海关坚持以习近平新时代中国特色社会主义思想为指导，坚持总体国家安全观，以“四个最严”（最严谨的标准、最严格的监管、最严厉的处罚、最严肃的问责）为根本遵循，认真落实总署党委重大决策部署和各项工作要求，扎实推动进口食品“国门守护”行动，全力提升进出口食品安全现代化治理水平。全年，青岛海关共进出口食品及化妆品重量 1,512.06 万吨、货值1,741.54 亿元，同比分别下降 2.94%和增长 2.64%。其中，出口食品及化妆品重量 753.63 万吨、货值 936.70 亿元，同比分别下降 7.29% 和 1.34%；进口食品及化妆品重量 758.43 万吨、货值 804.84 亿元，同比分别增长 1.81%和 7.70%。全年，青岛海关共检出未准入境不合格进口食品化妆品 230 批，未准出境不合格出口食品化妆品 13 批。

【进口冷链食品疫情防控】2021 年，青岛海关推进规范化管理，持续做好进口冷链食品的风险监测和预防性消毒监督工作；严格执行总署的紧急预防性措施；强化检出新冠病毒核酸阳性货物的后续处置，科学规范指导隶属海关分级分类处置新冠病毒核酸阳性货物，在确保防控安全的前提下，减轻新冠肺炎疫情对水产品行业发展的影响和冲击。

2021 年，青岛海关加强进口冷链食品监管人员安全防护，组织开展自查和督导检查，严格执行进口冷链食品安全监管工作人员封闭管理要求，开展应急演练工作，提升应急处置能力，强化应急管理。

2021 年，青岛海关强化对境外食品生产企业源头管控，配合总署牵头完成对 30 余家境外输华肉类、水产品生产企业远程视频检查工作和整改情况评估报告，督促境外企业食品质量安全体系管理和新冠病毒疫情防控持续符合输华要求。

【进出口食品安全监督管理】2021 年，青岛海关持续推动进口食品“国门守护”实施方案（2020—2025 年）各项行动，抓好口岸重大动物疫情防控，强化进口肉类监管措施，严防非洲猪瘟、禽流感等重大疫情传入传出，2021年度青岛海关重大疫病疫情口岸传入传出率、重大食品安全事故均为零。开展针对性布控，全国首次大量查发并处置俄罗斯输华黑丁鸡爪60批，进口俄罗斯肉类风险防控工作组获青岛海关集体三等功；查发进口碎肉产品官方兽医卫生证书签发错误和产品标签错误问题19批，相关工作获总署通报表扬，鉴此在多个口岸查发同类问题，对约20万吨进口“碎肉”产品证书、标签进行规范。全面落实总署2021年进出口食品化妆品监督抽检计划、专项检查计划和风险监测调整计划，制定细化落实措施，做好系统任务分配、结果审核等工作；组织开展自查、督导，督促隶属海关按时完成取样送检任务。

2021年，青岛海关提升风险预判能力，做好食品安全预警日报工作，共报送食品安全信息8,664条，相关工作做法得到总署多次肯定。参与总署进出口食品安全信息工作作业指导书、全国海关食品安全信息分析工作制度等的制修订工作。做好进出口食品化妆品不合格信息管理工作，按照总署要求，持续关注进口注册境外食品生产企业新冠肺炎疫情舆情，每日汇总、报送相关信息。强化风险预警，及时跟踪收集国内外非洲猪瘟、禽流感疫情暴发形势，撰写的多篇政务信息被上级部门采用，为领导决策提供参考。

2021年，青岛海关积极配合总署做好境外食品生产企业注册及信息审核工作，完成法国、新西兰、德国等国家（地区）共12家乳品企业信息审核；配合总署对乌兹别克斯坦输华花生、哈萨克斯坦输华亚麻籽生产企业，越南、泰国、俄罗斯的3家乳品企业，印度尼西亚和马来西亚等国家（地区）的7家输华燕窝企业进行远程视频检查；配合总署开展瑞典输华麦芽风险评估，完成对爱尔兰、乌拉圭等输华肉类境外食品安全管理体系和食品安全状况的评估审查，完成乌拉圭输华牛肉企业和签字兽医官、葡萄牙输华肉类卫生证书的整改评估，完成欧盟取消在动物饲料中禁止使用动物蛋白的风险评估。

▲2021年11月26日，青岛海关所属青岛大港海关关员对出口蔬菜种植情况进行现场监管

2021年，青岛海关根据主要进口国家（地区）的要求，制定出口肉类、花生、水产品等特殊监管要求，指导督促出口企业保证其出口食品符合进口国家（地区）标准，同时做好国外通报核查工作，压紧压实企业主体责任。积极开展“食品安全宣传周”活动，制发电子宣传展板图样，通过12360微信公众号，走进社区、学校等多种形式，宣传食品安全知识以及青岛海关进口食品安全监管把关工作成效，营造良好的社会氛围。配合食药安委等政府部门做好各项工作，提报2021年进出口食品安全工作总结等材料，向山东省农业农村厅通报2020年进出口肉类、出口蔬菜质量安全情况，推动共享共治。

2021年，青岛海关深化进出口食品智慧监管体系建设工作，进一步完善业务需求内容，完成主要业务的业务量及数据量分析，做好“进出口食品安全监管信息化建设”相关工作，强化科技支撑。推进总署课题“基于区块链的进出口食品安全监管溯源机制研究和应用”，组织实地调研，梳理监管重点，探索利用信息化手段促进监管模式转变；研究开发进出口食品企业过程管理平台数据原型，力争达到食品安全及监管工作清晰可溯的目标；申请并获得“基于‘云—链’融合的进出口食品溯源系统”“基于区块链的进出口食品安全监管数据溯源系统”2项计算机软件著作权；向国家专利局申请“基于多模态关键信息匹配的食品安全风险识别方法及系统”发明类专利，已获受理。“新形势下欧洲主要经济体肉类安全管理体系及我国进出口肉类安全控制关键技术研究”课题获得总署立项；派员参与行业标准进境鲜、冻肉类产品名称海关申报规范起草工作，牵头制定部分章节。

2021年，青岛海关组织做好《中华人民共和国进出口食品安全管理办法》《中华人民共和国进口食品境外生产企业注册管理规定》宣贯工作，积极参加两部规章的释义、工作规范以及教材的编写工作，参与总署相关集中工作和测试；制发宣贯方案，下发两部规章释义和相关学习材料，指导青岛海关各单位开展学习培训；答复企业咨询100余次，通过微信公众号等渠道发布相关宣讲材料20余次。组织开展“青关好师傅”体系评估、监督抽检团队活动，根据青岛海关工作实际需求制定研究课题，通过教研结合的方式，培养高素质专业化人才队伍。基于业务一线实际，组织开展青岛海关进出口食品安全监管培训，提升食品安全监管水平，共100余人参加视频培训和考试评估；组织开展加工食品签证官培训考核，85人新申请参训并通过考试，353名已有资质人员参加线上培训，提升青岛海关工作人员依法履职能力。

【服务进出口食品行业发展】2021年，青岛海关推进进出口食品农产品示范口岸建设，建立保障机制，成立由相关职能部门和隶属海关组成的工作专班，明确压实工作责任，定期调度工作进展，及时跟踪成效。指导烟台综合保税区综合性指定监管场地和青岛胶东国际机场、即墨东方鼎信进境肉类指定监管场地顺利通过总署验收。青岛海关辖区共获批进口肉类指定监管场地18个，列全国首位。助推东北亚水产品贸易中心建设，申请试点开展来料、进料加工美国、俄罗斯、丹麦格陵兰岛的鳕鱼胃业务获得总署批准。推进葡萄酒集散地建设，配合总署做好进口葡萄酒实地调研，汇总整理进口葡萄酒贸易及变化情况，分析不同国家酒类生产加工特点和标准差异。持续推行顺势监管，进一步优化进口肉类单证审核和现场查验“串联”改“并联”等监管措施，试点应用人工智能自动审核和比对技术，提升口岸证书验核甄别能力；支持冷链设施发展，积极疏导进口冷冻集装箱提离港口。

2021 年，青岛海关进一步优化监管模式，试行并推广化妆品样品检验检疫监管模式，释放更多中日韩自贸区政策红利，提升企业通关效率和获得感。科学有效实施风险管理，进一步降低出口肉类官方和企业取样频率，优化取样环节，提高放行效率，认可地方主管部门疫病检测结果，指导企业完善质量控制体系，降低生产管理和检测成本。

2021 年，青岛海关加快出口食品品牌建设，明确青岛海关关于加快出口食品农产品品牌建设、培育国际竞争新优势的意见，通过整合、发挥海关部门在技术性贸易措施应对、知识产权保护等职能优势，从夯实品牌发展基础、挖掘品牌市场潜力和激发品牌创建动力 3 个方面，提出“加强源头管理，净化区域环境，打造一批区域品牌”等 9 项具体措施；加快培育国际品牌，推动中国干辣椒获得阿根廷准入；指导企业加强生产过程质量管控，妥善应对新加坡对进口含乳饮料新要求。

2021 年，青岛海关加强国外法律法规跟踪研究，做好进出口食品领域技术性贸易措施研究工作，认真做好 SPS（《实施卫生与植物卫生措施协定》）评议工作，参与评议 49 国次、73 项。对欧盟新法规及英国脱欧后政策法规影响进行跟踪研究，向总署报告英国脱欧对中国食品进出口贸易影响和输英动物源性证书更新模版；跟踪研究欧盟 2020/2235、2020/405 等系列法规要求，在海关 12360 微信公众号发布《出口欧盟动物源性食品准入要求介绍》政策指南；研究输欧盟水产品证书格式和法规要求，配合总署做好输欧盟水产品新版证书更新工作。积极推动欧盟放宽对中国出口花生及其制品黄曲霉毒素检验要求，简化输欧盟花生放行程序，缩短产品通关时间，每年可为企业节省集装箱周转成本近 200 万元，相关成效得到中央电视台、山东电视台等媒体报道，入选总署首批“我为群众办实事”百佳案例。有效应对韩国对中国出口泡菜小肠结肠炎耶尔森氏菌通报问题，提出特别贸易关注促成韩国认可国内机构对输韩泡菜企业的 HACCP 认证，可为中国泡菜企业减少认证费用逾 1,500 万元，助力价值约 20 亿元的泡菜出口韩国。

（撰稿人：王　丹　王雪红　李琛琛
陆福军　陈起振　袁　涛
葛　岚）

商品检验

【概况】进出口商品法定检验（简称“商品检验”）是以安全、卫生、环保、健康、反欺诈为原则，对进出口商品实施的法定检验。青岛海关是中国大宗资源性商品最主要的进口口岸之一，进口危险货物及其包装、进出口棉花、进口铜精矿3个风险监测点为全国海关一级风险监测点。2021年，青岛海关积极落实总体国家安全观，严格实施进出口商品检验，检验进出口商品6.43万批，检出不合格2,566批。推进进出口商品检验模式优化创新，在全国率先实施保税铁矿混矿“随卸随混”，获中国（山东）自由贸易试验区“最佳实践案例”；进口矿产品“先放后检”模式改革获山东省改革试点成果；进口原油先后推出“保税分拨”“混兑调和”“先放后检”等综合验放模式改革，取得良好经济效益和社会效益；铜精矿混矿扩大试点范围；构建进出口危险货物及其包装“资质培训—实操轮训—精准送训”培训机制，157人通过总署考核获取岗位资质，在总署组织开展的进出口危险品及其包装检验监管岗位练兵和技能比武活动中，青岛海关入围“万人争先”线上考试全国团体八强，4名选手进入全国个人“百强”。

【进出口重点商品检验】2021年，青岛海关保持严禁“洋垃圾”进境高压态势，加强风险监测，突出重点敏感商品检验监管，共检验进口再生原料122批、3.15万吨，检出不符合相应标准规定2批、56.03吨，查获伪瞒报进口固体废物4批、628吨，有力阻击固体废物以再生金属原料名义伪瞒报进境；对324批进口货物实施固体废物属性鉴别，经鉴别为固体废物的63批、9,719吨，均依法进行处置；持续强化进口矿产品放射性检测，利用通道式、手持式等多种形式的检测设备，采取货物现场初步筛查与实验室样品核素分析相结合的检验方式，共对5,344批、2.70亿吨进口铁矿、铜精矿等实施放射性检测，检出7,560吨矿产品放射性超过国家技术规范强制性要求，均依法做出退运处理。

2021年，青岛海关共实施进出口危险化学品检验2.86万批，同比增长

47.10%；检出不合格231批，同比增长1.30%。加强制度建设，明确进出口危险货物及其包装检验工作规程，持续完善具体业务操作指引；强化业务监督检查，将进出口危险货物履行安全生产第一责任人责任情况列为年度督查重点，通过与督查审计、专项巡察、督导调研等联合联动开展安全隐患排查，坚持问题通报和跟踪落实；对进口危险化学品检验模式调整实施情况进行跟踪落实，对申报、施检等过程中出现的系统和业务运行问题及时与总署沟通解决，保证该项业务平稳运行；强化专业化队伍建设，组织开展进出口危险货物及其包装检验监管岗位资质培训考核3期，培训学员193人，157人获取总署岗位资质，通过率81.13%，组织15名业务骨干走进生产企业开展实战练兵活动，组织对威海、菏泽、董家口港等13个隶属海关开展现场送训，提升现场执法能力。

2021年，青岛海关加强进口重点敏感产品检验，共查获200个电火锅电气安全不合格，5万余双儿童学习筷存在安全隐患，4,604支牙刷不合格，以上产品均实施退运处理；查发15台未实施装运前检验的进口旧制冷机，货值40.50万元，依法予以退运；开展打击非法医疗美容专项整治行动，通过强化风险布控、严格现场查验、加强联合执法等措施，构建青岛海关进口医疗美容器械检验监管闭环机制，查获未获医疗器械注册证的美容仪22台、不合格隐形眼镜82.4万片、走私进口肉毒素针剂和玻尿酸针剂64,427盒、无影医用头灯100台，累计查发医疗美容产品情事17起，涉案货值1,350余万元。

2021年，青岛海关共检验进口棉花4,083批、104.05万吨，重量同比分别增长91.66%；检出短重3,230批，对外索赔金额共计1,928.38万美元；检出品质与合同不符2,106批，对外索赔金额共计1,029.80万美元。自3月以来，青岛海关每月棉花进口量超过10万吨，同比增加近1倍，青岛海关采取有效措施，积极促进棉花快速通关。成立专项应急小组，通过增加现场查检和检测人员、补充实验室设备、帮助企业协调存储仓库、开展“5+2”查验模式等措施，解决进口棉花排队检验、检测等难题；推进“集成查检”模式改革，依托“棉花整箱自动鉴重系统”，将棉花查检过程由原来2次开箱合并为1次开箱，实现重量鉴定高效可追溯，每个集装箱重量鉴定时长压缩至6分钟，创新应用“仓储货物按状态分类监管系统”实现“一票多车”进口棉花“分次出区”，车辆过卡效率由每车3分钟提升至8秒，采用该模式验放进口棉花886批、8,554箱；落实总署进口棉花品质检测监管方式改革，与主要棉花进口商开展座谈，宣传优惠政策，共计937批、17.12万吨棉花享受免检快速放行政策，同时加大技术支持力度，开展免费品质检测约46万次（支），投入各类检测费用超5,000万元。

▲2021 年 6 月 23 日，青岛海关所属枣庄海关关员对进口有机棉花进行查验

2021 年，青岛海关对进口原油采取“先放后检”“混兑调和”“保税分拨”等综合验放模式改革，大幅提高口岸通关效率，单批货物验放时长减少 48 小时以上；对进口铁矿、锰矿、铅矿等矿产品实施“先放后检”，根据进口矿产品铁运、集运及船运等主要货运场景，将货物提离与货运疏港方式相结合，实现进口矿产品随卸货随提离；实施保税混矿“随卸随混”模式，实现进口铁矿不落地直接混配，混矿量3,000余万吨，超过全国混矿总量的三分之一；支持保税铁矿拓展国际中转业务，完成国际中转1,305万吨，同比增长 33.80%，进一步提升矿产品国际贸易、物流港口地位。全年，青岛海关辖区进口铁矿逆势同比增长 7.10%，达 2.70 亿吨。检出 6 批铜精矿放射性超标、5 批进口铁矿放射性超标、4 批进口煤炭环保项目不合格，分别实施退运处理。

2021 年 10 月 15 日，总署将出口化肥纳入法定检验目录管理。青岛海关严格按照总署统一部署，有序推进出口化肥检验监管工作。积极参与总署法检目录调整，配合总署商品检验司梳理涉及化学肥料（不包括动植物源性肥料）的 29 个商品编码、60 个检验检疫商品名称，明确不同商品编码适用的国家技术规范强制性要求，协助编制《贸易渠道货物检查布控规则设置需求表》以及相应查验表单和送检表单；及时编制出口化肥检验政策解读，第一时间利用微信公众号等载体明确施检范围、检验依据、现场查验内容和取样送检项目，指导隶属海关严格落实出口化肥监管要求，及时解答企业业务咨询，推动业务调整平稳过渡；青岛海关技术中心实验室及时获得出口化肥强制性检测标准 CMA（国家计量认证）资质认定和 CNAS（中国合格评定国家认可委员会）资质认可，在全国海关系统率先具备出口化肥合格评定的实验室检测能力。全年青岛海关辖区共出口化肥 274 批、41.93 万吨，同比分别降低 74.90%和 30.50%，在全国首次检出 1 批出口复合肥砷含量超出标准限量要求，依法不予出境；在 1 批出口活红鳍东方豚中，发现活鱼箱设备舱内夹藏车用尿素溶液 2 桶、20 升，依法移交相关部门处置。

2021 年，青岛海关检出进口大宗商品严重短重（超过 0.30%）95 批，对外成功索赔 55 批，在青岛海关辖区主要海港口岸推广运行“大宗散货数重量智慧鉴定监管系统”，提高重量鉴定业务信息化水平，并探索完善“云计重”监管模式。

2021 年，青岛海关辖区 11 家企业进口料件486批，货值623万美元。组织对青岛海关辖区10家企业开展排查，对新申请的青岛某光电技术有限公司开展现场能力评估，该企业成为中国（山东）自由贸易试验区青岛片区首家开展保税维修业务的企业。

2021年，青岛海关持续组织对出口埃塞俄比亚、塞拉利昂、伊朗、也门等国家（地区）的相关工业品做好装运前检验监装核价等工作，全年共检验监装出口双边协议国家（地区）产品254批、4,499.66万美元，未检出不合格，保证出口双边协议国家（地区）的产品质量、数量的真实性，对出口伪劣产品及欺诈行为产生较好的管控作用。

【进出口商品专项工作】2021年，青岛海关做好进口高风险非冷链货物疫情防控，制定操作指引和工作人员安全防护工作规范等文件，指导一线人员按照指令要求开展工作；对非冷链货物新冠病毒核酸阳性结果开展追溯调查；定期开展现场督导和视频检查，并参加地方非冷链专班工作，定期督导检查青岛地区的疫情防控工作。

2021年，青岛海关持续开展“清风行动”，建立部门联动打击伪劣商品工作机制，设立打击伪劣商品绩效考核指标，召开青岛海关视频会加强调度，联合深圳海关开展视频培训，发布打假典型案例，全年查发3起案例，均移交生产企业所在地的市场监督管理部门进行处理。组织实施跨境电商、目录外商品抽查，抽查跨境电商产品35批，检出存在质量安全风险产品9批；风险监测点专项抽查16批进口儿童文具、玩具等儿童用产品，检出不合格12批；目录外商品抽查53批，检出进口不合格5批，出口不合格4批；分别对不合格产品实施了退运、销毁等处置，约谈有关企业，要求其切实履行质量安全主体责任。

2021年，青岛海关切实做好进出口商品检验检测机构监管，推进“证照分离”改革，做好政策宣贯落实，强化事中事后监管，创建“青关好师傅”之检验鉴定机构管理团队。更新检查人员库和监管对象库，完成青岛海关辖区12家检验机构“双随机”检查，对外公开检查结果。

2021年，青岛海关深入贯彻习近平总书记关于安全生产重要批示指示精神，深入开展“化危为安”专项行动，切实维护口岸安全和公共安全。编制危险品检验业务“明白纸”和“安全应急手册”，指导隶属海关对危险特性、预防措施、应急处置等进行全面梳理；加强队伍专业化建设，建立进出口危险货物及其包装检验监管实训点，编订10万字实操培训教材，组织人员走进生产企业、检测实验室、危险化学品仓库开展实操培训，解决执法人员“纸上谈兵”和“眼高手低”等问题；组织青岛海关21个单位部门477人参与总署岗位练兵和技能比武活动，先后举行4次视频和脱产培训，梳理要点创建2,000余道解析题库，连续开展9期阶段性摸底测验，技能比武成绩成功入围全国八强；强化执法互动，对青岛海关辖区10余家主要危险品企业开展实地调研，与企业联合开展危险化学品易发事故应急演练13次，将风险意识与安全底线宣贯到企业主要负责人，举办进出口危险品检验业务“云问诊”服务，为近百家企业168名从业人员答疑解惑，发布危险品检验监管政策解读及普法文章7篇，着力提高企业安全主体责任意识。

2021年，青岛海关深入出口商品技术性贸易措施研究，密切跟踪欧盟法规更新动态，做好对中国出口消费品影响的分析研判和政策宣传，指导企业对照出口标准和国内标准进行产品开发，强化质量安全理念，共同应对贸易保护主义。全年共撰写国外技术性贸易措施调研信息30余篇，涉及欧盟通报分析、国外政策法规新政对中国出口相关产业的影响等，多次被总署、山东省政府采用，组织专家对青岛海关辖区进出口工业品开展质量分析，撰写15篇工作报告。

2021年，青岛海关优化风险监测点布局，在进口棉花、铜精矿、危险货物及包装3个一级风险监测点和威海、胶州2个二级风险监测点基础上，指导日照海关创建再生钢铁原料质量安全风险监测点，涵盖重点商品、重点贸易区域和国家重大战略；风险监测工作机制进一步完善，制定进出口商品质量安全风险监测点操作指引，建立了风险监测和风险评估报告季报工作机制，开辟“商品安全”专栏，编发进出口商品质量安全风险信息37期、舆情信息430余条，通过总署进出口商品质量安全风险管理系统填报风险信息；针对出口非医用口罩、进出口危险化学品下达布控指令，多次查获不符合相应标准、未如实申报案例，针对进口大宗商品屡次检出重大短重情况，发布提示类风险预警，对1批申报为再生铝铸件货物增加固体废物鉴别指令，查获伪瞒报进口的固体废物；突出风险监测结果转化应用，撰写30余篇风险分析报告被政务信息载体采用，钢铁进出口政策调整效果和潜力分析被总署有关载体采用。

（撰稿人：丁寿滨　王正直　孙寿利　姜世明）

口岸监管

【概况】青岛海关口岸监管工作包括进出境运输工具、货物、物品（包括动植物、食品、化妆品）的海关检查、检验、检疫的组织实施工作，承担青岛海关口岸物流监控、监管作业场所、进出境邮件、快件、跨境电商、暂时进出境货物、进出境人员及旅客行李物品、国家禁止或限制进出境货物、海关口岸监管环节的反恐、防扩散、出口管制，进口固体废物、进出口易制毒化学品等口岸监管职能管理。2021 年，青岛海关坚决落实总体国家安全观，始终牢记监管是海关最基本、最重要的职责，结合“现场监管与外勤执法权力寻租”专项整治活动，全面加强正面监管，筑牢国门安全防线。全年，共监管进出口货运量 8.3 亿吨，同比增长 4.33%。持续打击寄递渠道象牙等濒危物种及其制品走私违法活动，青岛海关寄递渠道查获涉及濒危制品案件 37 起，严密防控毒品、枪支弹药等违禁物品进出境，共查获冰毒、精神药品、枪爆等相关情事 199 起。

【运输工具监管】2021 年，青岛海关把牢新冠肺炎疫情防控“外防输入”关口，抓紧抓实海港口岸新冠肺炎疫情防控。应对德尔塔变异毒株扩散形势，对来自高风险国家（地区）的进出境运输工具和人员提出针对性检疫措施，从加强风险研判、开展“提前流调”、强化检疫措施、加强信息通报、做好个人安全防护等方面强化一线口岸疫情防控。稳妥应对涉海重大突发应急事件，协调威海、黄岛、荣成等海关妥善做好涉海安全事件应对。创新实施“水水中转”智能管理，实现前湾港水水中转 24 小时自动化作业，促进山东沿海各港口一体化协同发展。实施“铁路快速通关”改革，10 月 15 日首列“铁路快通”货物专列自上合示范区青岛多式联运中心发出。全年，共监管进出境船舶 2.9 万艘次，同比增长 9.15%；飞机 1.2 万架次，同比下降 3.39%；中欧班列1,077列、8 万箱，同比分别增长 11.72%、14.16%。

【货物监管】2021 年，青岛海关推进智能审图实战化应用，扎实做好总署智能审图算法分类部署试点，推动识别商品算法整体准确率提升 13.80%。优化建立 670 项以企业、原产地、商品税号为索引的多级智能审图算法，通过智能审图替代逾70%人工审像作业。全年，青岛海关共审核H986机检图像40.3万幅，其中智能审图量30.80万幅，占比76.40%；通过H986集中审像查发违法违规情事120起。开展“先期机检+直装直提”作业改革，试点企业货物机检图像经智能审图自动比对备案标准图像，无异常直接船边放行，单箱节省企业码头堆存费逾600元。推进“智能空轨”项目建设，结合青岛港“智能空轨”建设整体规划和施工安排，优化升级海关监管方案，提升“智能空轨”H986设备图像识别效率，打通集装箱运输港、船、站、场间的“最后一公里”。6月29日，智能空轨集疏运系统（示范段）顺利竣工使用。强化查验作业规范化管理，根据总署查验作业规范性考核要点及专项审计核查重点，结合青岛海关查验业务实际，制发青岛海关口岸查验作业规范性监控手册，发布口岸监管实务问答，对现场海关咨询、关注的问题进行解读答疑。

【快件邮件跨境电商监管】2021年，青岛海关有序推进快邮领域业务改革。开展快件、跨境电商业务集中审单试点，与威海海关、山东邮政公司建立三方对接机制，推进进境邮件“一点清关”。深入开展打击跨境电商进口走私“断链刨根”“进一步加强快件全链条监管切实防范风险”等专项整治行动，全面排查快件渠道监管、征税、风险防控等方面存在的隐患和漏洞，快件监管风险得到有效遏制。全年，青岛海关共15个隶属海关参与跨境电商B2B监管试点，开通3条跨境电商货运包机航线和中欧班列“齐鲁号”跨境电商专列“直接出口”、“出口海外仓”等跨境电商监管新政策在青岛海关落地实施。支持即墨、烟台市场采购贸易方式试点运行，推动临沂市场采购做大做强，全年青岛海关辖区市场采购出口同比增长213.70%。全年，共监管进出境行邮物品168.7万件，同比下降50.06%；监管进出境快件1,614.2万件，同比下降36.87%。跨境电商进口走私刑事立案3起，案值2.36亿元；行政案件16起，案值1,082.8万元。

【行李物品监管】2021年，青岛海关巩固打击治理“水客”走私专项行动成果，建立健全打击治理“水客”走私长效机制。全年，共查获入境旅客涉嫌违规携带情事786起，其中查获超量携带化妆品情事85起；查获濒危动植物制品、卷烟、贵重首饰、箱包奢侈品等走私违规情事701起，移交缉私并立案15起。严密进出境旅客行李物品监管，推动出境行李“一次过检”改革，缩短需查验旅客用时；利用CT机对入境托运行李物品实施100%先期机检，提升入境旅客“无感通关”体验，支持青岛胶东国际机场智慧旅检信息化系统上线运行。

【口岸业务运行监控指挥体系建设】2021年，青岛海关优化监控指挥考核体系，发挥二级监控指挥中心作用，每周实施新冠肺炎疫情防控检查连线会商，强化新冠肺炎疫情防控视频检查。确定涵盖口岸新冠肺炎疫情防控、危险货物查检作业安全、进出境行李物品及快件邮件监管、监控指挥基础工作等重点内容的监控清单。成立“挑毛病”专家组，每日通过二级指挥中心对进境旅客、货物物品等监管现场新冠肺炎疫情防控要求落实情况开展视频检查。全年，共开展新冠肺炎疫情防控检查993次，制发检查通报16期，督促指导监管现场整改问题134个。强化口岸监管环节反恐工作，常态化开展反恐应急演练和技能培训，提升应急处置工作规范性和实战能力；加强口岸监管环节反恐装备管理，保障设备高效运行；加强反恐应急指挥部、反恐专家组和反恐应急队伍建设，不断改进完善监管手段，强化监管查缉，严密防范核生化及枪爆物品非法入境。全年，共查发402起进境货物放射性超标，退运非法进境固体废物45批、7,118吨。

▲2021年6月10日，青岛海关所属黄岛海关应急处置人员在应急演练中对嫌疑包裹采样检测

（撰稿人：丁　旸　杜政远　李发展　张　芳　张继明　罗福茂　曹传猛）

统计分析及政策研究

【概况】2021 年，青岛海关将政策研究、数据分析、海关统计、数据管理 4 个方面作为海关政策研究及统计工作的重心。根据总署海关政策研究及统计工作会议精神，青岛海关统计分析工作秉持 4 项工作指导原则：党建引领，把握海关统计工作的政治属性，服务党中央决策，服务改革开放大局；需求导向，围绕服务中央决策和重大战略、服务经济贸易发展、服务海关改革提供高质量统计分析产品，形成持续改进服务质量的工作机制；系统协同，将提供“三个服务”（服务中央、服务总署党委、服务企业社会）的供应链作为一个整体，从全局和整体把握各个职能之间的相互联系和相互作用，优化互补，整合增效，提高统计研究部门的整体效能；精益求精，夯实数据质量基础，严守质量安全底线，树立“精心匠心、可靠可信”的青岛海关统计分析与政策研究品牌。

【统计调查】2021 年，青岛海关配合总署统计分析司围绕增设“外向型仓储物流”和“保税货物简单加工”监管方式，开展统计调查，真实全面反映海关监管部门和相关企业的意见建议。围绕完善新业态、新模式下的统计制度方法，利用课题开展自主研究，完成 2020 年进口货物去向调查。做好跨境电商全口径统计样本企业筛选及填报工作。参加 2022 年《商品名称及编码协调制度》转版及统计商品参数维护工作。梳理统计工作各项业务制度、业务规范和操作规程，修订完善作业规范、操作指引、岗位操作手册内容，增强执法依据的可操作性，提升海关统计工作整体效能。

【数据质量管控】2021 年，青岛海关保障统计数据质量。健全维护海关统计数据完整、真实、准确的工作机制。按照“宏观、中观、微观”三级管控要求做好数据质量控制。引入质量管理体系理念，逐个环节梳理统计数据质量作业流程，邀请质量管理体系专家介入、探索将“PDCA 过程方法”的基本思想和以过程方法为主导的原则引入统计数据质量全过程管理。加大参数提炼和应用力度，将人工审核成果转化为数据检控参数，提高系统检控的准确度。建立统计数据差错快速反应机制，及时发现异常数据，及时处置纠正。

2021 年，青岛海关加强不实贸易管控。通过源头治理、精准管控、联防联控等措施，有效防范和遏制不实贸易。每月开展数据研判，对于高风险数据进行核查。制定不实贸易数据监控处置操作指引和不实贸易管控台账。内外协作形成联合管控格局，将不实贸易风险企业名单及时通报相关单位，以便有针对性地采取管控措施。

【业务统计】2021 年，青岛海关完善指标体系，确保业务统计数据管理精准到位。坚持依法统计、科学统计，严格执行各项业务统计数据质量管控工作规定；探索新的统计方法、模型和统计技术，提升业务统计数据审核方式的科学化、信息化、智能化水平；分工负责业务统计各项工作，通过将快报数据审核与月报数据审核相结合、常规审核与专项审核相结合、联动比对审核等方式，有的放矢地开展业务统计数据质量管控工作。围绕海关业务改革、外贸发展等，开展业务统计指标和数据源调研，参与全国业务统计指标体系构建及系统完善建设。建立协同分析机制，开展重要业务专题分析研究，编发青关业务统计分析快报。完善数据钻取及应用模型，组建货运量、运力运价研究专班小组，常态化跟踪监测货运量、运输工具、集装箱等业务数据变化情况，开展运力运价日常监控和信息收集，在青岛海关辖区青岛、日照、烟台、威海等各大港口开展追踪调研，形成运力运价分析报告。围绕重要商品、重点口岸开展业务运行监测，结合原油、铁矿、大豆等进口态势重点开展分析，形成分析成果。统筹运用贸易数据、业务数据及其他数据，深入挖掘数据潜在价值。全年，上报市场采购、水产品进口、中欧班列等 7 篇稿件。

【数据安全管理】2021 年，青岛海关加强业务数据安全管理。制订学习宣传贯彻《中华人民共和国数据安全法》实施方案，明确青岛海关各单位部门学习贯彻任务、时间点。发布新法速递专栏，利用 12360 海关热线开展《中华人民共和国数据安全法》专题宣传。结合海关业务数据安全管理实际，开展对标《中华人民共和国数据安全法》提升海关数据安全管理水平研究。落实海关业务数据分类分级标准 V1.0 和海关业务数据应用系统（项目）数据安全规范指引 V1.0 要求，对新开发业务数据应用系统进行开发立项前置审核和上线运行前审核。对青岛海关业务数据系统进行盘点，梳理青岛海关业务数据资产状况，建立青岛海关业务数据资源清单。开展在用关级业务数据系统安全自查。推进以安全为前提的数据开放利用，对外签订备忘录或协议，列明安全约束条款，精简数据范围和字段。建立对外提供数据预评估机制，确保数据对外提供安全规范。

【数据服务】2021年，青岛海关参与海关统计新闻发布分析研究工作。每季度参加总署在国务院新闻办公室举行的进出口情况新闻发布会材料准备工作，加强新闻素材日常积累，定期安排专人就外交部新闻发布会、中韩、中伊朗等专题开展新闻监测摘要和储备分析，关注中央重大工作部署和重大发展战略以及地方经济社会发展热点，满足政府部门、社会公众的数据需求，坚持“数据+研究”，发挥外贸数据更大价值，做好问答口径的整理审核。建立外贸数据联合发布机制，密切与山东省政府新闻办、各级各类重点媒体的联系，了解社会关注重点，做到定期发布与及时回应相结合；与济南海关建立外贸数据联合发布机制，在山东省政府新闻办新闻发布会发布外贸数据4次，累计150余家媒体参与，近20家媒体实况直播，发表稿件400余篇，其中新闻发布稿《山东促开放转动能　推动质量发展》在中央电视台《新闻联播》播出。限定统计数据发布时间，严肃发布纪律，规范发布口径，定期对青岛海关统计数据发布情况实施专项监督检查。

【政策研究】2021年，青岛海关推进海关“十四五”发展规划落地实施。组织编写贯彻落实“十四五”海关发展规划暨新时代现代化强关建设2021—2025年行动方案，共3大板块、10章、48节、37,000余字。采用“专班+专家”模式，组成工作专班，54名同志组成统稿审稿专家团队，多轮次征求青岛海关各单位部门意见，形成“关区人人参与，共谋青关发展”良好氛围，确保贯彻总署规划“不走样”“不漏项”。参与山东省和青岛市规划编制工作，对山东省“十四五”规划提出的建议5条均被采纳，对青岛市“十四五”规划提出的14条建议中12条被采纳。申报、申领、参与总署署级课题研究，全年共牵头、参与总署级课题16个，牵头组织开展的“基于系统观念的海关特色智库运行机制研究”课题顺利结题。统筹青岛海关政研资源，2021年51个关级课题全部顺利结题。在总署刊物发表文章12篇，在关内相关载体发布文章40篇。4名业务骨干孙大治、张坤、李磊、刘磊参与总署全产业链、中美贸易、宏观经济形势研判等重大专题专班工作。参与撰写2021年上半年外贸进出口情况分析，向总署报送调查研究报告4篇。开展智库合作，深化“开门搞研究”合作机制，建立青岛海关分析研究“外脑”智库，与中国海洋大学、山东省社科院、青岛市委政研室等机构开展课题联合、培训互助等合作项目，取得良好成效。注重政策研究人才重点培养，赴济宁海关、荣成海关开展“青关好师傅”现场教学，在青岛海关范围内培养15名政策研究专家。

【监测预警】2021年，青岛海关完成总署重点商品专题研究。组织青岛海关18个部门（单位）40名不同行业专家成立工作专班，收集整理各类信息资料400多万字，挖掘分析进出口数据 2 万多条，提交 20 余万字的调研报告。牵头黄河流域 9 省区 12 个直属海关统计部门，构建黄河流域跨关区的外贸运行监测分析机制和联合调查研究机制，推进工作机制常态化运作，汇总共享黄河流域 9 省区外贸月度分析报告 24 篇，合作完成 7 项总署署级课题研究。参与总署重大专题研究和全球贸易监测分析中心工作任务。承担全国水产品、纺织原料进口等监测任务和专题调研任务；在巩固提高常规进出口监测预警分析编报水平基础上，加强对国内外重点热点问题、山东省青岛市外贸运行状况和重点商品进出口分析研究，上报各类统计监测预警分析报告 560 篇，报送地方政府统计分析 288 篇。撰写上报新疆棉受限、钢铁进出口税率政策调整等对中国外贸及相关产业的影响等分析研究稿件，被总署统计分析司有关载体采用。

2021 年，青岛海关开展中国与上合组织国家外贸高质量发展研究。围绕上合组织成立 20 周年做足做好统计分析研究工作，全国首创并正式发布“中国对上合组织成员国贸易指数”，每月定期在上合指数网站和总署门户网站更新展示，编制方法经验作为“青关样板”被“中国—中东欧贸易指数”“中国—东盟贸易指数”学习借鉴，编制工作被列入上合组织第十九次总理会议成果清单；“中国与上合外贸发展研究”作为总署署级课题立项，发挥关贸智库联盟作用，编撰出版《上海合作组织成立 20 年贸易发展报告》，全书约 35 万字。

▲2021 年 4 月 26 日，青岛海关参与研究的“中国对上合组织成员国贸易指数”正式发布

2021 年，青岛海关协调构建大分析研究格局。优化完善分析研究员管理办法，提供制度保障；组建 32 个专业研究小组、200 余人的分析研究专家队伍，开展“好师傅团队”专业知识培训；构建青岛海关科学系统的分析研究工作模式；依托“分析研究管理系统”，优化完善信息调研、文章报送、审核流转、成果评定等系统功能；推广“一关一品”“一处一品”研究品牌创建活动；联合地方高校开展“智库联盟”合作，在青岛海关形成上下统筹、内外联动的分析研究大格局。

（撰稿人：王　岩　王庆伟　王明鑑
孙大治　李佩佩）

企业管理和稽核查

【概况】2021 年，青岛海关辖区备案报关单位 11.52 万家，占全国总量 6.90%；食品相关特定资质企业 1.44 万家。其中，出口食品备案生产企业3,363家，占全国 16.40%；进口食品相关特定资质企业5,316家。高级认证企业 272 家，占青岛海关备案企业总数的 0.25%；高级认证企业进出口总值8,495.71 亿元，占青岛海关进出口总值的 24%。实施常规管理措施企业113,779家，失信企业 65 家，无列入严重失信主体名单的企业。加工贸易企业数为2,100余家，设立加工贸易手册 1.80 万份，在执行联网监管 E 账册企业 90 家。保税监管场所 183 个，其中保税仓库 168 个、出口监管仓库 12 个、保税物流中心 3 个。

2021 年，青岛海关把握新形势下海关稽核查职责定位，推进后续监管工作。全年，共完成稽查作业 638 起（含主动披露），查发问题稽查作业 345 起；办结核查作业2,831起（随机率 100%），同比增长 32.79%；发现问题1,621起，同比增长 1 倍，核查有效率 57.26%；开展属地查检 13.04 万批次，同比增长 30.39%，其中“出口申报前监管”查检 9.17 万批次，同比增长 42.17%；“进口放行后检查”查检 3.87 万批次，同比增长 9.03%。

【企业管理】2021 年，青岛海关做好企业资质管理和出口食品生产企业对外注册推荐工作。全年，新增进出口货物收发货人 1.44 万家、报关企业 347 家，同比分别增长 9% 和 16.5%；新增出口食品备案生产企业 291 家，新增对外推荐注册企业 60 厂次。推进企业信用管理工作，加强对与“一带一路”沿线国家和地区、中东欧以及 RCEP 成员方有贸易往来企业的认证培育指导，对6,500余家企业开展信用培育，覆盖青岛海关有进出口记录企业总数的 15.3%；组织开展 AEO（经认证经营者）示范市创建活动，12 个隶属海关获评首批示范单位。细化总署《海关认证企业管理措施目录》责任分工，形成 5 大类 22 项具体措施，优先办理通关手续 1.60 万余次，高级认证企业获得感不断增强；动态调整企业信用等级 385 次，同比增长 292.85%，其中上调信用等级 166 家、下调企业信用等级219家，确保信用评价客观反映企业真实的诚信状况和守法水平；完成信用修复企业44家，其中因“企业失信满两年”海关主动修复43家、依申请信用修复1家。深入推进企业协调员三级工作机制，持续增强企业协调员多维度精准服务企业能力，青岛海关89名企业协调员共为191家高级认证企业解决业务疑难问题397个。

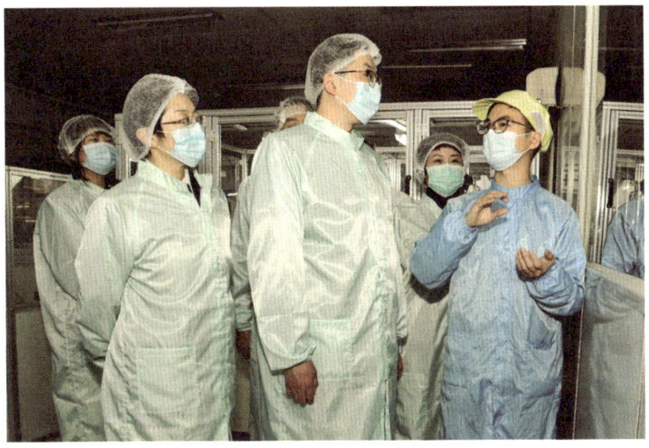

▲2021年3月29日，青岛海关所属青岛大港海关关员在AEO高级认证企业调研

【保税监管】2021年，青岛海关加工贸易监管实际进出口值3,262.7亿元（含深加工结转），同比增长15.1%，其中，监管实际进口、出口总值分别为1,173.1亿元和2,089.6亿元，同比分别增长17.7%和13.7%。青岛海关加工贸易主要商品包括电子产品、石油原油、冻水产品、橡胶制品、塑料制品等。坚持纾困举措与赋能机制相结合，落实国务院关于统筹推进新冠肺炎疫情防控和经济社会发展工作的决策部署，做好“六稳”工作、落实“六保”任务，支持加工贸易企业开拓国内市场，贯彻落实放宽加工贸易内销申报纳税办理时限等要求。引导企业参与企业集团加工贸易监管改革，共有11个企业集团的39家企业参与，开展保税料件流转、外发加工、货物自主存放、不作价设备结转等加工贸易业务2,171次，涉及货值7.7亿元，企业节省资金占用6,675.8万元。保税监管场所一线入出库货值2,881.1亿元，同比增长74.6%，其中保税仓库一线入出货值2,873.9亿元、出口监管仓库一线出境货值5,007万元、保税物流中心一线入出货值6.7亿元。保税监管场所涉及主要商品为原油、矿砂、水产品。青岛海关围绕国家发展战略，引导保税监管场所因地制宜、按需设立，与海关特殊监管区域错位布局、配套发展，助推国际物流链延伸，带动国内物流产业转型升级；帮助市场主体，密切跟踪国际能源市场的情况变化，趋利避害，及时调整保税库容，完善储备机制。服务经济发展同时重视规范监管及改革创新，制定行政审批作业操作指引，规范行政许可事项作业流程，通过盘库、巡查强化实货监管，探索保税仓库分类监管改革，构建“多维画像—风险测评—分级监管”的新型保税仓库管理体系。

【海关稽查】2021年，青岛海关重点关注新兴业态领域风险，开展打击跨境电商进口走私“断链刨根”专项行动，查发走私违法移交刑事立案3起，案值6.51亿元；围绕涉检违规行为，开展进境大豆等粮食未在指定地点生产加工仓储、危险化学品未报检等行业专项稽查，行政立案12起，案值1.81亿元；加大对传统涉税领域的稽查力度，先后组织开展打击进口渔具低报价格、倒卖保税进口花生等专项稽查行动，移交缉私刑事立案11起，案值2.62亿元。注重联防联控，上报总署行业性稽查建议5条，撰写进境大豆擅自倒卖、综合保税区内饲料加工规避监管等总署呈报信息4篇；着力推进黄河流域海关稽查业务的关际合作，搭建网络信息交流平台，通过联合研判，统一处置，稽查查发河南地区化妆刷行业出口骗退税案件5起。

【海关核查】2021年，青岛海关针对“体检式、低风险、常态化”的定期管理类核查作业，为高信用企业提供“免打扰、低干预、自律式”的审慎监管手段，精简核查作业流程，作业时间由2天压缩至1小时，缩减下厂验核时间92%。强化科技支撑，自主研发车辆轨迹信息智能分析系统，查发多起保税货物、进口转基因大豆倒卖等情事，涉及货值约3.2亿元。推进企业ERP、WMS系统联网推广和应用，与78家企业成功联网，实现零接触、无干扰的有效监管，节约海关盘库时间70%以上。联合山东省有关部门开展联合抽查537起，借助第三方机构专业能力，全年开展“采信第三方”核查作业50起。

【属地查检】2021年，青岛海关聚焦属地查检业务建章立制，理清工作职责、业务边界及业务流程，严格落实业务领域内安全生产及疫情防控要求，通过联合作业等方式统筹协调青岛海关进口冷链食品目的地查检作业。指导和监督出口申报前在生产地/组货地对出口法检货物进行检验检疫，以及进口放行后在目的地对进口法检货物进行检验检疫。做好数据监控，履行日常监督管理职责，全年清理进口属地查检业务异常数据1,198条。

（撰稿人：王　顶　张　明　张鸿杰
赵　斌　高　杰　程彦翔）

查缉走私

【概况】青岛海关设立缉私局负责涉税走私犯罪案件和海关监管区内非涉税走私犯罪案件侦查工作，同时承担海关行政违法案件查处工作。缉私局为副厅级单位，内设 10 个处室，下设 8 个分局。2021 年，青岛海关立案侦办走私犯罪案件 195 起，案值 46.32 亿元，同比分别增长 4.28%、6.29%，其中总署缉私局挂牌督办案件 11 起；行政立案 2,527 起，案值 111 亿元，同比分别增长 34.27%、97.24%；罚没收入 1.33 亿元。

【落实习近平总书记关于打击走私重要指示精神】2021 年，青岛海关坚持和完善“第一议题”制度，制订青岛海关“蓝天”行动方案，坚持“以打开路”，成立工作专班，强化多部门联合分析研判，全年刑事立案固体废物走私案件 5 起，行政立案 56 起，涉案废物 8,500 余吨，2 起案件被总署缉私局列为一级挂牌督办案件。立案侦办寿光市某有限公司涉嫌走私废物案，经鉴定走私进境的 200 余吨废溴化钠中硫、氰化物等杂质严重超标，为危险废物。

2021 年，青岛海关落实禁止进口象牙等濒危物种及其制品政策，防范非设关地偷运、货运渠道伪瞒报等走私风险，守牢邮递、快件、旅检、货运等重点渠道，全年立案侦办走私象牙等濒危动物制品案件 33 起。9 月，根据情报和风险分析，在总署缉私局统一指挥下，协同其他直属海关及地方公安机关开展打击濒危动物制品走私专项行动，共计查证走私穿山甲鳞片 6.98 吨、海马干 2.05 万尾、犀牛角 1 根、虎牙 8 枚，案值 12.30 亿元，现场查扣穿山甲鳞片 3.19 吨、犀牛角 1 根、虎牙 8 枚、海马干 3,685 尾，成功打掉一个从东南亚向国内走私珍贵动物制品的专业走私犯罪团伙。

2021 年，青岛海关准确把握新冠肺炎疫情防控条件下“水客”走私新态势，强化风险分析研判和预警管控，严密口岸正面监管查验，坚持“露头就打”与“破大案、打团伙、摧网络”相结合，开展打击“水客”走私集中收网行动，刑事立案 8 起，查扣奢侈品 1 万余件，案值 1.46 亿元。其中，打击“水客”走私集中收网行动，共捣毁走私团伙 5 个，抓获犯罪嫌疑人 21 名。

【打击涉税走私】2021 年，青岛海关立案侦办涉税走私犯罪案件 111 起，案值 33.16 亿元。开展打击渔具走私专项行动，查明涉案公司走私进口日本渔具 340 余票，案值 1.42 亿元。开展打击人发走私专项行动，刑事立案 26 起，案值 10.36 亿元，4 起案件列入总署缉私局挂牌督办案件。开展打击雪茄、打击香烟走私专项行动，刑事立案 13 起，案值 3.62 亿元，涉税 2.32 亿元。组织缉私、稽查、企管、风控等部门联合开展专项分析研判，严厉打击货运渠道及后续管理环节行业性农产品走私活动。全年共立案侦办走私花生、辣椒干、冻肉等农产品案件 11 起，案值 1.87 亿元。深入开展打击虚开骗税专项斗争，着重在创新工作模式、实施合成打击上下功夫。立案调查出口申报不实影响退税案件 179 起，案值 60.54 亿元，其中移交地方公安刑事立案 8 起，案值合计 57 亿元。青岛海关缉私局查私处、黄岛海关缉私分局被评为全国打击虚开骗税两年专项行动先进集体，韩晓刚等 6 人被评为全国打击虚开骗税两年专项行动先进个人。

▲2021 年 1 月 25 日，青岛海关缉私警察清点查获的走私渔具

【打击非涉税走私】2021 年，青岛海关落实总体国家安全观，保持打击涉枪涉毒走私高压态势，发挥好国门一线缉枪缉毒的堵源截流作用，配合做好中国共产党成立 100 周年安保维稳工作。连续组织开展 8 轮“国门勇士 2021”缉枪线索清查行动，查获疑似枪支 13 支，刑事立案 3 起。立案侦办毒品走私案件 25 起，查获可卡因 215.37 千克、冰毒 2 千克、大麻制品 100 克等。其中，联合青岛市公安局查获 1 起特大外籍船舶走私毒品案件，现场缴获毒品可卡因 215.37 千克，入选总署打击毒品走私十大典型案例，中央电视台等媒体进行长篇幅滚动报道；立案侦办 1 起走私国家管制精神药品案件，抓获犯罪嫌疑人 4 名，查证佐匹克隆等精神药品 6,960 粒。立案侦办易制毒化学品走私出口案件 9 起，查证易制毒化学品共 1,518 吨。

【打私工作机制建设】2021 年，青岛海关完善全员打私绩效评估办法，积极实践青岛海关缉私、稽查、风控、监管等部门联合作战机制，全年青岛海关业务部门查发移交案件成案率达 71.34%。发挥总署（青岛）打击走私专项情报中心作用，加大国际执法合作工作力度，联合韩国首尔海关共同查获 1 起矿物油伪报走私案件，彻底摧毁 1 个跨国走私链条，涉案货物 872 吨，韩国驻华大使馆向总署缉私局发来感谢信。推进警务机制改革，以服务决策精准化、作战指挥扁平化、支撑实战全息化、案件监督集约化为功能目标，建立情指行一体化运行机制。全年组织青岛海关专项行动9次，对案件（线索）提供合成作战支撑1,000余次，调度异地协查办案600余次。青岛海关缉私局司法鉴定中心顺利通过CNAS复评审，全年受理各类检材325件，出具鉴定报告185份，恢复和提取电子数据累计30 TB，鉴定准确率、及时率均达100%。

【法制建设】2021年，青岛海关实施刑事案件统一审核、统一出口工作机制，对120余项疑难案件的立案、移送管辖、提请批准逮捕、移送审查起诉等关键环节进行审核，有效防范执法廉政风险；加大法制审查监督力度，对已结刑事案件开展执法检查，并及时督促整改；实施缉私分局集体议案制度，发挥集体议案法制审查监督职能；推广使用新办案系统，对案件实现全流程监督审核，对案件中不规范问题及时督促纠正。

【综合治理】2021年，青岛海关积极协调地方政府，推动山东省召开打私办主任会议，部署在山东省开展打击走私“国门利剑2021”联合专项行动；落实重大走私案件通报、重大走私风险挂牌整治等机制，联合山东省打击走私综合治理办公室开展非设关地反走私综合治理调研，推动青岛市召开查获走私冻品移交处置工作专题会议；加强与相关打私职能部门协作配合，与青岛市烟草专卖局签订打击卷烟走私合作协议，推动青岛海关打击走私卷烟工作取得历史性突破，与法院、检察院等机关就打击冻品走私、洗钱犯罪建立联系配合机制，确保相关工作顺利开展；强化反走私宣传营造良好氛围，全年共在各级媒体刊发打击走私类稿件116篇次，其中在中央电视台报道48条次，并联合青岛市打击走私综合治理办公室组织举办“青岛市打私成果展”，在16个单位和区（市）巡展，引起社会广泛关注。

（撰稿人：李涛涛）

国际及港澳台地区合作

【概况】青岛海关在总署国际合作司部署和指导下，组织协调与外国、中国港澳台地区等海关及相关机构的交流与合作；组织开展技术性贸易措施工作，落实总署技术性贸易措施工作管理制度；承担世界贸易组织（WTO）其他成员 TBT（《技术性贸易壁垒协定》）和 SPS 通报、评议、咨询等工作。青岛海关在外事工作中突出抓好政治建设，坚持“党管外事”，牢固树立“外事无小事”理念，始终在思想上、政治上、行动上同党中央保持高度一致。突出抓好统筹推进，以“三智”合作为统领加强青岛海关外事工作顶层设计。突出抓好队伍建设，建立青岛海关外事工作业务骨干和外事工作联络员两支队伍，语种涵盖英、日、韩、阿、法、俄等，通过以干代训、专业培训等多种方式提升外事人才综合能力，截至 2021 年年底，青岛海关共 90 人纳入总署外事工作业务骨干队伍。突出抓好从严要求，完善工作人员因公出国（境）管理实施办法，不断提升青岛海关外事工作的规范化和制度化水平。

【“三智”建设】2021 年，青岛海关将学习贯彻落实习近平总书记在中国—中东欧国家领导人峰会上重要讲话精神作为党委会“第一议题”，第一时间组织专题学习，并传达总署领导关于“三智”工作的具体指示，明确青岛海关贯彻落实重要讲话精神的工作方案，对总署方案进行细化部署，每两月调度落实情况并向总署国际合作司汇报，确保稳步形成阶段性落实成果。发挥政研引领，“三智”合作课题被列为青岛海关关级课题，成立课题研究组，以体现“三智”合作新理念、地方改革新诉求、国际海关新形势为总揽，强调成果可转化，既做战略探索，又做可行性分析，关级课题顺利结题，青岛海关全年发表相关政研文章 5 篇。加强对外宣传，全年在《人民日报》、《大众日报》、《中国国门时报》、总署门户网站等媒体发表宣传文章 100 余篇次。推进重点项目，“基于区块链构建新一代综保区综合服务平台”项目入选总署“三智”合作早期收获项目，年内完成区块链平台一期开发工作；“与各国检测机构资质认定和检测结果互认”项目入选总署“三智”合作先行先试项目，青岛海关技术中心、俄罗斯联邦工商会、韩国化学融合实验研究院等12家国内外检验检测认证机构举行上合示范区和服务“一带一路”检验检测认证技术联盟合作签约。以输韩食品农产品先行先试，全年有74批次在韩免除现场查验和常规抽检。

【关际合作】2021年，青岛海关突出紧邻日韩特色，克服新冠肺炎疫情困难，探索多种形式开展国际合作。继续巩固与韩国仁川、釜山海关的合作，加强信息互换工作，全年互换信息15次，通关互助机制持续发力，多次助力韩国急需物资顺利通关。规范外事接待与外事会议，青岛海关关长贺水山3月3日会见韩国驻青岛总领馆总领事金敬翰一行，4月27日会见白俄罗斯共和国驻华大使先科·尤里一行。在各类专家技术委员会中发挥作用，参与制定国际规则、协调多边事务，派员参加世界贸易组织食品供应链虚拟研讨会、《经修订的京都公约》全面审议系列工作、世界贸易组织卫生与植物卫生措施委员会第81次会议、世界海关组织第8次税收合规和瞒骗工作组会议等。牵头回复国外海关协查请求，办理14个国家和地区、国际组织共21次协查；牵头答复7个国家和地区通过照会提出的本国企业通关问题。

【2021年跨国公司领导人青岛峰会海关总署闭门会】2021年7月15日，青岛海关承办总署在青岛举行的2021年跨国公司领导人青岛峰会海关总署闭门会。此次闭门会以“加强关企合作，促进后疫情时期国际贸易的恢复和发展”为主题，总署副署长王令浚出席闭门会并致辞，介绍了新冠肺炎疫情以来总署统筹口岸疫情防控和促进外贸稳增长的各项工作措施及取得的成果，强调海关和广大跨国公司作为国内国际双循环的交汇枢纽，将成为统筹疫情防控和保障国际贸易安全与便利的重要力量，并就加强中国海关与包括跨国公司在内的广大企业合作提出3点倡议：一是共同参与“智慧海关、智能边境、智享联通”合作，积极应对风险挑战；二是加强关企协同，切实保障贸易安全；三是加强关企互动，不断深化贸易便利。在主旨发言环节，总署相关司局负责同志就中国海关贸易便利化改革政策、中国海关推动自由贸易试验区及综合保税区发展建设的有关举措等进行了专题发言，对新冠肺炎疫情以来中国为推进更高水平对外开放采取的针对性措施、取得的阶段性成果进行了系统解读；在主题研讨环节，总署相关司局、跨国公司、外国驻华使馆海关专员代表进行了对话研讨，围绕“如何加强关企合作，促进后疫情时期国际贸易的恢复和发展”等主题交流了观点看法，并与参会嘉宾进行了问答互动，就加强关企合作和国际海关合作，共同营造稳定公平透明的口岸营商环境达成了一系列共识。参会跨国公司代表充分肯定了中国海关克服新冠肺炎疫情带来的不利影响，打造防疫物资

通关“绿色通道”，出台56条稳外贸稳外资举措，全面推进“两步申报”“提前申报”“不见面审批、无陪同查验”等便利化措施，在创新通关模式、优化通关流程、提高通关效率、降低通关成本方面取得的显著成效；高度评价了中国海关强化监管优化服务，主动加强关企合作，共同维护供应链安全与便利的各项措施；并表示通过此次会议加强了与海关的交流互动，增进了互信，凝聚了共识，对继续扎根中国实现更好发展，共同开创国际贸易的美好未来充满信心。山东省委常委、常务副省长王书坚到会并致辞，山东省政府、海关总署7个司局、青岛海关、济南海关、国外驻华使馆海关专员以及30多家跨国公司的50余名代表参加闭门会。中央电视台、山东卫视、中新网、《经济参考报》、《大众日报》等主流媒体对闭门会进行了报道。

【外事工作业务骨干培养】2021年，青岛海关围绕“三智”建设，用好海关现有国际合作人才资源，从具备驻外使领馆和国际组织任职经历的干部队伍中，选拔熟悉国际组织工作、精通国际贸易规则、竞争力强的人才参与海关领域国际合作项目，葛宏杰作为海关专员赴中国驻韩国大使馆任职，原维妮赴中国驻拉脱维亚大使馆经商处任二等秘书，秦家斌通过赴世界海关组织（WCO）任职考察。分类分级建立国际合作人才库，加强管理型、业务型、翻译型等外事人才储备，培养一支涵盖多语言、多领域、多层次的海关国际合作人才队伍，更好地服务国家外交外贸大局，两次分级分类更新海关外事工作业务骨干人员信息库并上报总署国际合作司。加强外语人才培养使用，组织青岛海关外语人才参加总署国际合作司、山东省人民政府外事办公室及青岛市人民政府外事办公室组织的线上翻译培训班；选派人员参加总署国际合作司国际海关智能化课题组，组织外语人才翻译、编写参考文章，2021年总署相关载体采用青岛海关文章8篇。

（撰稿人：于晓旭）

第五篇

政务及后勤保障

政务管理

【概况】2021 年，青岛海关深入学习贯彻习近平新时代中国特色社会主义思想和党的十九大、十九届历次全会精神，认真贯彻全国海关工作会议精神，围绕新时代现代化强关建设目标，聚焦总署党委重大决策部署和重点改革发展任务，按照“讲政治、讲实干、讲奉献、讲学习、讲规矩”的要求做好政务管理工作。着力夯实基础，不断完善安全、保密、值班应急、政务公开制度，建立健全工作机制。抓紧抓实基层调研、为基层减负措施落实、政务保障等工作，持续提升政务服务水平。不断提高参谋辅政、督查督办、信息宣传等工作能力，圆满完成各项工作任务。

【应急值守】2021 年，青岛海关修订突发事件应急管理暂行办法和 8 个专项应急预案，明确青岛海关口岸突发公共卫生事件、进出境重大动植物疫情、进出境食品农产品质量安全事件、口岸通关突发事件、缉私突发事件、网络安全突发事件以及其他突发事件的应对处置程序，确保应急处置“有案可依”。组织开展各类应急演练 100 余次，3, 000余人次参加演练，以演促练、以练代训，有效提升突发事件应急处置水平。青岛海关进一步加强值班工作，提高值班信息报送时效，明确值班工作责任体系，严格落实岗位责任制，加强应急值守力量，严格执行24 小时专人值班和领导干部在岗带班、外出报备制度。提高重要紧急情况报告能力，落实值班信息报告制度。不断改善值班条件，做好值班人员生活保障。

【政务信息】2021 年，青岛海关信息工作围绕中心、服务大局，持续优化完善信息采编要求、审核会签程序、通报考核机制，提高信息稿件编发效率和信息工作管理水平，在全国海关树立青关信息品牌。全年共编发每日动态 250 期、综合信息 165 期等。上报政务信息被总署相关 3 种载体分别采用 144 条、40 条、55 条；被山东省政府采用报国务院办公厅 29 条、专报 16 条、要情 47 条；被总署办公厅评为信息工作先进单位，被国务院办公厅评为信息报送先进单位。年内，青岛海关 19 个隶属海关已全部开展互联网信息工作，参与率达 100%。

【为基层减负】2021 年，青岛海关为基层减负。精简会议，严格会议计划管理，会议计划数量连续两年只减不增。合理统筹会议安排，严格控制会议时间和规模，涉及隶属海关参加的会议，原则上均采用电视电话、网络视频等会议形式，降低会议成本，提高会议效率。压减发文数量、提高发文质效，全年发往基层文件持续减少。

【公文处理】2021 年，青岛海关优化完善文电运转流程和机制，加强统筹协调，精简发文数量，提升收发文质效。按照实事求是、准确规范、精简高效、安全保密的原则，合理确定文件批办范围。对公文质量定期检查，严格退文制度，做好量化指标考核工作。梳理影响办文效率的关键节点，不断优化办文流程，提高文电办理效率。加大与部门间工作沟通交流力度，全面了解掌握海关业务，细化完善公文拟办意见工作台账，使文件拟办有章可循、有据可依。加强对青岛海关各单位各部门文件收发岗位人员的培训指导，按照职责权限各负其责，做到上下衔接、协同配合，把好各级文件分办关、审核关，提高青岛海关公文办理工作水平。

【督查督办】2021 年，青岛海关督查工作突出问题导向、实效导向、一线导向，发挥承上启下、协调各方的“指挥棒”作用，优化督查工作机制，拓展督查深度，实施督查精细化管理，用好督查台账和督查呈报，确保各项决策部署落到实处。对习近平总书记重要指示批示精神及中央重大决策部署落实情况加强跟踪问效，督办办结率 100%。对青岛海关党委大事实事、全年重点工作任务、形势分析会议定事项、关领导指示批示等 560 项工作任务分类建立台账，累计制发督查单 42 期；开展疫情防控“四不两直”（不发通知、不打招呼、不听汇报、不用陪同接待、直奔基层、直插现场）实地督查，确保真查真改真效；建立督查呈报机制，切实运用督查结果。

【建议提案办理】2021 年，青岛海关履行办理建议提案法定职责，把建议提案办理作为解决问题的切入点、服务发展的着力点，将建议提案办理与海关工作一体部署、协同推进，建立提前对接、全程跟进、限时办结的工作机制，加强与各承办部门的沟通联系，确保分办准确、答复及时。全年，共组织承办省级、青岛市级人大建议和政协提案 13 项，满意率 100%，所有建议、提案均及时与代表、委员对接沟通，按期答复、录入办理系统并在青岛海关门户网站主动公开。组织开展办理情况“回头看”，查漏补缺，持续改进，不断提升办理成效。

【保密管理】2021 年，青岛海关聚焦保密重点工作，严格定密管理、涉密人员管理、涉密文件管理和网络保密管理，推动保密管理长效机制建设，压紧压实保密责任，确保失泄密事件“零发生”。健全保密工作机制，调整青岛海关保密委员会及保密委员会办公室组成人员，确定青岛海关15名定密责任人。组织开展青岛海关保密自查自评和保密专项检查，及时发现风险隐患并督促整改落实，提高青岛海关保密管理水平。通过保密专题讲座、宣传专栏、保密提示、保密警示教育等渠道广泛开展保密宣传教育，提升青岛海关全员保密安全意识，筑牢保密思想防线。严格履行降解密审批程序，完成1999年之前永久档案中的密级文件降解密工作。在中山路办公区和西陵峡路办公区上线青岛海关公文流转智能管理系统，实现密级文件高效安全流转。

【档案管理】2021年，青岛海关强化档案规范化建设，规范档案接收、统计、借阅、利用工作，提高档案利用效率。完成1999年（含）之前3,032卷2.30万件永久文书档案移交总署档案馆工作。推进档案数字化工作，申请档案数字化专项经费，数字化档案室初具规模，文书档案全文数字化率已达75%。开展疫情防控档案收集整理汇编工作，收集各类疫情防控档案1,000余件。开展国际档案日宣传活动，提高青岛海关重视档案、利用档案、保护档案意识。结合党史学习教育活动，组织开展红色档案故事征集传读活动，7篇红色档案故事被总署收录并在《中国国门时报》刊载。

【政务公开】2021年，青岛海关聚焦重点领域，不断扩大政务公开范围。推进青岛海关基层政务公开能力专项提升工作，修订青岛海关政府信息公开规定，制定青岛海关本级机关主动公开基本目录（2021年版）、行政许可和行政处罚信息公示要求等规范性文件，组织各隶属海关制定政务公开标准化手册19份，修改依申请公开答复文书模板36类，新增答复文书模板2类，规范信息处理费收缴工作，全年在门户网站发布各类政府信息4,888条，应对政府信息公开诉讼案1起。发挥12360海关热线及新媒体作用，与山东省12345政务服务热线实现三方通话、题库共享、工单办理等目标任务，扩大12360海关热线服务受众面，全年受理话务咨询5.63万次，答复企业群众各类业务咨询533条，发布各类政策解读、业务指引类文章605篇，累计阅读量29.90万，总署12360海关热线采用青岛海关报送稿件96篇。

▲2021年4月13日，青岛海关12360海关热线话务员正在接听企业来电

【信访工作】2021年，青岛海关聚焦依法分类处理信访诉求，不断提升信访工作水平。畅通信访渠道，优化完善门户网站“关长信箱”“信访留言”“廉政举报”“走私违规举报”“知识产权举报”等与群众互动交流栏目，启用新“山东省信访信息系统”，提高信访事项办理效率。加强制度建设，动态完善依法分类处理信访诉求清单，组织各隶属海关统一刻制“信访专用章”，规范信访答复文书模板7类。提升基层能力，落实隶属海关属地责任，举办信访工作培训，组织开展以干代训5人次；推进依法分类处理信访诉求，规范受理入口，跟踪办理过程，严把答复出口，全年依法分类处理各类信访诉求158件，全部按期答复。

【新闻宣传】 2021年，青岛海关新闻舆论工作坚持正确舆论导向，坚持正面宣传为主，坚持围绕发展大局，坚持突出重点领域，推出一批影响力大、传播力强的新闻报道，并有效回应舆论关切。全年在总署核定媒体发布各类新闻稿件2,189篇次。直属海关层面先后召开、参加各级新闻发布会近10次。独立策划完成中央电视台《新闻联播》报道，在中央电视台各频道栏目累计刊发宣传报道101篇次。在《人民日报》刊发宣传报道9篇次，在《经济日报》、《中国国门时报》及《中国海关》杂志等媒体多次刊发关长贺水山署名文章、访谈报道。在《中国国门时报》刊发头版头条报道14条次。新浪微博“38只强毒性活蚂蚁非法入境被查”“青岛海关查获超7,000只黑腹果蝇”等话题累计阅读量约6亿人次。

（撰稿人：田　彬　庄立富　刘　皓　刘逸忱　江　琳　孙　林　陈星华　蒋有运）

财务管理

【概况】2021 年，青岛海关坚持大事实事引领，统筹各类财力资源，严格落实“过紧日子”要求，集中财力优先保民生、重点保运转、精准保发展，为“幸福青关”建设和新时代现代化强关建设的攻坚突破之年提供有力财务保障。统筹预算保障，做好防疫物资和资金保障，调整测算上报防疫经费需求，争取中央财政预算资金。严格执行“三公”经费预算，严控会议培训差旅支出，严格按规定标准执行津贴补贴政策，大力压减非必要办公开支，切实降低行政运行成本。促进事企业单位经营提质增效和国有资产保值增值，积极推进国有企业改革。优化非贸渠道税收征管机制，在青岛海关口岸推行手持智能移动终端，优化非贸渠道移动便民税收服务。加强青岛海关财务管理监管，完成项目支出绩效指标体系修订，大幅提高预算编报准确性，在总署财务司审核通过率达到 96%。

【机关财务管理】2021 年，青岛海关秉持“保民生、保稳定、保发展”理念，适度平衡预算保障和实际支出需求的关系，做到支出合理、保障有力。把好支出报销关，严格审核事前审批，做好大额支出的事前沟通，取消非必要支出，从严控制经费支出；上线总署“海关预算执行系统”，并结合青岛海关实际，对系统进一步优化完善；严肃财经纪律，按规定标准执行津贴补贴政策。

【企事业财务管理】2021 年，青岛海关研究制订推动企事业单位经营提质增效工作实施方案，优化组织架构、完善公司治理、增强内控管理等措施任务，加强业务指导，做好督导调度。完善事业单位财务管理制度，制定事业单位对外投资实施细则，修订事业单位财务管理实施细则，与事业单位监督管理委员会工作规程有效衔接，共同构建形成事业单位财务管理制度体系，强化重大事项集体决策制度，加强事业单位财务管理，规范对外投资行为，保障国有资产安全完整。完善企事业单位内部决策工作机制，推动隶属海关全面建立并规范执行重大经济活动事项监委会研究审议、“三重一大”事项报请党委会审议决策的工作机制；所属国有企业健全股东会、董事会、监事会、经理层“四会一层”议事机制，做好董事、监事、高级管理人员更新调整，依法合规履行公司治理决策程序。优化企事业单位管理组织架构，完成非中央机构编制委员会批复事业单位清理，组织注销青岛锦昌服务中心、菏泽海关技术中心；落实“僵尸企业”清理要求，注销不符合事业发展需要的2家有限责任公司、1家集体所有制企业和3家非独立法人分支机构；完成公司制改革，所属9家全民所有制、2家集体所有制企业顺利改制成为有限责任公司。

【资产装备管理】2021年，青岛海关抓实抓细新冠肺炎疫情防控各项物资保障，促进政府采购管理提质增效，推进节约型机关建设，为一线执法工作提供有力保障。做好防疫物资保障，配发各类防控物资共86万余件，满足一线各口岸查检、集中封闭、办公区域防疫物资穿戴、消毒需要。推进防疫物资储备库建设，升级完善青岛二级储备库，根据总署部署调拨其他直属海关夏季防护服2万余件。定期核查疫情防控物资库存，开展物资存量及消耗量评估，合理采购配备防疫物资。开展政府采购专项清理检查，修订政府采购实施细则，强化政府采购全链条监督管理，发布政府采购信息公开事项298条。开展节能减排工作，更新安装节能设施设备，加强能耗监测，推进节约型机关建设。

【税费财务管理】2021年，青岛海关持续深化行邮税移动支付试点改革。3月18日起，青岛海关对税收和行政执法案件罚款等数据实施集中化管理，推行手持智能移动终端，旅检现场和个人邮件现场实现3个全面转变：实现进境旅客在移动付税平台中通过微信支付宝二维码、银联云闪付扫码付等支付方式缴纳各类税款和罚款等非税收入的“全移动”升级；行邮税款从征缴层面完成从征税信息发送、资金数据交换、税款征缴信息收集存储的“全链条”网络化数据化改造；青岛海关口岸一线实现现金、银行刷卡、手机移动支付“全覆盖”式便民税收服务。通过上述方式，全年旅检现场征收税款154笔，金额46.77万元，征收罚款20笔，金额4.82万元；个人邮件现场征收税款9,266笔，金额162.50万元。罚没收入移动支付系统被总署缉私局推荐至公安部参评科技奖项。

【涉案财物管理】2021年，青岛海关克服新冠肺炎疫情影响保证涉案财物处置工作正常运转，共组织53场公开拍卖会；向相关行政主管部门移交穿山甲鳞片等濒危动植物及其制品、卫星接收器、冻品、固体废物等84票。其中，8月24日，青岛海关首次向地方政府农业农村部门移交濒危水生野生动物及其制品404件，重约5.46千克；12月1日，向山东省农业农村厅移交执法查没的走私进口海马干49万余尾，被中央电视台新闻频道等栏目报道。组织销毁化妆品、酒、香烟等涉案财物371票，办理发还、移交涉案财物37票。

建立非法进境固体废物等特殊涉案财物移交地方政府的长效机制，12月16日，青岛海关、济南海关和山东省生态环境厅联合发文，建立非法进境无责任人或者无法退运的固体废物交地方处置机制，同时完成574.50吨“双无”固体废物实物移交地方政府，实现已结案涉案库存固体废物为零。

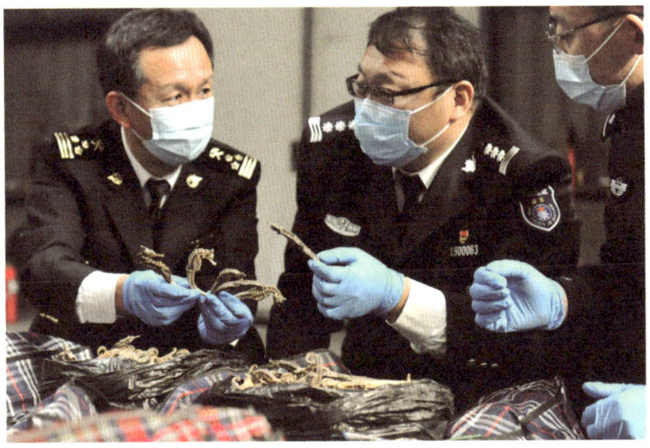

▲2021年12月1日，青岛海关依法移交罚没走私海马干

【绩效管理】2021年，青岛海关推进构建全面规范、公开透明的预算绩效管理制度，修订项目支出绩效指标体系，应用该指标体系编报2022年部门预算项目279个、2021年执行调整预算项目51个，大幅提高预算绩效编报的准确性，在总署审核通过率达到96%。完善绩效管理制度与指标体系，制定项目支出绩效评价实施细则、预算绩效运行监控实施细则，修订项目支出绩效指标体系，参与地方预算绩效试点等绩效管理改革性工作。开展绩效运行监控与绩效评价，项目支出绩效运行监控与绩效评价均达到100%全覆盖。完成1月至7月项目支出绩效目标运行监控工作，共涉及预算项目205个，对偏离年初绩效目标的12个项目实施分类处置措施予以纠正。完成2020年度294个项目实施绩效自评，其中90分以上项目260个，绩效评价结果首次向社会公开。

【基建管理】2021年，青岛海关加强基建职能管理，严格立项审核，对总署审核立项的基建项目，督促相关实施单位做好初步设计、投资概算的申报，加快审批、备案速度。保障海关核心工程建设，完成国家发展和改革委员会青岛口岸应对重大疫情项目投资计划实施工作，完成基础设施建设投资和抗疫设备采购。烟台山东解放区海关关史馆项目、蓬莱海关综合楼维修改造项目的可行性研究报告获总署批复。加强项目结算审计，完成青岛海关17个基建、维修改造项目工程结算审计工作。

（撰稿人：黄怀森）

科技发展

【概况】青岛海关设有技术中心、保健中心、数据分中心3个直属的科技事业单位，共有3个隶属海关设立技术科，12个隶属海关设立技术中心和保健中心，1,000余人专职从事科技工作。2021年，开展专业技术类公务员专业技术任职资格首次职称评定工作，其中公务员编制中共有7人获得科技领域正高级专业技术任职资格，37人获得副高级专业技术任职资格。青岛海关事业编制中共有正高级职称42人、副高级职称293人；拥有博士学历45人，享受国务院政府特殊津贴专家4人。全年，青岛海关按照总署要求组织科技人员赴隶属海关跟班作业26批、111人次，研究解决一线科技问题54个，好评率100%；首次建立“科技特派员”联络机制，将19个隶属海关分为东、中、西3个片区，每个片区指定专门“科技特派员”对口负责科技问题收集、组织研究解决及情况反馈，并根据隶属海关需求提出组织精准业务培训、现场跟班作业的建议。全年，组织完成国家级科技项目/课题4项、总署署级科研项目11项，组织申报并获得山东省科技进步二等奖1项、青岛市科技进步奖二等奖2项、其他科技奖励10项，推进“智慧青关”建设，完成信息化项目7个。制定信息系统上线下线管理办法等4项制度，科技管理得到进一步完善。

▲2021年3月25日，青岛海关举行科研项目“组阁揭榜”仪式

【信息化建设】2021年，青岛海关网信领导小组审核批准7个信息化应用项目立项。其中根据跟班作业发现的问题，研发“数e通—关员便捷助手”程序，实现食品化妆品安全监督抽检和风险监测管理系统以及进口棉花质量监控等系统数据自动填入功能、H2018综合业务处置辅助派单功能、H2018进口肉类和水产品单证审核同屏比对功能，单票报关单操作时间由原来的20分钟至30分钟缩短为1分钟至2分钟，提高了数据录入的准确性、执法统一性。自主开发远程稽查分析系统，通过与企业资源计划信息管理系统（ERP）数据联网，实施远程稽查模式，全年共对接企业72家，对接账册147份，稽核查指令163个，海关实际下厂频次减少约50%，核查盘库时间缩短70%以上；通过与港务集团数据联网，实现货物滞期处置分析及车辆轨迹信息智能分析，全年，根据系统提示的船舶滞期风险，共开展船舶滞期费稽核查和主动披露作业30起，查发加工贸易塑料行业性倒卖风险线索，刑事立案5起，案值8,100万元。联合海信集团基于人工智能（AI）技术自主研制“海关旅检智能监管台”，通过条形码、商品图像检索等视觉算法技术，实现对旅客携带行李物品的智能辅助识别、归类、清点、计税等功能。创新智能审图应用方式，推动H986智能审图和CT机智能审图算法优化，辅助提升查获率。研发知识产权商标智能识别模型，运用基于深度学习技术的智能算法对超过50万张商标进行自学习，可实现对5.8万种商标进行拍照识别，测试准确率达到90%，提升现场查验环节打击侵犯知识产权能力和水平，全年青岛海关运用该系统查发29起商标专用权侵权案件。该算法模型被总署选中作为“移动查验单兵集成知识产权商标智能识别应用”最终技术方案，在全国海关推广应用。11月1日，青岛海关承办的总署进出口食品安全局进出口食品安全监管信息化工程（一期）项目提前完成并上线，有效加强进出口食品安全管理，获得总署相关司局2次来函表扬。

【信息安全和运行保障】2021年，青岛海关首次组织现场网络攻防实战演练，顺利通过总署组织的网络安全等级保护现场测评，相关项目列入2021年山东省有关示范工程项目名单。全年，拦截互联网恶意攻击近50万次，监测处置网络风险日志近500万条，圆满完成各项网络安全保障工作任务。青岛海关主干网线路总带宽扩容，同比提升108%，完成系统升级变更125次，实现业务和政务信息化系统的安全稳定运行。完成青岛胶东机场海关、技术中心红岛检测基地等新建单位视频会议系统接入，视频会议终端达到100套，实现隶属海关和直属事业单位全覆盖，全年保障各类视频会议系统应用1,022次，同比增长112%，在保障会议和培训、助力疫情防控、节省经费开支等方面成效显著。

【科研管理】2021年，青岛海关全面推进科技兴关，取得一系列高水平标志性科技成果。完成“进出口贸易突发性事件检测及应对技术研究”等国家级科技项目（课题）4项，完成总署科研项目11项；获得各类科技奖励13项，其中青岛海关主导的“纺织服装及原材料品质提升关键技术与系列装备的研发和应用”项目获得山东省科技进步奖二等奖，“新型冠状病毒标准物质及精准检测试剂盒的研制”等2个项目获得青岛市科技进步奖二等奖，参与的3个项目分获河南省科技进步奖、陕西省科技进步奖、四川省科技进步奖；“离子化合物分析关键技术及仪器的开发与应用”项目在2021年度山东省科技创新大会获得表彰。3月25日，青岛海关首次举办“组阁揭榜”仪式，开展海关、地方、企业联合科研攻关，主要围绕口岸疫情防控、重点贸易商品检测及检测数据分析应用等领域，确定“海关实验室检测大数据应用研究”等5个项目，总署科技发展司司长康川通过远程视频方式参加仪式并讲话，青岛海关关长贺水山出席“组阁揭榜”仪式并颁发榜单，青岛市人民政府副市长耿涛出席仪式并讲话，青岛市科技局局长吕鹏、青岛海关副关长王洪兵、组阁单位代表、专业委专家共40余人参加仪式，隶属黄岛海关、威海海关、科技处、技术中心分别挂帅并联合中国海洋大学、哈尔滨工业大学、中国检验认证集团威海公司、中石化山东石油分公司青岛质检中心等单位成功揭榜并开展科研攻关。经青岛海关科技处组织协调，“口岸外来有害生物及媒介的联合监测与预警防控研究应用”项目获2021年度山东省重点研发计划（重大科技创新工程）立项，该项目由青岛国际旅行卫生保健中心牵头，联合济南海关、青岛检疫处理有限公司、烟台大学等单位承担，是青岛海关主持承担的首个山东省重点研发计划项目。此外，围绕黄河流域生态保护和高质量发展等重大国家战略，与济南、乌鲁木齐、满洲里、西安、郑州等海关开展协作研究，并建立长效协作机制。

【实验室管理】2021年，青岛海关实验室整体检测能力提升至3.83万项，新增检测能力5,388项，新冠病毒检测能力提升至每日8,600管。完成法检业务9.25万批、130.75万项，同比分别增长70.27%、88.42%。召开青岛海关实验室管理会，开展实验室安全应急桌面推演，推广实验室管理金点子，研讨实验室检测数据盘活以及实验室服务一线监管的切入点。联合风控部门根据实验室数据研判加载布控规则7条，取样送检55票，查获27票，协助查发各类骗税逃税情事30余起。

【科技宣传】2021年6月至9月，青岛海关组织参加总署举办的“百年回望：中国共产党领导科技发展”全国海关科普讲解初赛和决赛，青岛海关直属工会孟珺和黄岛海关吴尧鹏2名选手进入决赛，分别以“探索生命奥秘　读懂基因测序”“海关人的‘火眼金睛’——智能审图系统”为题进行讲解，最终分获决赛第四名、第五名，均荣获“2021年全国海关十佳科普讲解员”称号。5月，青岛海关孙学文和王腾组队参加“华为2020 HarmonyOS

▲2021 年 9 月 24 日，青岛海关参加“百年回望：中国共产党领导科技发展”全国海关科普讲解

开发者创新大赛”，在全国3,100支队伍中脱颖而出获得前 23 名顺利进入决赛圈，并通过决赛答辩荣获创新科技奖。10 月，组队参加“安恒·泰山杯”山东省网络安全大赛，获优秀组织奖。青岛海关科技宣传工作获得科技部表彰。

（撰稿人：王　雷　王　骏　王礼祥
张　蕾　陈　鹏　胡小杉）

督察内审

【概况】2021年，青岛海关深刻领会审计在党和国家监督体系中的重要作用，认真贯彻落实全国海关工作会议、全国海关督审工作会议精神，履行督审监督职能，做好内部督察、内部审计、内控机制落实、执法评估等17项工作，服务海关制度创新和治理能力建设。青岛海关共有8个隶属海关单独设立督察审计及内部控制职责的科室，80余人专职从事督审工作。青岛海关内控工作在全国海关督察内审工作会议上做典型发言。

【督察监督】2021年，青岛海关开展重点督察工作，聚焦重大政策落实，紧盯海关业务改革和运行情况，根据总署督察内审司下发的13项重大政策措施落实情况跟踪督察重点和指南，围绕青岛海关大事要事及重点工作，在青岛海关开展高风险商品监测和预防性消毒、进出口危险化学品监管措施落实情况、优化口岸营商环境、口岸监管管理、疫情疫病传入传出和外来物种入侵、进境风险监测和预防性消毒、“过紧日子”、安全生产8个重点项目督察，现场督察5次。各隶属海关根据业务实际，选取重点组织开展自主督察项目51项。

2021年，青岛海关建立督察重点内容、数据分析、发现问题及整改台账4张清单，引导各单位提升自查精准度；在督察项目开展过程中围绕督察重点确定、现场督察开展、问题整改反馈等多个环节加强督审与职能部门的深度合作，提升督察整体效能；抓实问题整改，列明责任单位、整改要求和整改期限，定期跟踪核实问题整改情况；开展问题整改“回头看”，结合现场督察、审计等工作，对前期督察问题整改情况开展后续检查，并将最终整改结果纳入年底考核。

▲2021年3月13日，青岛海关督审人员在荣成海关综合技术中心实验室检查核酸拭子交接记录

【内部审计】2021年5月至10月，青岛海关配合国家审计工作。审计署驻哈尔滨特派员办事处成立27人组成的审计组，对青岛海关开展“青岛海关关税及进出口环节税收征管等情况审计”和“海关总署风险防控局（青岛）关税及进出口环节税征管等情况审计”2个国家审计项目。青岛海关成立配合国家审计工作领导小组，制订配合国家审计工作方案。5月31日，召开青岛海关配合审计工作视频会议，明确青岛海关各单位部门配合审计主要工作职责。成立迎审专班及156人迎审联络员队伍，统筹16个业务条线，健全综合、业务、数据、后勤“四位一体”配合审计工作机制，采取督审统筹、条线把控的模式，统一接收、分派、反馈审计问题。12月21日，青岛海关关长贺水山召开青岛海关2021年国家审计整改工作会议，对审计署驻哈尔滨特派办出具的审计报告提出整改要求。青岛海关按照“认账、建账、对账、销账”要求制订整改方案，建立审计问题、任务、整改“三张清单”，明确问题整改要求。报告所列问题均按期完成整改。

2021年，青岛海关深化内部审计。开展项目审计，制订并实施年度审计计划，组织开展日照海关、荣成海关、枣庄海关、济宁海关、青岛国际旅行卫生保健中心、青岛海关技术中心、威海海关、临沂海关、菏泽海关、龙口海关、青岛海关后勤管理中心等12个隶属海关和直属事业单位主要负责人、党委书记的经济责任审计。根据总署督察内审司部署，开展青岛海关“推动重大决策部署贯彻落实情况”“强化监管优化服务情况”“贯彻执行中央八项规定及其实施细则精神情况”“海关实验室建设专项审计调研”等“3+1”专项审计调研。开展80余家隶属单位和企事业单位内部审计统计调查工作。成立审前分析、非执法领域、卫动食商3个专家团队，遴选审计专家队伍129人，健全审前分析工作机制；组织专兼职审计专家开展审前数据分析，筛选审计重点和风险点，提高审计的针对性和有效性；探索开展审计组与巡察组同时进驻联合检查等工作方式，将审计信息与巡察工作共享，协同联动，发挥监督合力；统筹审计项目周期，做好过程把控，减轻基层负担，单个项目现场审计时间压缩至5天以内。梳理青岛海关2018年以来审计未整改到位问题，逐项推动落实。牵头总署署级指南编写，联合湛江海关、沈阳海关、海口海关、昆明海关，修订编写内部审计核查重点操作指南中动、植、食领域17类72项3万余字核查要点；编写专项审计核查重点操作指南、重大决策部署落实等4类24项1万余字核查要点。向总署选拔报送入库兼职督审员26人，选派18人参加总署署级审计项目。

【执法评估】2021年，青岛海关科学开展执法评估。参与完成“全国技贸措施工作情况专题评估”“全国海关稳外贸稳外资措施情况专题评估”等多项总署署级评估，自主开展“进境食品检验检疫监管情况评估”“进境行邮物品和快件监管情况评估”“优化口岸营商环境措施落实情况评估”“进境种子种源监管情况评估”等6个青岛海关关级评估。充分发挥青岛海关技术性贸易工作优势，积极贡献评估思路、方法，创新使用技术性贸易、外贸数据比对分析，在2021年全国海关技术性贸易工作情况评估工作中，首次实现技术性贸易措施数据与一般贸易出口规模的关联性分析，掌握受技术性贸易措施影响的大类商品和大致规律，为预测外贸变化趋势、及时向相关部门及行业协会发布预警信息提供强有力支撑。通过实践“数据+指标+调研+分析”执法评估作业模式，研究提出9项建议措施辅助领导决策，推动修订规章制度2个、完善业务流程5项，创设评估指标26个，其中12个已在“云擎”大数据固化，成为督审日常监督、评估验证“回头看”的重要手段，完善评估督促落实的闭环链条，推动评估成果转化。

2021年，青岛海关精准实施专项监督。应用国家审计宏观视角审视青岛海关经济责任审计发现问题，加大成因分析及对策研究力度，开展专项分析并完成整改。对重点数据进行流程跟踪和合规性研判，对发现的重点问题逐项进行纠正。强化数据综合性分析应用，对各级审计关注重点，通过大数据关联、比对、分析实施风险验证。应用“云擎”系统建模，固化督审工作思路及问题查发手段，实现问题数据精准提取。

【内控建设】2021年，青岛海关推进内控工作。设定组织推动、节点维护、节点应用、前置审核和宣传推广5个维度指标，推进内控作用发挥，不断提升权力运行制约和监督实效。强化内控节点管理，开展错位、动态、质量管理，对节点质量和应用情况开展检查11次，严格内控前置审核。组织开展日照海关、济宁海关、枣庄海关3个隶属海关的内控评价工作，围绕总署署级内控节点应用实效开展青岛海关内控评价工作。承担风险管理等领域内控节点岗位落实清单、海关内控机制建设回顾与前瞻等总署署级课题研究。

2021年，青岛海关推广内部控制与监督子系统（内控平台）应用。推进内控平台升级改造，全国首批实现事件管理平台对接HB2012政务办公系统，参与总署的业务需求编写、意见征集、功能测试共4次，上报总署内控平台改进建议及业务需求。加强评估通报，开展2020年、2021年应用情况通报2次和警示提示数据移出、确认情况专项通报2次。

2021年，青岛海关打造督审队伍。建立基层海关督审工作结对帮扶机制，增强结对单位之间的“横向互动”，推动基层互助提升。建立业务专项研讨机制，开展点对点指导培训，搜集基层单位在创建过程中遇到的困难和诉求，采用送教上门、视频会议、范例教学等形式开展培训20余次，务实推动问题解决。落实“青关好师傅”教学方案，严格组织管理、创新施训平台、及时总结优化，全力推动“督审好师傅”3个团队培训活动务实开展。聘任导师3名、助理导师17名，招收学员52名，坚持“目标+问题”导向，导师根据学员提出的教育需求备课、施训，开展集中培训、研讨10余次，远程视频培训10余次，组织学员参加审计项目实战演练，检验教学成果。组织参加总署署级审计项目8人次、青岛海关关级项目30余人次。承办2021年全国海关督察内审工作会议。

（撰稿人：于　彬　刘慰平　苏正建　崔　雨　綦开庆）

第六篇

隶属海关

黄岛海关

【概况】黄岛海关为副厅级隶属海关，成立于2003年5月，由原青岛经济技术开发区海关、原青岛保税区海关、原前湾港海关和青岛海关原大港审放处、青岛海关原大港查验处5个处级机构合并组建。2018年，原出入境检验检疫管理职责和队伍划入海关。黄岛海关现业务辖区为青岛市西海岸新区（除董家口港区、泊里镇、琅琊镇、隐珠街道办事处），包含中国（山东）自由贸易试验区青岛片区、青岛前湾综合保税区和青岛西海岸综合保税区。截至2021年年底，共有海关监管作业场所23家、指定监管场地9家，备案企业约1.6万家。

2021年，黄岛海关内设10个正处级机构，另设黄岛海关缉私分局及2个事业单位（黄岛海关综合技术服务中心、黄岛国际旅行卫生保健中心（黄岛海关口岸门诊部））。现有在职关警员673人（含缉私警察45人），其中行政编制569人、事业编制104人。

在2021年青岛海关绩效考核中，黄岛海关在综合业务、卫生检疫、食品检验检疫、风险管理、稽查、打击走私等19项业务指标中排名第一。全年，黄岛海关监管进出口货物3.04亿吨，监管进出境船舶1.78万艘次，分别占青岛海关的36.58%、41.88%；税收入库569.22亿元，占青岛海关的38.49%。黄岛海关2020年获评全国文明单位称号，连续3年在青岛市经济社会发展综合考核中获得优秀等次，连续2年获评青岛海关年度工作优秀集体。

【党的建设】2021年，黄岛海关围绕习近平新时代中国特色社会主义思想、习近平总书记重要讲话和重要指示批示精神以及党的十九届六中全会精神，通过党委理论学习中心组、党委会等形式集中学习33次，开展研讨160余人次、形成理论文章及心得体会72篇，推动理论学习走深走实。

坚持“第一议题”制度，召开形势分析及工作督查例会12次，完善抓落实机制，查发固体废物3,945.54吨、清退固体废物2,341.87吨，现场查扣走私穿山甲鳞片3.19吨、海马干3,685尾、犀牛角1根、虎牙8枚，查获象牙、玳瑁等制品48件，连续查发进口日韩化妆品中含有人参、冬虫夏草等涉濒危物种及其制品成分案件线索9起。

将党史学习教育作为重要政治任务，列入政治工作要点和全员教育培训计划，拟订工作方案，细化分解工作任务27项，开展“大家谈”等特色活动20余项、宣讲391场次。扎实推进“我为群众办实事”实践活动，制定并落实155项实践活动清单、重点民生项目清单，到期完成率100%，累计收到企业感谢信130余封。

推动基层党建提升，深化“强基提质工程”，巩固提升支部标准化建设成效，基层党组织结对共建实现“全覆盖”。全年，发展党员22名，评选表彰“两优一先”、十佳党建品牌等61个，翟乃超获评省直机关优秀共产党员，李建国、李茹潮分别获评青岛海关优秀共产党员、优秀党务工作者，综合业务一处业务运行监控科党支部获评青岛海关先进基层党组织，黄岛海关获得“青岛海关口岸新冠肺炎卫生检疫岗位技能竞赛”团体冠军，孙逊获得个人冠军。

推进清廉海关建设，定期召开党风廉政建设形势分析会、清廉海关建设推进会，开展警示教育，支持派驻纪检组开展工作，狠抓中央八项规定及其实施细则精神贯彻落实。深入开展“现场监管与外勤执法权力寻租”专项整治，排查潜在廉政风险57项，落实风险防控措施150余条。健全内控体系建设，梳理细化内部控制项目清单170余项。形成高风险岗位定期交流机制，交流调整干部118人。

落实意识形态工作责任制，开展队伍思想状况调研，加强宣传文化阵地管理。严格执行重大事项请示报告制度，推进国家审计整改工作。加强准军事化建设，严肃队伍纪律作风，开展纪法学习，落实特约监督员制度。组织“内务规范强化月”活动，开展准军督察12次，队列训练526人次。推进政务服务“好差评”，企业参与率提高70%，“好评率”100%。开展全国文明单位复查自查、青年文明号互观互检。自觉遵守公序良俗，坚决杜绝酒驾醉驾行为，毫不松懈纠治“四风”。

【新冠肺炎疫情防控】2021年，黄岛海关加强口岸卫生检疫，落实“三查三排一转运”“7个100%”等措施及联防联控机制部署，建立健全人员移交、病例追溯机制，形成防控闭环。全年，开展船舶登临检疫3,804艘次、船员体温测量7.83万人次、入境人员新冠病毒核酸检测7,822人份，新冠病毒核酸阳性案例检出绝对数和检出率均居青岛海关第一。加强高风险货物监管，坚持“人、物、环境”同防，严格规范实施进口冷链食品和高风险非冷链集装箱货物新冠病毒核酸检测，严格监督口岸环节预防性消毒。

加强内部疫情防控，按要求做好封闭管理工作，开展办公场所预防性消毒。建立安全防护常态化自查检查机制，组织督查12次；发挥三级监控指挥中心作用，建立“三级监控指挥中心每天视频检查、一线部门每月一自查、挑毛病专家组每月一检查、安全防护监督组每季度一督查”的安全防护常态化自查检查机制，开展实时视频监控和回溯检查2,000余次，对发现问题进行整改完善。及时调整内控措施，累计制发疫情防控文件20余份，严格执行“日报告、零报告”制度，扎实推进疫苗接种。

【监管业务】2021年，黄岛海关实施跨部门、全闭环风险管理，先后5次针对固体废物、濒危物种及其制品等实施专项行动，完成3,000余箱集装箱集中过机，有效形成口岸威慑。推进“国门绿盾2021”专项行动，强化病媒监测，严防重大传染病传入和外来物种入侵，截获检疫性害虫新菠萝灰粉蚧、大洋臀纹粉蚧，均属山东口岸首次截获。加大进出口食品安全监管力度，退运销毁不合格肉类、水产品、水果56批。严格重点敏感商品检验，查发危险品伪瞒报行为58起。开展跨境电商进口走私“断链刨根”专项整治行动，查发出口集装箱货柜夹带国内快件伪报普货出口案。

▲2021年4月11日，山东港口青岛港全自动化集装箱码头

加强税收工作统筹，推广关税保证保险、自报自缴等税收便利化措施，强化归类审核、“双特”审价和非贸税收征管，全年税收入库569.22亿元，同比增长20.09%。加大不实贸易与出口骗退税打击力度，获评“打击虚开骗税违法犯罪两年专项行动成绩突出集体”荣誉称号。

推动全员打私和综合治理，开展“国门利剑2021”“蓝天2021”等专项行动，严厉打击象牙等濒危物种及其制品、“洋垃圾”、冻品、涉枪涉毒等走私违法犯罪活动，侦办电商渠道走私普通货物、人发走私、出口骗退税等典型案件，全年累计刑事立案39起，案值22亿元，抓获犯罪嫌疑人65人；行政立案259起，案值36.24亿元。

落实“三项制度”，修订完善系列制度规范和管理办法，全年办理简易程序和快速办理案件1,027起、检验检疫行政处罚案件262起，保持行政诉讼“零败诉”。加强知识产权海关保护，扣留侵权货物64.84万件，与青岛自贸片区管委联合发布国内首个RCEP下企业知识产权合规指引报告，进口侵犯“champion”商标权套头衫等4起案例分别被编入中国海关知识产权保护典型案例、青岛市知识产权保护典型案例及《2020年中国知识产权与营商环境新进展报告》。

牢固树立总体国家安全观，落实新安全生产法“三管三必须”原则要求，强化安全生产监管，压紧压实监管责任，推进三年行动“两个清单”落地，建立全员安全生产责任制，全年修订应急预案12项、安全操作指引10个，及时处置安全隐患，相关做法在青岛海关推广。在青岛海关首推危险化学品监管场所退出机制，加强与海事、应急部门的“安危共治”合作，联动处置超期存储危险化学品，向海事部门通报危险化学品伪瞒报案件线索32起，向应急管理部门移交处置危险化学品案件25起。

【模式改革】2021年，黄岛海关加强制度创新，发挥“区关港”联席会议平台优势，成立政策研究小组及12个专业技术小组，先后组织相关调研、研讨、成果交流会等活动10余次，汇编相关创新案例21件、政研成果17篇，编撰完成《小切口大收益——区关港联合研究中心制度创新与实践》，生物样本进口“清单式”监管创新模式、水水中转智能管理新模式等20项创新案例入选青岛自贸片区两周年制度创新案例，占全部入选案例的50%，进口大宗商品智慧鉴定监管模式、保税原油混兑调和业务新模式等8个案例入选中国（山东）自由贸易试验区首批“最佳实践案例”，占青岛片区入选案例的61.54%。区关港联合研究中心被青岛海关作为党史学习教育为民办实事项目向总署推荐，被青岛市列入“十四五”规划自由贸易试验区四大平台之一。

推广海铁联运集拼，以“保税+出口”模式开展国际中转铁路集拼业务208票、24箱，开展纯本地出口货物铁路集拼184票、28箱。支持扩大集装箱中转，实现舱单状态下无须报关国际中转集拼业务的实货操作，开展国际中转集拼1,626票、278箱，同比分别增长122.78%、72.67%。推行水水转关业务改革，搭建智能辅助系统，实现业务办理全部自动化，船公司业务办理时间缩短1.5天，整体物流效率提高30%，自2021年7月8日启用以来，完成2.80万票、13万箱转关货物放行、核销工作。推动“陆海联动海铁直运”新模式，监管相关业务517票、887箱，每票货物通关时间由原来的20小时缩短至3小时，通过铁路转关至港口出口货物，每标箱较公路运输节约近400元。

促进北方船供油中心建设，开展外锚地挂港加油6艘次，供油9,000吨，开展跨青岛海关关区供油72艘次、24.90万吨。打造进口矿产品“船铁直转”模式，细化“先放后检”政策适用场景，单船可节省港口堆场1万平方米，减少作业时间2天。优化集装箱矿产品查检模式，发挥前湾港集装箱矿产品集中查检场地作用，查验7,708箱，占进口集装箱矿产品总量的24.66%。“进口大宗商品重量鉴定智慧管理系统”于2021年11月正式上线运行，累计开展重量鉴定531万吨。上线“跨区全时”查验服务，自2021年4月开通以来共保障363票、395箱顺利上船。探索完善“免到场查验”模式，改变以往查验代理串接海关、港口作业的查验模式，形成“关港双轮驱动”的新模式，青岛前湾港北港查验区实现100%业务场景覆盖。开展出口信用验放模式试点，试点方案获青岛海关批准，实现2家试点企业和海关信息的对接。

“陆海联动、海铁直运”入选青岛海关深化“放管服”改革优化口岸营商环境十佳案例，提前申报、船边直提、抵港直装等举措被编入《中国营商环境报告2021》，青岛口岸位列2021年十大海运集装箱口岸营商环境测评综合指数得分第一，黄岛海关获评2021年青岛市优化口岸营商环境先进集体，刘学庆、薛超、董存波3人获评先进个人。

【智慧监管】开展科技赋能，支持“智能空轨”系统建设，全球首个基于空轨的H986设备调试、图像采集任务顺利完成，署领导王令浚、孙玉宁调研时给予充分肯定，《人民日报》、山东电视台、《中国国门时报》等多家媒体刊发转载。深化“先期机检+智能审图”实战应用，部署算法361种，识别准确率提高至92.40%，误报率降低至7.60%，完成智能审像22.35万幅，查获进口固体废物“生牛皮”、化妆品走私等典型违规情事152起，涉案货值超过7.64亿元。开展“先期机检，船边直提”，平均单箱降低查验时间15%、节省搬倒成本近千元，入选2021年度山东省优化营商环境创新案例、青岛海关深化“放管服”改革优化口岸营商环境十佳实践案例。

推动智慧查检，上线“关港通智慧查验平台”，实现海关、港务作业信息自动化交互，提高查验效率30%，入选“全国智慧港口示范工程”。信息平台覆盖北港查验区、加工厂查验区等多个区域，青岛口岸94%的代理在平台开展查验业务。平台查验量8.30万票、20.83万箱，查询量19.11万人次。首创进口棉花“集成查检”模式，依托“棉花整箱自动鉴重系统”，用科技取代人力，实现检验鉴定高效可追溯。自2020年12月开始试点工作，共实施进口棉花集成查检1,406批次、12,154集装箱，累计缩短企业通关时长超过10,500小时。推广应用H2018新一代通关管理系统，提高进出口提前申报比例，压缩进出口通关时间。实施危险化学品“智慧查检”，提升口岸查检效能。

▲2021年8月19日，在黄岛海关关员现场监管下，装载棉花的集装箱车辆快速经过海关智能鉴重设备

【服务发展】2021年，黄岛海关推进食品示范口岸建设，支持北方进口冷链集散中心建设，联合青港物流4个党支部打造“冷链加速度”党建品牌，联合推出促进冷链发展的优惠措施，口岸冷链核酸取样检测能力居全国隶属海关首位。开展鲜活易腐食品农产品进口检验监管模式改革，精准助力企业发展。

支持新兴业态发展，跨境电商监管中心通过验收，推广“网购保税+线下体验”，助力开通青岛至大阪、东京、河内3条全货运包机，创新开展跨境电商B2B出口集拼业务，为企业提供出口物流新选择。实施进口单车认证车辆“一次进境”模式，全国第二个实现国六平行进口车通关。探索开展大宗商品期货保税交割、保税现货融资质押业务，辖区6家20号胶期货指定交割库仓单参与交割量占全国实际交割量的90%以上。支持新区文化艺术品保税项目加快发展，制订文化艺术品保税仓库配套展示业务监管方案，青岛海关辖区首家文化艺术品保税仓库通过验收。

助力地方抢抓RCEP机遇，实施“一对一”个性化帮扶，开展政策实施宣传推介，设立RCEP易腐货物快速通关专用窗口，推动易腐货物6小时快速通关，相关便利举措获《大众日报》、山东电视台等媒体报道。推动青岛前湾集装箱码头有限责任公司享受税收优惠政策，预计可为26亿元进口设备和配件节省税款约3亿元。办理政策性退税37.02亿元、非政策性退税0.86亿元。开展企业认证精准培育，新增高级认证企业10家，辖区高级认证企业达36家。引导企业用好主动披露政策，开展“互联网+稽核查”100余次、部门间联合抽查26次，深化“采信第三方出具报告制度”改革。

【政策研究】2021年，黄岛海关成立人才工作领导小组，开展教育培训，持续推进青年理论学习提升工程。优化整合学习小组22个，开展学习活动130余次。全年，在青岛海关网站主页发表理论研讨文章30篇，1篇论文在中国海关学会关于“海关在总体国家安全观中的历史使命与责任担当”主题征文活动中获评优秀论文。开展关史研究，选编红色档案100余件，形成红色档案资料汇编，2篇红色档案故事被海关总署办公厅采用。

【财务及后勤保障】2021年，黄岛海关提升后勤保障能力，实施切块管理，开展节能减排，水电暖气油等各项固定经费支出、办公耗材类经费支出、车辆维修费同比分别降低32%、37%、19%。做好涉案财物及库房管理，事业单位发展整体向好。落实网上超市、“幸福净菜”、理发洗车等民生实事。增强老干部工作精度，举办“光荣在党50年”奖章颁授仪式、新老党员宣誓活动，张世金同志获评离退休党组织建设先进党员，打造温馨“老干部之家”，擦亮“青老同心圆”品牌，相关事迹被《中国国门时报》报道。

提升工会服务，完善优化体育馆、健身房、职工书屋等文体设施，做好职工体检、报刊征订、送温暖、送清凉等民生福利，开展“红色文化月”“趣味运动会”

等活动近 20 项，单项参与率最高达 75%。成立疫情防控“封闭不封心　温暖在身边”工作组，开展封闭管理人员心理疏导、结对互助等保障工作。“大爱无声”志愿服务项目在海关系统及山东省获奖。

（撰稿人：于静怡　邵　尉）

烟台海关

【概况】烟台海关的历史可以追溯到1862年建立的东海关。1945年8月24日烟台解放，东海关成为中国共产党领导下的第一个海关机构。中华人民共和国成立前后，烟台海关先后向全国各地输送130余名干部，其中有87名同志成长为副厅（局）级以上干部，为中华人民共和国海关的建立和发展做出不可磨灭的贡献，烟台海关由此被誉为“新中国海关干部的摇篮”。1949年1月，东海关更名为烟台海关。1950年2月，正式更名为中华人民共和国烟台海关。2015年9月，总署批复组建副厅级烟台海关。2018年，根据党和国家机构改革部署，出入境检验检疫管理职责和队伍划入海关。

烟台海关位于烟台市芝罘区北马路1号，其业务工作具有类型全面、规模较大及点多线长等特点，是青岛海关业务门类最为齐全的隶属海关。烟台海关辖区范围为烟台市4区（芝罘区、福山区、牟平区、莱山区）、3个县级市（栖霞市、莱阳市、招远市）及国家级经济技术开发区、高新技术产业开发区、招远经济技术开发区、综合保税区、昆嵛山自然保护区。截至2021年年底，设有5个正处级内设处室和6个正处级办事处，其中办事处分别驻守在海港、空港、邮局、开发区和招远市等地。另设技术中心、烟台国际旅行卫生保健中心及后勤管理中心3个正处级事业单位。全关在职在编关员500人。2021年，监管进出口货运量6,191万吨，同比增长40.20%；征收税款146.51亿元，同比增长41%；进出口总值3,564.20亿元，同比增长53%。

【党的建设】2021年，烟台海关坚决捍卫“两个确立”，做到“两个维护”，增强“四个意识”、坚定“四个自信”、着力提升政治判断力、政治领悟力、政治执行力，打造对党绝对忠诚、政治绝对坚定、作风绝对过硬的坚强政治机关。全面落实“第一议题”制度，制定党委理论学习中心组学习规则，党委班子开展“第一议题”集体学习43次，推动学习日常化、规范化。将学习贯彻党的十九届六中全会精神及《中共中央关于党的百年奋斗重大成就和历史经验的决议》作为一项政治任务，坚定不移地贯彻落实和深入推进。

确定“用好红色资源，传承红色基因，使党史学习教育实起来、活起来”的工作思路，做到“规定动作一个不少、自选动作特色鲜明”；开辟专题学习阵地，依托“烟台海关党史学习教育”专栏，发动全员学习，累计发布近700篇学习材料及体会文章；传承红色基因，开展红色教育，采访山东省委原书记赵志浩同志，邀请赵志浩到烟台海关检查指导工作，面对面感受人民东海关初创时期的难忘历程，组织干部职工到烟台地区革命教育基地，追寻历史印记、探寻红色初心；利用东海关旧址建设“中国海关红色教育基地”，组织编写《烟台海关历史人物谱志》、拍摄《党旗下的海关人》电视专题片，用心传承红色基因，感悟真理力量；推动“我为群众办实事”活动，梳理落实“便民利企工程”民生措施，制定“为民服务提质增效”具体工作措施，提升干部群众获得感。践行“人民海关为人民”工作要求，帮助企业解决实际困难，收到企业感谢信、锦旗30余次。

把贯彻落实习近平总书记重要指示批示精神列为月度形势分析及工作督查例会必学必报必研议题，重点围绕严禁“洋垃圾”进境、打击象牙等濒危动植物及其制品走私、优化口岸营商环境等重大部署落实情况跟进调度、持续推进。全年，立案固体废物走私、违规案件8起，涉案固体废物725.60吨；刑事立案毒品走私案件6起；推动进口、出口整体通关时间较2017年分别压缩58%和85%。

将2021年确定为“大关建设”的“基础建设年”。修订进一步加强自身建设的决定，制定贯彻落实“三重一大”决策制度实施办法、党委议事清单等9项党委工作制度，党委会研究工作134项，党委工作例会对266项工作提出明确要求。坚持将党建和中心工作同谋划、同部署、同推动、同考核，选举新一届机关党委、机关纪委，成立离退休干部机关党委，优化调整基层党组织，在抗疫一线成立临时党支部；制定政治工作要点，细化任务分工；开展“五个一”活动，统筹推进“四强”和“三级”党支部建设，推动全面进步、全面过硬；进一步加强党建品牌创建，明确“一支部一品牌、一品牌一特色”创建思路，注重在一线业务实践、改革实践中创设品牌、发现品牌、培育品牌，2个基层党支部分别被总署进出口食品安全局、商品检验司确定为基层联系点，围绕重点工作创建多个集体品牌和个人品牌；发挥机关党委定向组织员作用，深入基层对不同类型党组织分类指导，各层级创建集体品牌、个人品牌近百个，结合庆祝中国共产党成立100周年系列活动梯次表彰集体和个人示范、培育、命名三级品牌，通过以点带面，带动各级品牌全面过硬。

【新冠肺炎疫情防控】2021年，烟台海关领会习近平总书记关于加强新冠肺炎疫情防控工作的一系列重要讲话精神，将新冠肺炎疫情防控作为检验海关政治机关建设成效的重要手段。党委书记明确提出“严、慎、细、实、快”的工作要求、“不讲任何条件、不打任何折扣”的纪律要求、“规范严谨”的操作要求，全面传导责任压力，确保“打胜仗、零感染”。

建立日常检查、发现问题、整改提高闭环管理工作机制，关领导通过跟班作业、视频督察、飞行检查等形式对新冠肺炎疫情防控督导检查，压实责任，推动新冠肺炎疫情防控工作有序开展。在 8 艘入境船舶、2 架入境航班中检出新冠病毒核酸阳性病例，有效维护人民群众生命健康安全及良好社会秩序。

按照“不提战时但就是战时”的要求，制定“四个严上加严”“六个坚决落实”“七个重点强化”工作措施，顶格抓思想、顶格抓行动、顶格抓纪律、顶格抓落实，防控措施具体明确，防控责任到人到点，防控链条稳固紧实，烟台海关全体干部职工及家属无一例出现异常情况，取得本土新冠肺炎疫情防控阻击战的阶段性胜利。

做好封闭管理工作，组织干部职工参与封闭管理，坚持“以最全面、最严格、最彻底的措施”，紧盯“事前、事中、事后”环节，构建封闭作业全链条管控体系。

严格抓好新冠肺炎疫情内部防控，落实总署、青岛海关最新内部疫情防控要求，党委班子带队采取“四不两直”方式到各办公现场实地督导、狠抓整改；有序推进新冠病毒疫苗接种，努力实现“应接尽接”。

【监管业务】2021 年，烟台海关落实总体国家安全观，牢记监管是海关最基本、最重要的职责，推进制度创新和治理能力建设，提升海关治理效能，坚决守牢国门关口。

开展业务领域“大起底”活动，重点对快件、邮件、跨境电商等业务进行专项整顿，查摆问题、堵塞漏洞，将严密监管、规范运作的要求落到实处，推动海关监管提质增效。

加强对业务工作的监督制约，完善内控机制建设，统筹发挥三级监控指挥中心、督察审计、业务巡查和党委派驻纪检监督员“四支力量”作用，相继建立 4 项配套制度，明确要求每年初制订监控计划，每月 10 日前完成一项专项巡查，每月形势分析及工作督查例会专项汇报巡查及业务监控、督察审计查发的重点问题，每季度开展“回头看”，年底开展全面工作总结，实现“发现问题—研究问题—反馈问题—整改提高”的业务监督闭合管理运作模式，全年通过巡查、督察、监控发现的问题和风险，全部整改到位。

强化税收征管质量，在青岛海关率先开展集中验估试点，涵盖范围扩大至 7 个隶属海关 19 个业务现场，验估反馈及时率 100%，反馈有效率 98.74%，事后验估集约化水平显著提升。

严把口岸公共卫生安全、国门生物安全、进出口商品质量安全、进出口食品安全关。组织完成3批2.01万头进境种牛、8批25.23万只进境种禽的隔离检疫任务。截获植物有害生物1,841种次，从非贸渠道共截获外来物种79种次。加强防疫物资质量安全监管，查获2批次出口口罩不合格，确保出口防疫物资质量安全。

深入推进全员打私，党委书记认真履行全员打私“第一责任人”责任，研究部署全员打私工作，落实“案件线索第一时间移交机制”。全年刑事立案29起，同比增长116%，列青岛海关第1位；行政违法案件立案258起，同比增长77%，列青岛海关第2位。全员打私新格局有效形成，有力维护整体进出口贸易秩序。

▲2021年3月31日，烟台海关关员现场监管“客改货”航班货物

【服务发展】2021年，烟台海关结合烟台市经济发展实际，研究制定支持烟台外向型经济高质量发展28项措施。支持中国（山东）自由贸易试验区烟台片区发展，“进口散装葡萄酒保税加工新模式”案例获评“2020—2021年度中国自由贸易试验区制度创新十佳案例”，“现代汽车监管新模式”等2项案例获评中国（山东）自由贸易试验区首批“最佳实践案例”；全国首创“关地联动、担保增信、基金分险”的关税担保新模式，实现“一张保函、零成本通关”；量身定制“中欧班列+多式联运+中韩海上高速公路”的政策组合包，支持打造商品车集散枢纽，烟台港已成为全国第三大外贸整车出口港；指导烟台综合保税区建成全国首家肉类、冰鲜水产品、食用水生动物综合性指定监管场地，有效填补业务空白；加大税政调研力度，18条税政调研成果正式实施，年均为辖区企业减税增收2.20亿元；助力烟台市企业抢抓RCEP战略机遇，出台17条监管服务措施，对辖区重点企业实施精准指导，成功获批青岛海关首批RCEP创新试验基地。烟台市全年实现外贸进出口总值4,115亿元，同比增长27.8%，创历史新高。

【队伍建设】2021年，烟台海关坚持全面从严治党，狠抓“关键少数”以上率下，落实“全面从严、一严到底”主基调，以零容忍态度强化党风廉政建设和反腐败工作，打造高素质干部队伍。党委班子以身作则，始终把全面从严治党政治责任放在心上、扛在肩上、抓在手上。党委书记态度鲜明，在党委会上对班子成员提出“四个始终”：始终把党委班子的政治建设放在首位，始终把锤炼党性修养放在自身建设的关键位置，始终把强化同级班子的监督放在班子建设的重要方面，始终重视、支持、发挥党的各级机关职能监督作用。将“严”的要求贯彻到工作的各环节、各领域，全面从严的工作习惯初步养成。强化对“一把手”和班子监督，制订相关任务分工方案，建立领导干部插手干预重大事项记录台账，严防说情、打招呼等行为发生。加强作风建设，专门下发通知，以“严字当头、规范严谨、迅速高效、令行禁止”16字要求推动“马上就办、真抓实干”落到实处。开展作风整顿，切实将纪律的刚性要求落到实处，进一步擦亮“全国文明单位”招牌，养成良好工作作风。

【规范管理】2021年，烟台海关理顺机构职能，初步形成符合烟台海关工作实际的行政运转工作模式；完善请示汇报、应急管理、工作规则等36项管理制度；持续打造烟关品牌，党委班子自身建设、落实“第一议题”、疫情防控、监督制约、服务经济、全员打私、党建品牌创建、全面从严治党、事企业单位做大做优做强、“幸福烟关”10个方面工作形成具有烟台特色的工作法，得到青岛海关党委的充分肯定；做好综合保障工作，信息宣传、督查督办、科技保障能力不断加强，机要保密、消防安全等基础性工作更加扎实牢靠，未发生失泄密及安全事故；坚持“过紧日子”，压减一般性支出和非急需、非刚需、非重点项目支出，确保民生、运转、疫情等资金需求。

（撰稿人：卞志欣　宋晓文　张少云　侯发全　耿金培）

青岛胶东机场海关

【概况】青岛胶东机场海关前身为1986年成立的青岛海关驻民航办事处（科级）。1988年，升格为青岛海关驻机场办事处（处级）。1997年，经国务院批准成立中华人民共和国流亭机场海关并正式开关运作。2018年，根据党和国家机构改革部署，出入境检验检疫管理职责和队伍划入海关。2018年12月，更名为中华人民共和国青岛流亭机场海关。2021年8月12日，随青岛胶东国际机场搬迁，由青岛市城阳区浦东路32号搬迁至胶州市航安南路7号。2021年9月22日，更名为中华人民共和国青岛胶东机场海关。

青岛胶东机场海关距胶州市中心约11千米、青岛市中心约39千米。截至2021年年底，设机关办公区、货运办公区、航站楼办公区3个工作区域，内设20个科室及缉私分局5个科室，有关警员162人。青岛胶东机场海关负责青岛胶东国际机场进出境航空器及所载人员、行李物品、货物、快件的检疫监管，空港口岸食品生产经营单位、公共场所卫生监督，金伯利毛坯钻石核查检验及产地证管理，青岛空港综合保税区监管等工作。2021年，青岛胶东机场海关有进境种子种苗、进境水产品、进境食用水生动物、进境水果、进境肉类5个指定监管场地。

2021年，青岛胶东机场海关共监管进出口货物10.50万吨，货值99.60亿美元，同比分别增长61.55%、28.40%；监管进出口ABC类快件105.47万票，重量3,130.70吨，同比分别下降62.58%、65.81%；检验金伯利毛坯钻石109票，货值4,216.04万美元，重量26.50万克拉，同比分别增长6.86%、21.84%、6.43%；税收入库24.94亿元，同比增长4.96%；立案侦办刑事案件25起，案值6.56亿元；立案查办一般行政案件28起，案值2.59亿元；“两简”案件143起，案值2,525.20万元。

【新冠肺炎疫情防控】2021年，青岛胶东机场海关落实“三查三排一转运”“7个100%”“四个必严”等要求，做好口岸卫生检疫、高风险非冷链集装箱货物新冠病毒核酸采样及预防性消毒监督工作。检疫监管进出境航班5,263架次；对978票进口高风险非冷链货物开展新冠病毒核酸采样及预防性消毒监管，共采集表面拭子1.01万个。

▲2021年2月24日，青岛机场海关关员冒雪对进境航班开展登临检疫

提升防控效能，按照“流程再优化、防护再细化、操作标准化”的要求细化操作规范、明确操作规程，提升防控水平；实行“一机一策”专项监管，针对莫斯科、马尼拉、法兰克福等重点航班，逐一梳理流调、测温、采样、装箱、送样等环节存在的问题，立行立改，提升检疫效率；成立青岛胶东机场海关疫情防控专家组，建立研究会商机制，对上级下发的各类文件，第一时间研究文件要求、跟进政策变化、调整防控措施，确保落实到位；加强协同配合，与青岛海关职能部门、机场管控部做好信息沟通，督促各航空公司做好远端防疫，形成疫情防控合力。

强化内部监督，严格执行“日监控、周检查、月汇报”工作机制，开展内部疫情防控检查45次，发现并整改227个问题，对发现的问题建立台账、挂账销号、以查促改；建立监控指挥中心常态化视频监控工作机制，率先在青岛海关开发运用“监控处置平台”，打造“发现问题、督促整改、跟踪问效”的闭环监控链条，实现总署考核在线率连续12个月保持99%以上；严格落实“岗前检查、工作巡查、全程督查”和“双人作业、互相监督”安全防护监督制度，要求一线工作人员同组互相提醒、互相监督、同步作业，确保末端防护到位；充分发挥专职卫生监督员作用，认真组织岗前健康申报、体温监测，及时监督、纠正不规范问题。

做好内部防控，对入境人员卫生检疫及行李查验岗位工作人员实行“14+7+7”集中封闭管理；制订海关人员感染新冠肺炎应急处置预案，明确工作流程、舆情应对、业务交接办法，组织桌面推演，提升应对疫情突发事件的处置能力；严格执行“应检尽检”要求，按照规定采样频次组织新冠病毒核酸采样，进行台账管理；严格落实人员外出管控要求，做到非必要不出行，出行按程序报批。

【监管业务】2021年，青岛胶东机场海关加强实货监管，查验进出口货物5,119票，查验异常436票，查验异常率8.50%为2020年同期的1.8倍；优化监管模式、调整监管流程，避免无关人员接触货物，降低调换货物风险；加强国门生物安全监管，自进口种苗中检出一般性有害生物10种、71项次，其中首次在西班牙番茄中检出辣椒轻斑驳病毒；关注食品、化妆品领域进出口风险，完成进口食品化妆品抽检计划 11 批次、142 项，检出不合格 7 批次。

加强口岸卫生安全监管，在青岛胶东国际机场候机楼内试点公共场所“大许可小备案”管理模式，对 68 家公共场所实施备案管理，获评青岛海关深化“放管服”改革优化口岸营商环境十佳实践案例；上线微小气候和空气质量在线监测平台，科学监测航站楼空气质量，确保环境安全；持续开展口岸病媒生物监测工作，在青岛空港口岸首次检出鼠类携带汉坦病毒并通报胶州市有关部门，有效遏止新冠肺炎疫情下流行性出血热疫情的叠加风险。

加强跨境电商监管，对 22 家快件运营人开展备案资料年度审核和全面体检，建立企业档案，减少管理风险；在对夜间出口的跨境电商货物即决布控、动态验核的基础上，加大风险分析和查验力度，对跨境电商平台收件人常态化开展电话验核，排查伪造单据风险；持续开展出口快件、电商专项机检作业，每日抽取部分出口快件及电商货物上机检查，对非法出境疫苗、濒危物种等走私违法行为进行重点查缉。

做好验估工作管理，加大重点商品价格审核力度，税收实现正增长；丰富容错机制，办结青岛胶东机场海关首批主动披露业务，签发各类原产地证书 1.16 万份，金额 3.42 亿美元。

【转场搬迁】2021 年 8 月 12 日，青岛胶东国际机场正式转场运营，这是中国民航史上规模最大的一次性整体转场。青岛流亭机场海关配合青岛胶东国际机场顺利实现“一夜转场”，2021 年 11 月 19 日，青岛胶东机场海关举行揭牌仪式。

做好转场搬迁准备。2020 年 10 月 30 日，青岛流亭机场海关成立新机场海关建设领导小组和“1 办 13 组”转场工作专班，与青岛国际机场集团、青岛机场出入境边防检查站签订合作备忘录，加强联系配合，压茬推进工作。2021 年 1 月 1 日起，启动 100 天转场工作倒计时，制定“时间表”，规划“路线图”，确定 43 项转场工作任务，逐项攻坚。协调青岛市政府、机场集团先后解决旅检先期机检设施整改、通勤、就餐、运维费用、协勤人员等 63 项问题。2021 年 3 月 20 日起，共组织 500 余人次，参加 10 次综合演练，查找、完善问题 168 项，确保新旧机场平稳过渡。2021 年 3 月，进入设施设备验收期，设立各专门工作组，对照验收内容及标准清单的 109 项内容，逐项整改销号，顺利完成口岸基础查验设施验收和指定监管场地验收。2021 年 6 月 28 日，进入转场搬迁期，青岛流亭机场海关下发转场搬迁工作方案，建立转场工作每日通报制度，“台账式”推进转场搬迁工作。2021 年 8 月 12 日，青岛流亭机场海关正式搬迁至胶州市办公。之后，逐步完成原流亭机场口岸辖区 28 家存量海关监管作业场所清理工作，为各项业务有序切换提供保障。

▲2021 年 11 月 19 日，青岛胶东机场海关举行揭牌仪式

立足胶东国际机场新平台，对业务流程进行全面梳理和再造，助力地方经济向更高发展能级跃升。旅检现场加强信息共享，创新监管模式，建成海关进出境旅客监管“大数据池”，实现航班动态、旅客、物品、监管设备、岗位人员及系统数据的互联互通，实现出境旅客“一次过检”，入境旅客“无感通关”，查验用时缩短50%；货运现场打造“集约封闭、规范透明、全程信息化管控”的现代化空港海关物流监管模式，应用智能卡口、物流链可视化等新技术，实行一级库物流操作模式，推行第三方陪同查验，实现“扁平化管理”，通关时效提升 50%，物流成本降低 40%；快件电商现场依托智能审图、自动扫码分拣、可视化货物辅助管理、开包站等新系统新技术，在青岛海关内率先建成空陆分离的封闭式集约式快件监管中心，新建 10 条进出境智能分拣线，实现智慧监管、全程监管、顺势监管和高效监管，通关时间压缩 50%，节省企业成本 30%。

【查缉走私】2021 年，青岛胶东机场海关开展“国门利剑 2021”专项行动，贯彻习近平总书记关于严禁“洋垃圾”走私入境、打击“水客”走私重要指示批示精神，紧盯“国门利剑 2021”专项行动重点领域，破获一批大案要案，实现打击走私“重点突破、全面开花”。

查缉“洋垃圾”走私和濒危物种走私。立案侦办某公司涉嫌走私进口国家禁止进口固体废物案，查扣车用旧变速箱等固体废物共计 68.80 吨；立案侦办 1 起涉嫌走私珍贵动物制品案，查证走私进口穿山甲鳞片共计约2,000千克，价值约2,000万元。

查缉“水客”走私和跨境电商渠道走私。侦破 1 起“水客”走私进境奢侈品案，抓获犯罪嫌疑人 7 人，现场查扣 1 批名表箱包等走私入境高档消费品，经过深挖扩线，案值由立案之初的2,600余万元扩大至 1.9 亿余元，为青岛海关打击“水客”走私专项行动涉税额最高案件，获总署缉私局二级挂牌督办。立案侦办 1 起涉嫌走私普通货物案，案值4,600余万元，抓获犯罪嫌疑人 10 人，打掉 1 个长期走私团伙。

查缉毒品走私。坚决落实总体国家安全观，以快件现场查发的某毒品案件线索为出发点，联合地方公安开展协同作战和延伸打击，累计查获毒品海洛因毛重约1,200克、冰毒毛重约2,150克，抓获走私、运输、贩卖环节相关犯罪嫌疑人 6 人。

查缉涉税商品走私。加强涉税走私专项分析研判，围绕线索深挖扩线，共立案7起，打掉2个走私人发团伙，查证案值3.84亿元，获总署缉私局一级挂牌督办。立案侦办1起走私进口海参案，涉案海参2,000余吨，案值约5,000万元。

打击虚开骗税违法犯罪。在青岛海关缉私局查私处指导下，联合税务部门持续打击出口骗退税专项行动，行政立案高报价格影响出口退税管理案件2起，案值约2亿元。

加强执法合作，走访胶州市政法委、打私办、烟草专卖局和青岛铁路公安处等执法部门，加强反走私综合治理的横向联系和深度合作。在与机场公安分局签订合作协议基础上，与青岛机场出入境边检站签署警务合作备忘录，组建空港口岸“警警合作”的“铁三角”。围绕整治寄递渠道香烟制品非法出口突出问题，联合地方公安及烟草部门开展专项行动，查处违法出口烟草制品案件5起（其中1起由地方公安刑事立案），查获假冒品牌卷烟55万支，打掉假烟制售窝点4个，通过行刑相辅实现破网除链式的打击效果，获中央电视台宣传报道。

加强缉私执法规范化建设，严格执行异地办案协作有关要求，健全完善分局执法办案场所管理规定、情报线索接收登记规范等制度。推进涉案财物专项处置，每周督办跟进，对7起行政案件、35起刑事案件共253件涉案物品依法妥善处置。严控办案时效，开展行政积案专项清理，清理案件及线索16起。依法依规应对某行政诉讼案件，经抽调专班梳理案卷、还原事实，原告诉讼请求被青岛市中院驳回，该案系青岛海关首起因旅客对其携带象牙制品违法行为收到海关行政处罚不服而提起的行政诉讼案件。

【服务发展】2021年，青岛胶东机场海关助力航线开通，在确保疫情防控到位的前提下，共评估航线航班开通、复航申请55起，为80余架次包机提供“一机一策”监管服务，较疫情航班低谷期累计增加进出境航班2,298架次；坚持发挥海关职能优势，支持货包机、客改货航线开通，助力空港国际货邮全年吞吐量超过10万吨。

优化流程助力企业降本增效。减少货物放行前的工作环节，实现物流信息简明化、查验操作便捷化、通关放行智能化，有效降低进出口企业的中转、短驳、仓储等费用；配备先进查检设施，实现进境肉类冰鲜水产品存储查验一体化，为各类有指定监管场所资质要求的货物提供便利的通关环境；优化通关作业流程，实现海关业务“一网受理、一网通办”，精简单证及证明材料；以“原产地证书智能审核系统”和“原产地证书自助打印系统”为依托，实现企业原产地业务足不出户“网上办”“掌上办”，单证审签“零延时”。围绕临空经济发展、空港货运发展、口岸疫情防控等方面广泛开展调研，加强政策分析支持。

加强法治环境建设，筹建“法治护航”工作团队与普法讲师团，开展“规范执法示范岗”交流会，创建岗位12个、宣传栏7个；建设法治阅览一角，创建、完善“法治建设”专栏、“法律事务咨询系统”，加强法治软硬件建设；打造“崇法有道”法治青关示范品牌，以“我为群众办实事”实践活动为抓手，强化普法宣传、提供法律服务，开展集中专题普法宣讲3次，送法上门活动15次。

（撰稿人：刘　婧　连军港　战亦飞　顾　潭）

青岛大港海关

【概况】青岛大港海关筹建于2002年11月，2014年2月25日正式开关。2015年6月，根据青岛海关功能化改革的部署，原流亭机场海关6个属地业务科室、44人整建制归并青岛大港海关，青岛大港海关逐渐发展为包含青岛海关最大属地业务以及青岛海关前列口岸业务的综合型海关。2018年，根据党和国家机构改革部署，出入境检验检疫管理职责和队伍划入海关。2018年12月，总署批复机构改革后的青岛大港海关为隶属青岛海关的正处级海关，其辖区范围为青岛市市南区、市北区、李沧区、崂山区、城阳区和平度市、莱西市7个区市。截至2021年年底，青岛大港海关设有内设科级机构39个（含事业单位1个），正式在编人员372人（含事业编人员52人），平均年龄44岁，退休人员217人；青岛大港海关缉私分局现有缉私警察29人。

2021年，青岛大港海关以建设“大而强、和而美”新时代现代化基层强关为奋斗目标，以“政治坚强、队伍过硬、机制顺畅、业务精通、服务优质、正气充盈”为基层强关建设6条标准，明确基层强关建设“三步走”实施步骤，基层强关建设全面起势、全面发展，各方面制度体系框架搭建完成，可比性工作在青岛海关隶属海关中走在前列，软硬件综合实力大幅提升，获评青岛海关2021年度基层考核“年度工作优秀集体”。2021年，通过中央精神文明建设指导委员会“全国文明单位”复查考核，获评山东省“七五”普法依法治理工作先进集体、青岛市抗击新冠肺炎疫情先进集体、2021年青岛市优化口岸营商环境先进单位，被青岛海关评为首批“AEO示范市（区）”。中华全国总工会授予青岛大港海关旅检科“全国工人先锋号”荣誉称号，总署党委复核认定青岛大港海关企业注册备案科党支部“关企连心桥”党建品牌为全国海关党建培育品牌。

2021年，青岛大港海关辖区实有海关备案企业3.64万家，其中高级认证企业65家、注册登记和备案企业3.63万家，同比分别增长5.55%、3.17%、7.63%，在青岛海关的占比分别为31.63%、

23.81%、31.65%；监管申报进出口货物6,176.93万吨，货值4,530.82亿元，同比分别增长7.89%、23.50%，在青岛海关的占比分别为9.61%、16.19%；审核进出口报关单114.77万票，同比增长12.79%，在青岛海关的占比为23.22%；加工贸易备案手册4,128份，手册实际进出口值77.60亿美元，同比分别增长81.37%、2.16%，在青岛海关的占比分别为24.08%、14.44%；征收税款入库108.19亿元，同比增长30.12%，在青岛海关的占比为7.32%；签发原产地证书9.73万份，货值47.12亿美元，同比分别增长5.72%、25.81%，在青岛海关的占比分别为17.42%、21.11%；检疫监管进出境人员3.10万人次，检疫出入境船舶1,429艘次；检验检疫货物8.38万批次，货值81.61亿美元；刑事立案28起，案值2.38亿元，行政立案182起，案值29亿元。抓实新冠肺炎疫情防控，集中查验进口冷链食品285批次，内部疫情防控工作落实到位，推动新冠病毒疫苗接种“应接尽接”，实现打胜仗、零感染。立案查获山东省最大的可卡因走私案，缴获毒品215.37千克。

【党的建设】2021年，青岛大港海关坚持把创建党建品牌作为加强基层党建工作的抓手，通过挖掘和培树基层党建热源，不断激发党员群众内生动力，发挥品牌建设在科室抓党建、强管理、带队伍、促业务中的推动作用，营造各基层党支部“创先争优”的良好氛围，形成“一支部一品牌，一品牌一特色”的局面。

开展“一科一品”品牌创建活动，每个科室创建一个党建组织品牌和多个个人品牌。通过梳理科室核心职责和优势经验，总结、归纳、提炼特色工作，丰富品牌创建内涵和深度，形成支部党建组织品牌。通过挖掘先进个人的优秀事迹，结合岗位工作，培育创建个人品牌。要求每一个品牌具有特色鲜明的内涵阐释、生动形象的标识展示、清晰易懂的名称体现。品牌创建做到成熟一个推出一个，力求能够站得住、叫得响，形成带动示范效应。全年，共创建组织品牌38个、个人品牌61个，其中总署署级、青岛海关关级示范及培育品牌共7个。

建立组织推动、动态管理、阶段总结、考核激励4项工作机制，推进品牌创建工作良性发展。党委发挥领导统筹作用，政工部门统一组织，科室各自创建，三位一体共同推进。实施能上能下的动态评优机制，按比例淘汰创建效果不佳的品牌。开展阶段总结，对全关共99个组织品牌与个人品牌建设进行评比，评选出“十佳”党建组织品牌和“十佳”党建个人品牌，在2021年“七一”表彰大会上予以集中表彰。9月24日，召开党建品牌创建工作推进会，对全关优秀品牌进行集中展示。把党建品牌创建工作纳入年度评优评先考核体系，对品牌创建效果不佳的，采取“一票否决”，在年终支部标准化建设考核中不得评先评优。

围绕服务地方经济、助力企业发展，将品牌建设与“我为群众办实事”实践活动、党史学习教育等相结合，与业务创新发展相结合，紧扣业务工作的重点、难点、痛点，确定创建措施和内容，以青岛海关基层业务考核标准衡量品牌创建的质量，用企业“好差评系统”评价品牌创建的效果，避免“空对空”“两张皮”。先后创建“生态智盾”“食全食美”“口岸‘功’平秤”“险而e鉴”“稽思广益”等优秀组织品牌，这些品牌所在的科室都在2021年度基层考核中获得青岛海关第1名，实现品牌建设与业务建设“两促进、双提升”。

通过文化引领推动实现品牌建设目标，将品牌作为科室内全体成员统一的价值追求。发挥科室集体智慧，每一名关员参加讨论，丰富内容措施，确定品牌创建的名称和内容。建设创建台账，落实创建措施，兑现创建目标，把品牌建设融入日常工作中，作为凝心聚力的过程，成为关员自觉行为，实现“要我创建”到“我要创建”。加强品牌建设宣传，利用文化长廊进行集中展示，“大港关声”微信公众号发布品牌创建成果18期，网站设计“一科一品”专栏宣传品牌创建情况，提升品牌影响力，打造在青岛海关乃至全国海关叫得响的特色品牌。

【设立城阳办公区】2021年，青岛大港海关推动设立“城阳办公区”，持续推进跨境贸易便利化、优化营商环境，为城阳区高水平开放、高质量发展注入新动能、增添新活力。8月，青岛大港海关城阳办公区正式揭牌运行。城阳办公区职责为承担城阳区进出口通关、原产地签证、检验检疫签证、企业注册登记认证、加工贸易管理、保税仓库监管、目的地查验和海关监管场所管理等业务。

发挥派驻优势、惠企便利。实现城阳区企业“家门口”办理海关业务，省时省力，为拓宽贸易通道、增强竞争优势、加快转型升级创造有利条件；打造“半小时查验圈”，在依法、规范实施属地查验的同时切实提高查验效率、压缩通关时间，实现“即报即验即放”，降低企业成本；派员参加青岛市口岸政策“进基层、惠企业、促发展”集中宣讲、“外贸企业RCEP政策解读培训会”等，联合城阳区政府在办公区召开政策宣介座谈会，进行宣讲答疑、积极释放政策红利，为优化口岸营商环境添砖加瓦。

持续强基提质、助企纾困。走访辖区企业，帮扶解决9家重点企业的各类问题20余个，协助对10余家企业开展AEO培育，以“首问负责”“来电必接”“全力解决”等举措全方位为企业提供政策支持、操作指导；通过调研座谈、实地监管等多种形式摸排企业发展现状，对企业质量管理、自检自控、追溯管理等情况进行严格把关，确保企业安全管理体系有效运行，保障产品质量安全；优化加贸保证金管理，实施参数动态监控，推动保税加工新监管模式试点，进一步帮助资信优良企业缓解资金压力，全年共对42家企业免征保证金2.36亿元。

2021年，城阳办公区新增企业备案347家，办理加贸手册728份，签发原产地证书719份、检验检疫证书979份，查检货物314批次，监管放行进出口货物1,200余批，抽样送检230批次。

【原产地证书审签中心建设】 2021年6月29日，青岛大港海关与青岛市市北区人民政府共同打造全国首个关地共建的原产地证书审签中心——RCEP青岛经贸合作先行创新试验基地原产地证书审签中心（以下简称“中心”），在RCEP青岛企业服务中心正式成立运行。中心自成立之日到2021年年底，共为3,200余家企业签发出口原产地证书5.30万份，签证金额达30亿美元，中央电视台《新闻联播》、《人民日报》（海外版）等先后报道中心建设工作经验与有效成果。

搭建合作平台，打造综合服务体系。中心依托RCEP青岛企业服务中心，推动山东省贸易促进委员会、青岛市市北区政府等单位共同发起成立全国首个省级原产地签证技术联盟，并将技术联盟秘书处设置于此。叠加地方政府资金、平台与海关专家、技术优势，打造青岛市RCEP等自贸协定实施的综合政务服务体系，聚焦RCEP经贸合作，将海关、税务、贸促、商法等相关类整合精简，形成促进自贸协定政策利用的合力，为5,000余家企业提供“一站式”服务与问题解决方案，促进企业充分享受RCEP等自贸协定关税优惠。

加强部门协作，主动提升服务便利。中心实施原产地企业备案与对外贸易经营者备案两证合一，通过加强与贸促会原产地管理合作，实现全市原产地签证机构共享风险信息，建立贸促会涉原产地证书线索移交机制，联合贸促会开展年度监督管理检查，实现海关与贸促会原产地调查结果互认，开展原产地证书领事认证“一窗受理”，通过信息互联共享，促进涉原产地管理相关作业有机整合，避免企业多头奔波，“零重复”调查实现100%。

破除辖区界限，提升资源配置效能。中心实现全国首建的原产地证书虚拟审签中心的优化升级，破除青岛市各隶属海关辖区界限，优化签证人力资源配置，实施“人工集中分类审签”模式，统一区域原产地管理要求，签证业务覆盖青岛市全市对RCEP成员方出口货物，原产地证书人工审签时长由原来半个工作日缩短至1小时以内，原产地调查流程环节也由之前的3次压减至2次，实地调查时长压缩30%以上，有效提升签证质量和效率。

整合便利措施，释放改革叠加效应。推进原产地证书智能审核实现7×24小时全天候秒审，推广自助打印模式，配置自助打印设备，“零跑腿”和“零等待”的比率超过七成，方便企业快捷便利办证，有效降低时间和经济成本。强化技术支持，为企业提供政策咨询、方案设计、原产地签证、享惠受阻处置等一站式服务。开展原产地预审等前置性涉企服务，通过技术手段精准定位企业享惠协定的“难点”，“靶向”推介RCEP关税减让和原产地规则，指导企业提前谋划开拓海外市场。加强政策宣传，中心先后派员赴青岛市市北区、莱西市等开展RCEP政策宣讲会，为地方政府及辖区超1,000家企业提供关税减让和原产地规则等政策解读，最大限度释放政策红利。

【税收征管】2021年，青岛大港海关入库税款108.19亿元，同比增长30.12%，创历史新高。将关税工作根植于贯彻国家发展战略，不断深化税收征管改革，精准落实国家税收政策。开展税政调研，服务经济高质量发展，上报税政建议31条，被国务院关税税则委员会采纳4条。

以落实国家战略为导向广泛调研。服务国家战略，关注高端制造、节能减排、民生消费等产业政策诉求，联合青岛市商务局广泛征集税收政策建议。成立税政调研工作专班，制发调研问卷400余份，召开政策宣讲会5次，挖掘支持企业和产业发展的税政议题建议。向总署上报的降低高速动车用高压电缆及接头进口关税的建议被国务院关税税则委员会采纳并实施，每年为山东省高铁制造企业节省税费约1,200万元，大幅提高企业国际市场竞争力。

以促进行业发展为导向精准施策。立足省内行业企业高质量发展诉求，研究关税政策对行业发展的促进作用。注重与协会商会合作，开展行业协会和企业实地走访与网络视频调研等多形式调研23次，收集行业发展现状和建议诉求。针对巴西松子国内市场需求高的诉求，提出增列子目、新增暂定税率的建议被国务院关税税则委员会采纳实施，进口关税由24%降低为10%，充分满足国内消费者需求。

以促进贸易便利为导向优化税则。将税则税目设置与支持行业发展、优化营商环境结合，对照2021版《中华人民共和国进出口税则》，对国家税目税率设置科学性提出建议，解决贸易便利化集中关切的问题。针对进口转基因大豆和非转基因大豆共用商品编码，不便于政策监管和商品统计的现状，提出增列非转基因大豆本国子目的建议，被国务院关税税则委员会采纳实施。

打造属地纳税人管理底账样本，精准实施属地税政服务。建立青岛海关第1本属地纳税人管理底账，并在青岛海关推广，全年共建立底账13本，占青岛海关底账数量的43.34%。开设退税专窗，简化退税流程，办理政策性退税457万元。推动实施归类预裁定技术服务，制订认证培育服务方案，开展税收合规管理和信用培育。推动税收征管由海关主导型向企业自律型转变，属地纳税企业自主申报特许权使用费缴税339.31万元。

【服务发展】2021年，青岛大港海关

加强综合保税区开放平台建设，加大海关监管制度集成创新和复制推广力度，助力辖区综合保税区快速发展。2021年，所辖青岛胶州湾综合保税区一线进出口总值307亿元，增幅为山东省第1位，在山东省综合保税区发展绩效考核评比中，青岛胶州湾综合保税区在全省11个综合保税区排名中位居第4位，较2020年上升6个位次。

以企业需求为导向，畅通中欧班列稳定运行通道，有效节省综合物流成本，降低新冠肺炎疫情对企业的冲击。发挥综合保税区对外开放高地优势，叠加适用海关支持中欧班列发展的26项措施，探索实施国际陆运货物中欧班列“二次转关”新模式，从中欧回程货物班列入手，协调企业、进境口岸和中转铁路海关，改造综合保税区入区卡口和海关查验场地，升级卡口通关系统，支持进境货物由进境口岸海关经中转地海关转运到青岛胶州湾综合保税区办理通关手续，解决企业在入境口岸查验货物、在异地报关的不便，将中欧班列“终点站”延伸至园区，打通中欧班列货物“二次转关”快速入区通道。企业货物运输周期缩短15至30天，每票直接通关成本由7,500元下降到2,500元，实现园区企业当地报关、外贸数据纳入当地统计。全年，企业通过“二次转关”方式入区货物49个班次，货值1.21亿元。中欧班列“二次转关”通关新模式改革红利持续释放，《青岛改革》专刊（第34期）、《青岛新闻》、《山东政务信息》先后介绍该模式做法。

推进国发〔2019〕3号文的21条意见落地，支持辖区企业高水平开放、高质量发展，推动一大批改革措施落地见效。围绕贸易促进和贸易创新两大功能定位，率先在青岛海关内推进仓储货物按状态分类监管、保税维修、保税研发等新政落地，支持保税加工、保税物流和保税服务三大职能向纵深拓展。12月28日，“学习强国”平台报道青岛大港海关助力胶州湾综合保税区启动的特种车辆保税融资租赁业务，辖区企业实现“保税服务+金融创新”新突破。

▲2021年11月26日，青岛大港海关关员在莱西蔬菜备案种植基地实施现场监管

综合施策助力辖区企业融入国内国际双循环发展，帮助企业更好利用国内国际两种资源，指导企业及时更新产品标准，对企业预包装食品标签在国内与国际市场不同合规审核提供技术协助，鼓励企业适用“同线同标同质”管理模式，提升食品内销便利化水平；叠加适用原材料“先入区、后检测”和食品“抽样后即放行”监管模式，通过对检验项目的分步处置有效解决企业一线和二线查验环节的实际困难，提升货物通关速度。

围绕企业自身生产、经营实际，制订增值税一般纳税人个性化试点方案，与地方税务部门建立协同监管模式，为试点企业提供便捷税收服务，降低通关成本，促进内销便利，助力企业充分享受政策红利，提升产品竞争力。辖区16家企业申请加入增值税一般纳税人资格试点，全年增值税发票开票金额28.40亿元，同比增长2.30%，合计节约企业运营成本3,100余万元，进一步打通国际、国内产业链衔接堵点。

（撰稿人：陈　康　陈　磊　胡　潇
姜丽伟　程海兵　魏　昊）

董家口港海关

【概况】董家口港海关于 2018 年 12 月获批设立，2020 年 7 月 1 日正式开关，2021 年 6 月承接辖区业务，辖区范围为泊里镇、琅琊镇、隐珠街道办事处及青岛港董家口港区。截至 2021 年年底，董家口港海关设有 7 个科室，共有工作人员 52 人。

2021 年，董家口港海关克服业务量增长迅猛、人员不足等诸多困难，立足实际，优化人力资源配置，以口岸疫情防控、优化口岸营商环境、创新大宗资源货物监管方式、深化放管服改革等为工作重点，不断提升监管服务水平，为推动辖区外贸健康有序运行、服务西海岸新区经济社会高质量发展提供坚强保障。全年，监管进口天然气 591 万吨，货值 25.52 亿美元；验放进口铁矿5,050万吨，货值 80.13 亿美元；监管进口原油2,849万吨，货值 112.63 亿美元；监管进口原木 150.71 万立方米，货值 2.72 亿美元；监管进口粮食 428.63 万吨，货值 16.42 亿美元；监管船舶3,116艘次、船员 6.37 万人次。自 6 月 25 日正式承接辖区业务至年底，注册登记（备案）企业1,013家，征收税款 15.83 亿元。董家口港海关已经发展成为业务种类齐全，业务量在青岛海关排名靠前的隶属海关。

【粮食监管】2021 年，董家口港海关不断创新进境粮食监管新模式。用好用足政策，缩短粮食通关时间。落实总署调整进口大宗商品重量鉴定监管方式的要求，对不申请重量证书的进口大宗粮食不再实施重量鉴定，平均每船节省滞港时间 6 小时。简化进境粮食跨青岛海关调运审核程序，推进进境粮食流向确认电子化，加快粮食调运速度，调运申请办理时长平均压缩 3 天。

优化查验方式，降低粮食通关成本。对进境粮食实施“优先审单、优先查验”等对口便利措施，对符合条件的粮食产品“随到随验”，确保粮食通关“零延时”。对低风险粮食产品实施靠泊检疫，减少锚地查验比例，验放进口粮食 428.63 万吨，同比增长 64%，其中玉米 172.13 万吨，同比增长 287%，平均每船通关时间节省 36 小时。帮扶企业开展无害化处理工作，为相关企业提供有害生物检出后续处理技术支持，进境粮食通关效率不断提升。

实现就地检测，边验边放，缩短粮食检测周期。在进境粮食指定监管场地内建立初筛实验室，为进境粮食查验提供便利化通关技术支持，实现“边检边卸、快验快放”。在进口粮食指定口岸安装自动化取制样设备，提高检测效率，压缩近30%的通关时间，为企业复工复产争取宝贵的时机。

▲2021年3月16日，董家口港海关关员对进口大豆实施登轮检疫表层取样

创新监管模式，保障进口粮食安全。服务国家总体粮食安全战略，按照总署统一工作部署，在青岛港董家口港区设立进口国营贸易小麦中转库，为进境粮食业务提供针对性政策支持。

【新冠肺炎疫情防控】2021年，董家口港海关按照依法防控、联防联控、科学精准、分级分类的原则，重点做好船舶、船员新冠肺炎疫情排查处置工作，防止新冠肺炎疫情跨境传播。严格管控入境船舶，落实入境船员移交转运、新冠病毒阳性病例隔离诊治等闭环管理措施。全年，监管船舶3,116艘次、船员6.37万人次。实施登临查验1,132艘次，同比增长59%；核酸采样检测3,328人次，同比增长174%。处置船员死亡突发事件2起，处置突发公共卫生事件21起，急救伤病船员22人。与西海岸新区疫情防控专班交接入境下船船员2,211人，验放上船船员2,257人。处置1起出境船员密接事件。

做好进口散装冷链食品业务承接。成立进口散装冷链食品领导小组，研究制订进口散装冷链食品查验方案，组建进口冷链食品专班。与青岛海关和地方冷链联防联控部门对接，研究制订专项工作方案，对涉及的各个环节提前进行细化。强化一线培训，实地模拟演练，提高关员疫情防控意识和核酸取样作业水平。优化进口散装冷链食品通关流程，对进口散装冷链食品申报、口岸检疫、查验、实验室检测等各环节无缝式衔接，全力保障散装冷链食品安全高效通关。

推进落实一线检疫人员封闭管理、重点人员核酸检测、作业环节安全防护监督、疫苗接种等安全防护措施。压紧压实安全防护责任，强化落实“岗前检查、工作巡查、全程督查”和“双人作业、互相监督”安全防护监督制度。成立口岸疫情防控安全防护自查工作专班，每月开展1次作业现场安全防护自查，建立自查问题台账，立行立改，确保整改到位。

统筹做好“多病共防”。严防埃博拉病毒、鼠疫、黄热病、中东呼吸综合征等传染病传入，防止疫情叠加。对入境船舶落实非洲猪瘟、禽流感、植物性有害生物等查验措施，做好运输工具动植物检疫工作。

2021年1月，董家口港海关疫情应对工作专班荣获“青岛海关抗击新冠肺炎疫情先进集体”称号，成员张宝敏荣获“青岛海关抗击新冠肺炎疫情先进个人”称号。1月，陈培山等4人因“董家口港口岸疫情防控工作突出”获青岛海关嘉奖。12月，艾勇峰等5人因“2021年下半年口岸疫情防控工作突出”获青岛海关嘉奖。

【优化口岸营商环境】2021年，董家口港海关落实“放管服”改革优化营商环境，简化企业注册备案作业流程、精简备案单证，实现“一次办理，一网通办”；简化企业注销办理手续，缩减注销作业时限，强化关地信息协作联动，推进企业注销“一网”服务，实现数据“多跑路”、人员“少跑腿”。推进行政审批制度改革，落实“证照分离”“多证合一”改革部署，推进全程网上办理。及时更新业务大厅行政审批一个窗口行政审批事项服务指南及公示板，按照设置规范增加标识。完善行政审批电子签章系统，加快审批速度，顺利受理并审批青岛中石油仓储有限公司60万立方米、青岛港国际油港120万立方米公用型保税仓库申请，为保税仓库按时启用打好基础，有效缓解年底港口原油储备罐容不足的压力。

强化税收征管质量，强化归类、原产地等涉税要素管理，加强原产地审核力度；关注重点商品、重点企业、重点行情，针对大宗商品价格波动、压港情况开展专项分析，对可能出现滞期费货物重点审核、对“双特”商品做好建账登记、价格审定等相关工作，持续开展企业特许权使用费税收风险防控。通过举办政策宣讲会等形式大力宣讲RCEP优惠措施，归类预裁定、原产地预裁定、属地纳税等政策，发出海关专业权威声音，指导企业用好用足惠企措施。

探索创新保税混矿模式发展，指导辖区企业用足用好自由贸易试验区优惠政策。适应辖区企业发展新需求，优化通关作业流程，提高监管效能，着力降低企业生产成本，提高港口竞争力，促进保税混磨矿业务规模量稳步提升，助力打造“淡水河谷—董家口铁矿石分销中心”和“董家口标准矿”品牌，实现把矿山搬到港口，全年监管保税混矿业务952.18万吨，货值15.27亿美元；监管保税原油混兑27.98万吨，货值1.43亿美元。

推进辖区关企合作工作开展，成立关企合作领导小组，关领导定点联系辖区高级认证企业；推动企业协调员制度落实，通过企业宣讲会、送政策上门等形式开展工作。推进辖区AEO认证培育，筛选辖区“一带一路”、RCEP国家和地区贸易往来企业开展“一对一”信用培育，增强辖区企业归属感、获得感。实行网上指导企业认证资料，结合实地评估培育，共涉及辖区高级认证企业1家、一般认证企业5家；调整企业信用等级1家（由失信调整到常规）。加大企业协调员工作力度，收集企业意见建议，编发通关指南、法规宣传等30余条信息在关企联络员群发布，为辖区企业提供在线服务。

落实企业信用管理优惠措施，在通关大厅设置高级认证企业专用窗口，推动青岛海关认证企业便利措施落地落实，细化措施，压实责任；开展服务大项目专班工作，赴重点企业开展政策宣传与解读，结合税政调研、RCEP优惠措施，归类预裁定、原产地预裁定、属地纳税等政策，指导企业用好用足惠企措施，“一企一策”现场为企业答疑解惑，同时开展嵌入式政策宣讲10次，回应企业诉求17个，统筹解决通关、保税及内部控制等难题，扶持企业发展。

强化统计数据质量提升统计分析能力，通过内部挖潜，完善人员责任分工、强化人员定向培训，夯实统计工作基础，提高数据处置的准确性和及时性。扩大海关数据应用，提升统计服务能力和水平，完善“前、中、后”全链条数据管控机制，加强与业务现场的联系配合机制，开展多元化规范报关申报质量活动，从源头上提高数据质量，提升协同管控效能。

（撰稿人：魏爱鹏）

青岛邮局海关

【概况】青岛邮局海关前身为青岛海关驻邮局办事处，设立之初属青岛海关正科级机构。2001 年 5 月，经总署批准，由正科级升格为正处级。2017 年 6 月，办公场所迁至青岛市城阳区云河路 4 号。2018 年，根据党和国家机构改革部署，出入境检验检疫管理职责和队伍划入海关。青岛邮局海关管辖青岛市、潍坊市、临沂市和日照市的进出境邮递物品监管工作，是山东省最大的邮运监管现场。截至 2021 年年底，青岛邮局海关设有 5 个科室，共有关员 43 人。

2021 年，青岛邮局海关贯彻落实习近平新时代中国特色社会主义思想和习近平总书记重要讲话和指示批示精神，落实总署和青岛海关工作会议、全面从严治党工作会议部署，坚持“抓党建、夯基础、严监管、控风险、强邮关”的工作方针，围绕深化改革创新、打造过硬队伍、守护国门安全、强化监管服务等任务，统筹推进“五关”建设，圆满完成各项工作任务。全年，共计监管进出境邮件 221.28 万件，其中进境邮件 69.56 万件、出境邮件 151.72 万件。通关个人物品类邮件进口 19 万票，征税比 41.91%，入库税款 1,463.22 万元，办理进出口货物通关 2,318 批，货值 1,640.19 万美元，税款 188.12 万元。年内，青岛邮局海关获评山东省“扫黄打非”先进集体，邮件监管科获评省直机关工委青年文明号，综合业务科党支部获评青岛海关“先进基层党组织”，12 人次获青岛海关嘉奖，1 人获青岛海关三等功。

【党的建设】2021 年，青岛邮局海关履行领导班子主体责任，制定完善“三重一大”制度；落实青岛海关党委理论学习中心组学习规则要求，制订中心组学习计划，开展集中学习 18 次，班子成员讲党课 7 次，以领导班子带头学推动关员主动学，结合党的十九届六中全会宣贯、党史学习教育、“现场监管与外勤执法权力寻租”专项整治，强化统筹推进疫情防控和促进外贸稳增长工作，切实推动落实“七件大事实事”目标任务和“我为群众办实事”重点民生项目工程，班子成员深入调研，撰写理论文章 4 篇，理论创新能力不断加强。

成立党史学习教育领导小组，研究制定配档表，每日推送“党史百年天天读”学习内容，营造全员学习、共同提高的氛围；用好红色教育资源，组织到青岛党史纪念馆、革命烈士纪念馆、毛公山清风馆等参观学习6次；创新学习形式，组织开展青年演讲比赛，毛泽东诗词朗诵及党史讲述会、“青春建功新时代”主题交流会等活动，开展关爱青少年成长活动2次，开展志愿服务活动4次，切实把学党史、悟思想、办实事、开新局贯穿始终，自觉做到学史明理、学史增信、学史崇德、学史力行。

持续加强党建工作，开展强基提质工程，制定完善党支部工作明白纸，召开专题会议3次，开展“三会一课”检查5次，开展党建品牌创建和青年文明号争创工作，进一步激发支部争先创优热情；稳步推进党员发展工作，全年共发展党员2批次3人；持续推进青年理论学习，优化学习小组结构，推报的典型案例被青岛海关推广；充分发挥结对合作互助共建优势，与机场海关以“献礼建党百年华诞”为主线，共同组织主题演讲、参观学习、主题党日活动等9次，举行“三会一课”“四强”党支部组织生活现场观摩；开展全国文明单位创建，制定创建任务分解表，整理完善文明单位创建电子及纸质档案，并顺利通过省级文明单位复查复验。

【队伍建设】2021年，青岛邮局海关扎实开展“现场监管与外勤执法权力寻租”专项整治，涵盖全体一线执法人员，细化“重点问题排查清单”，建立专项整治工作档案，排查廉政风险点3个，确定重点关注岗位3个，梳理分析现场监管与外勤执法领域重点人员31名，组织违规事项个人申报、填写调查问卷、撰写专项整治心得体会，迎接总署、青岛海关检查组实地督导检查，对照检查问题及廉政风险点，制订整改方案，建立廉政风险防控机制9项。开展警示教育活动月活动，观看主题教育片《党史中的清廉故事》、参观青岛市清廉家风馆、发布《致邮局海关关员家属的一封信》，组织全体关员签署杜绝酒驾承诺书，召开青岛邮局海关警示教育大会2次，与邮政企业开展联合警示教育大会，“反围猎”合力进一步强化。

推进准军建设，延长内务规范强化月，扎实开展队列训练，强化日常准军养成，安装关容镜，常态化开展内务督察12次，做到“令行禁止、担当奉献”。完成1名新录用公务员、2名军转干部任职定级工作，完成关衔调整8人次。承办青岛海关非贸渠道外来物种截获技能培训4批次，参与总署组织的“CT机加载外来物种参数”智能审图海关行业标准编写，参与编制《智能审图算法分类部署应用方案》等总署层级的行业标准，参与青岛海关新组建的“青关好师傅”CT机智能审图业务管理团队；王磊磊获总署商品检验司岗位练兵“万人争先”线上练兵青岛关区第1

名，孙扬、刘奎文获青岛海关外来物种查验截获技能比武团体第1名。

组织够级比赛、健步行等文体活动，开展“冬送温暖、夏送清凉”“慈心一日捐”等关爱活动。强化后勤保障，完善干部职工备勤室，提升干部职工获得感。常青参加省级文明单位39协作区“辉煌征程、百年圆梦”主题书法比赛，获硬笔书法第1名。

【监管业务】2021年，青岛邮局海关应用“智能审图+人工判别”相结合的作业模式和“望、审、问、切”递进式查缉方法，保持对违禁品走私的高压态势。全年，共查发各类禁限品情事655起，同比增长76%；刑事立案33起，同比增长450%。

坚决贯彻落实习近平总书记重要指示批示精神，第一时间部署打击象牙等濒危物种走私等工作，开展“国门利剑2021”专项行动，全年共截获各类检疫物287批次，其中截获动物及动物产品133批次，种子、种苗等植物及植物产品99批次，人胎素、肉毒素、细菌等特殊物品38批次，土壤17批次。全年共查获象牙19起，红珊瑚15起，砗磲制品11起，蟒蛇皮、斑海豹皮制品5起，濒危植物制品10起，濒危蝴蝶标本3起，累计63起。

开展“寄递渠道禁毒百日攻坚行动”“清邮行动”等专项查缉行动，加大对毒品、管制精神药品等违禁品的查缉力度，密切与缉私局、禁毒支队的联动机制，提高综合查缉能力，全年共查获毒品2起、新型毒品LSD 1起、第三代新精活毒品“蓝精灵”6起、三唑仑4起、“蓝胖子”8起、二类精神药品122起，累计143起，其中首次查获210克冰毒。

加强非贸渠道外来物种查缉，全年共截获各类检疫物287批次，同比增长110%，居青岛海关非贸渠道第一。其中，查获检疫性有害生物秀丽隐杆线虫1批次，查获非法入境的活体蚂蚁38只，部分为“世界上最危险的蚂蚁”，被中央电视台财经频道《第一时间》、腾讯网、光明网等媒体报道；查获果蝇7,000只，被中央电视台新闻频道、中央电视台财经频道《天下财经》宣传报道，网络点击量超2亿次，为提升全民国门生物安全意识起到良好宣传作用。首次独立办理的青岛海关首例走私有害生物进境果蝇案件，获评青岛海关年度行政处罚典型案例和优秀法律文书。

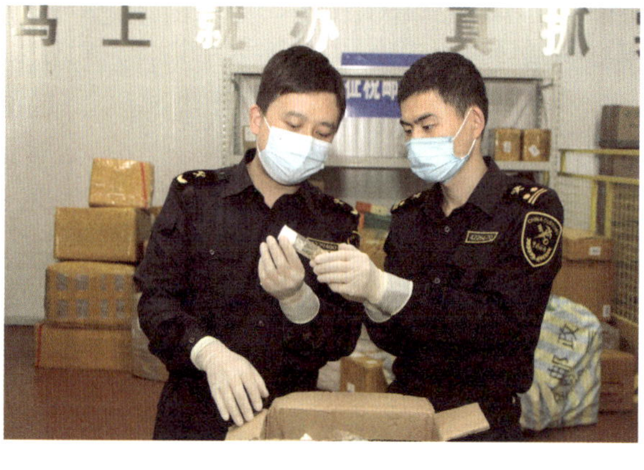

▲2021年5月24日，青岛邮局海关关员截获非法入境黑腹果蝇

【知识产权海关保护】加强知识产权

海关保护，落实“龙腾行动2021”专项行动要求，开展打击欧美侵权专项行动，增加管控“靶点”，将实货巡查、智能审图、现场问询、重点开箱4种查验手段有效聚合，实现递进式查缉，有效打击侵权多发态势，共计查获包含服装、鞋帽、手表、包在内的侵权物品8大类，保护8个国家和地区34个知识产权权利人的合法权益，全年累计扣留侵权邮件902批。

【服务发展】2021年，青岛邮局海关优化口岸营商环境，开展“我为群众办实事”实践活动，召开关企联席会议、业务开通调度会等5次，助力邮政企业顺利开通跨境电商业务，帮助企业进行新冠病毒核酸采样600余人次。支持邮政企业开通中日海运邮路，使之成为疫情期间保障邮件转运顺畅的“新干线”，监管中日海运邮件14.95万袋，重量2.98万吨。推动“提前申报”“精简单证”等政策落地，进一步压缩整体通关时间，提升企业通关便利化水平，进口货物提前申报率达84.1%，进口、出口整体通关时间分别为0.91小时、0.27小时，均居青岛海关第1名。

对涉及濒危动植物产品、出口扣留件等方面的日常咨询问题进行归类梳理，拟定7类30条答复口径。接听各类咨询电话6,000余起，处理转办单106起，未发生重大现场及网络舆情事故。

加强安全生产工作，联合邮政企业采取多种形式对《中华人民共和国安全生产法》新修订内容进行宣传和贯彻落实，开展各类安全突发事件应急演练4次，包括关企联合消防演练、监管现场消防演练、恐怖袭击核辐射突发事件应急演练和邮件监管现场爆炸物突发事件应急演练各1次，开展安全生产进企业宣讲2次。

【新冠肺炎疫情防控】2021年，青岛邮局海关做好口岸新冠肺炎疫情防控工作。加强监管人员个人防护，采取顶格个人防护措施，开展监管现场疫情防控应急演练和防护设备穿脱培训3次，培训20人次，强化监管人员防疫意识和能力，杜绝麻痹思想；严格按照总署《口岸新冠肺炎疫情防控工作人员个人防护工作手册》等相关规定，设置个人防护装备脱卸区，划分为一脱区、二脱区、清洁区，配备穿衣镜、消毒剂；根据“应检尽检”要求，提高新冠病毒核酸检测频次，人员新冠病毒核酸检测由每周1次提高到每周3次。全年开展新冠病毒核酸检测1,700余人次，结果均为阴性。

坚持非必要不出差、不出行，确需出差出行的，严格落实出发前48小时进行新冠病毒核酸检测、报台账，返回后立即进行新冠病毒核酸检测、销台账要求，加强来访人员和聚集性活动管理，加强健康监测报告，坚持干部职工每日健康监测“日报告、零报告”制度，在通关大厅、邮件监管现场、餐厅等重点区域安装自动测温报警装置，加强办公区域消毒、车辆等消毒工作，每天消毒2次。提醒全体干部职工注意个人卫生，保持防范新冠病毒传染的高度警惕，落实防疫“三件套”，倡导上下班“两点一线”，少聚集、少聚餐。建立防疫物资电子台账，实时掌握物资数量，每季度盘库检查，确保账物相符。全年，购入防疫物资1万余件，发放物资6,000余件。

与青岛邮政公司建立新冠肺炎疫情联合防控领导小组，召开联席会议5次，明确疫情防控主体责任。提醒国际邮件从业人员每7天进行1次新冠病毒核酸检测，高风险岗位人员每3天进行1次新冠病毒核酸检测，提醒企业每周对邮件和环境进行2次新冠病毒核酸检测，全年环境及货物采样240余次，结果均为阴性。

（撰稿人：王玉昭）

即墨海关

【概况】即墨海关的历史可以追溯到1865年东海关在即墨金家口设立的海关机构。1931年，金家口海关改属胶海关管辖。后经不断演化，即墨海关于2018年12月经总署批准成立，2019年9月正式揭牌。即墨海关是受青岛海关直接领导，按授权负责指定口岸和辖区范围内海关各类管理工作的执行机构，为正处级隶属海关。即墨海关辖区范围为青岛市即墨区。

即墨海关位于青岛市即墨区振中街7号，距青岛市中心约36千米，设机关办公区、国际陆港办公区、综合保税区3个工作区域。截至2021年年底，内设9个科室，有工作人员44人。

2021年，即墨海关监管进出口货物144.33万吨、货值370.07亿元，同比分别增长118.98%、195.18%；监管进出口ABC类快件227.35万票、重量3,486.68吨，同比分别下降38.5%、28.13%；税收入库7.80亿元，同比增长88.58%。

【新冠肺炎疫情防控】2021年，即墨海关严格按照上级部署落实“7个100%”“四个必严”等要求，做好进口冷链食品封闭管理及预防性消毒监督等工作，实施“14+7+7”的封闭管理模式，共实施11轮封闭管理，工作人员总计28人次。

落实组织保障，细化和落实新冠肺炎疫情防控要求，建立健全新冠肺炎疫情防控机制，制发相关文件10余个，建立36人组成的三级梯队和“挑毛病”小组，全程规范新冠肺炎疫情防控工作，开展内部新冠肺炎疫情防控检查62次，发现并整改问题12项；开展防护服穿脱、日常消毒等培训70余人次。

【监管业务】2021年，即墨海关加强实货监管，查验进出口货物1,303票；创新监管模式、优化监管和放行出证流程，进一步缩短通关时限；强化国门生物安全监管，通过实蝇和杂草监测工作的开展，监测到关注的外来有害生物2批次并上报，自进境保鲜水果中截获检疫性有害生物2批次，截获一般性有害生物105批次；强化儿童用品安全监管，自1批韩国进口的牙刷检出磨毛项目不合格并销毁；关注食品、化妆品领域进出口风险，对1批次进口水产品检出白斑病毒并退运，对1批次进口水产品证书不合格退运，完成进出口食品39个项目的风险监测。

▲2021年8月20日，即墨海关关员在出口活体饲料鱼企业现场调研

做好验估工作管理，加大重点商品价格审核力度，税收实现正增长；签发各类原产地证书1.67万份，金额5.80亿美元，按平均5%税收优惠计算，为企业节省关税2,898万美元。

开展“国门利剑2021”专项行动，开展核查作业92起，查发问题33起；办结稽查作业28起，查发问题15起。持续深化综合治税，累计入库税款7.80亿元，同比增长88.58%。加强不实贸易管控，共核查企业101家，实施通关锁定33家、暂缓统计4家。深入推进“全员打私”和反走私综合治理，全年办理各类案件36起，罚没收入21万元。

新增报关单位595家，其中进出口收发货人及分支机构591家、从事对外加工生产企业2家、报关企业及分支机构2家。新增海关高级认证企业1家，3家海关高级认证企业通过重新认证。新增出口食品生产企业7家、进口食品收货人10家、出境竹木草制品生产加工企业10家、出境种苗花卉生产企业2家、出境货物木质包装除害处理标识加施企业2家、出境水果果园1家。备案加工贸易手册1,419本，同比增长6.53%。加工贸易年进出口总值88.84亿元，同比增长4.10%。其中，进口19.04亿元，同比增长2.80%；出口69.80亿元，同比增长4.40%。

【综合保税区建设】2021年，即墨海关克服新冠肺炎疫情影响，推动青岛即墨综合保税区于2021年4月28日顺利通过总署牵头的国家八部委联合验收。坚持“强监管、优服务”两手抓，与管委会建立联席会议机制，严格疫情防控措施，强化安全生产观念，共同推进区内空客直升机生产、跨境电商、饲料加工等多项业务稳健发展。自开关运行以来，区内注册企业共31家；助力企业享受保证金减免、退税等税收优惠政策，服务企业降本增效；交付H135直升机5架，货值2亿元；吸引3家跨境电商企业落地，打造“跨境电商+保税展示”体验中心，实现即墨区跨境电商网购保税（1210）“零的突破”，保税备货货值1,808万元；支持2家饲料加工企业入区建厂，指导企业完成资质评审、进口许可证办理、生产线入区退税等各环节。

【服务发展】2021年，即墨海关强化服务，力促辖区综合性指定监管场地建设取得新进展。发挥技术优势和专家作用，现场指导即墨东方鼎信进境肉类指定监管场地制度和基础建设40余人次，顺利通过总署考核并开展进境肉类查验业务。创新“四优”工作模式，强化流程再造，组织专题会研究落实放行出证流程，助力柬埔寨芒果首次进入国内市场；强化前期调研和对接，保证海运集装箱车厘子首次进入青岛；验放进境水果8.2万吨，同比增长5.12%。

创新联动模式，开通“海铁联运、陆海联动”业务，依托青岛港即墨港区，推动港口功能向内陆腹地延伸，服务“一带一路”建设。通过海关转关、在途系统以及港口管理系统将内陆港与港口相连，使港口成为内陆港的中转站，内陆港成为港口的功能区、延伸区、扩展区。内陆港与码头作业系统实现数据互通，申报放行的货物信息自动进入码头配载流程，快速完成属地放行、提单换单等操作流程，避免甩船和加急费用。全年，监管放行180标箱、865.83吨，货值240.81万美元。

优化流程，助力辖区新兴业态发展。特事特办，针对重点企业和重点工作落实到人，快速实施人源性蛋白进口检疫，助力生物医药产业发展；提前对接，帮扶企业建立健全疫病检测和控制体系，指导和帮扶辖区活饲料鱼首次出口日本；全程指导和帮扶并深入一线进行专题调研，帮扶辖区企业首次出口虾滑、茶叶、西红柿种子等，拓宽企业出口市场。

加强政策分析支持，围绕纺织服装、橡胶轮胎、新兴业态等重点分析研究领域，广泛开展调研，获评青岛海关优秀分析研究品牌单位，关于培育壮大外贸新业态新模式研究的调研报告获评优秀调研报告三等奖，青岛市委全面深化改革委员会办公室在《2021年全市优秀制度创新成果、改革“金点子”、改革尖兵和优秀调研报告》中发布。

（撰稿人：潘吉红）

胶州海关

【概况】2018年12月14日，胶州海关获总署批复在原有黄岛海关多式联运监管中心监管点和青岛出入境检验检疫局胶州办事处的基础上成立，内设5个科室，行政编制35名。2019年8月6日，胶州海关正式揭牌；2019年10月1日起，全面承接辖区各项海关业务。2019年12月，获评省级文明单位。2020年7月，设立胶州海关机关党总支，共6个党支部。2021年，以绩效考核百人以下海关第一名的成绩，荣获青岛海关2021年度工作优秀集体。

截至2021年年底，胶州海关设有7个科室，实有行政编制37人，借调事业编制6人。

2021年，胶州海关辖区实有备案企业4,594家，同比增长17.4%；高级认证企业9家，同比增长50.0%；保税仓库15家，同比增长50.0%；备案加工贸易手册1,461册，同比增长2.0%；手册备案金额273,145.5万美元，同比增长54.3%；共放行报关单18,564票，同比增长96.1%；监管进出口商品总值141.9亿元，同比增长158.4%；税收入库8.42亿元，同比增长71.0%；制发原产地证书11,440份，同比增长11.7%；监管出口跨境电商业务51万单、货值2.4亿元。上合多式联运中心开行中欧班列621列、5.1万标箱，同比分别增长54.9%、82.3%；吞吐货物86.1万标箱，同比增长12.5%。

【党的建设】2021年，胶州海关落实习近平总书记重要指示批示精神“第一议题”制度，党委书记带头讲授党课4次，党委理论学习中心组发挥示范带动作用，集中学习20次。推进“国门利剑2021”“蓝天2021”专项行动，与青岛海警局胶州工作站执法协作、情报共享，刑事立案3起，案值1,546万元；行政立案11起，案值2.47万元，一般案件6起、“两简”案件5起、涉检案件2起。采购脱贫地区农副产品1万余元，以实际行动助力脱贫攻坚。开展党史学习教育，建设党史展厅，运用地方红色资源现场教学8次，组织读书班2次、专家辅导4次，购置书籍2,000余册搭建“学习角”。联合结对海关、地方政府、“双报到”单位、特色企业，开展党史联学12次，进一步拓展学习广度和深度。制定“我为群众办实事”15方面42项清单，施行“关长接待日”，开通“关长信箱”，班子成员带队深入走访调研96次，收集建议30余条，解决问题50余个，打通服务群众“最后一公里”。

党委书记带头讲授专题党课4次，采取“一听、二问、三看”方式到各支部开展督导检查，立查立改问题16项。推进“四强”党支部和“三级”党支部建设，发展党员1名、按期转正2名，创建6个支部特色品牌、4个个人党建品牌。举办庆祝建党100周年“七个一”系列活动，评选表彰先进基层党组织2个、优秀共产党员6人。青岛海关调研指导组对胶州海关党建综合情况给予肯定，基层党建工作质效稳步提升。

严肃政治纪律，严格执行重大事项请示报告制度，开展领导干部配偶、子女及其配偶从业情况100%自查抽查。落实民主集中制，增强全局观念，维护班子党性原则基础上的高度团结统一。派员参加青岛海关两轮巡察工作，对照青岛海关第一轮巡察发现的主要问题，开展巡察整改“回头看”，确保整改到位。

“现场监管与外勤执法权力寻租”专项整治成效明显，召开工作推进会16次，实地督导7次，梳理廉政风险点16个、重点关注岗位8个、重点关注对象1人，形成3项“清单”，青岛海关党委委员、纪检组组长闵飞带队到胶州海关开展实地检查督导。开展“内务规范强化月”，组织准军集训4次、督察评比6次。组织“反对自由主义、整顿党的作风”专题学习，征集心得体会文章7篇。狠抓纪律作风建设，聘请18位特约监督员，征集意见建议8条，均已立查立改。开展警示教育月活动，举办廉政教育讲座，签订“家庭助廉承诺书”，坚决杜绝酒驾醉驾，组织4名新提任科级干部宪法宣誓，谈心谈话310人次，涵养风清气正政治生态。

【上合示范区建设】2021年，胶州海关多举措推进上合示范区建设，“上合特色”改革创新亮点纷呈，向山东省委省政府报告服务推动上合示范区高质量发展情况、打造上合国家食品农产品进口平台的调研情况。首发“中国对上合组织成员国贸易指数”，李克强总理在上合组织成员国第十九次总理会议上宣布，总署新闻发言人在上合投资贸易博览会正式对外发布，扩大上合示范区国际影响力。首创“上合·银关通”关税多元担保模式。与上合示范区管委根据企业信用等级共同筛选“白名单”企业，由上合示范区管委对试点企业增信担保，实行“先放后缴、汇总纳税”通关便利服务，实现全程“零手续费、零担保费、零保证金”，降低企业经营成本。

科学布局海关监管体系架构，升级冠宇海关监管作业场所，新设传化（上合）海关监管作业场所，启用上合示范区跨境电商监管中心，打造海陆空铁4种运输方式紧密衔接、功能齐备的海关监管体系。多式联运打通国际物流大通道，全国首次试通“铁路快速通关”，成功开行全国首班冷鲜蔬菜专列、山东省首班对外承包工程出口货物专列、跨境电商专列，支持中欧班列线路由5条拓展至12条。上合示范区多式联运中心2021年全年开行中欧班列621列、5.1万标箱，同比分别增长54.9%、82.3%。创建上合国际道路TIR运输集结中心，创新“出口跨境电商+TIR国际公路运输”发展模式，支持开行中俄、中哈、中欧等全程TIR定班专线，打造上合示范区国际联运综合港，助力胶州建设商贸服务型国家物流枢纽。

▲2021年12月18日，上合示范区原产地证书审签中心正式启用

高点谋划上合贸易发展，参与编撰发布《上海合作组织成立20年贸易发展报告》，成功申建青岛海关首批RCEP海关监管服务创新试验基地，抢抓RCEP新机遇，组建工作专班，利用各类媒体发布政策解读12次，建立胶州市对RCEP成员方企业台账，“靶向”推介关税减让政策和原产地技术服务，开展RCEP海关监管服务创新先行先试。建设启用国内首个上合示范区原产地证书审签中心，集中办理青岛海关对上合组织国家出口货物原产地签证业务，并面向山东省开展关税政策咨询、原产地预审等前置性涉企服务，为拓展地方经贸合作注入强劲动力。

【新冠肺炎疫情防控】2021年，胶州海关坚持外防输入，落实进口冷链食品和高风险非冷链集装箱货物疫情防控以及预防性消毒各项要求，加大海关监管作业场所场地、动物隔离场现场监督检查力度，开展人员安全警示教育17次，组织疫病疫情应急处置、防护程序演练10次。加强联防联控，认真做好进口冷链食品安全监管工作人员封闭管理，组建三级保障队伍，先后派出6批次人员与黄岛海关、即墨海关联合开展进口冷链食品属地查检，选派业务骨干参与地方冷链及非冷链疫情防控工作会议研讨16次，妥善处置检出新冠病毒核酸阳性的冷链货物9批。先后驰援机场旅检一线8人次。强化内部防控，严格日报周报、外出审批、请示汇报等制度执行，下发防疫文件、通知10份，保障各类防护物资5万余件，完成新冠病毒疫苗“应接尽接、应接必接”。

【监管业务】2021年，胶州海关严防疫病疫情传入，先后对3批1.50万头新西兰进境种牛开展隔离检疫，检出二类动物疫病6头，对9批进口猪肉和牛肉开展重大动物疫病疫情监测，检出5批次木材植物检疫性有害生物，退运处理4批不合格印度孜然、4批未注册食品和水产品，销毁处理1批不符合我国标准的花生。加强风险监测点建设，采集报送质量安全风险信息200余条，开展上合组织成员国进出口商品风险监测和分析评估，涉及机电、轻纺、食品接触材料等12批次54个样品，检测不合格率15.7%，采取针对性风险消减措施。严格管控不实贸易，有效维护市场秩序，将66家涉嫌企业分别通报地方商务、税务、外汇管理部门。试点与地方市场监督管理局联合执法38起，查发率91.9%。与青岛海警局胶州工作站建立执法协作机制、情报信息互通共享机制。对800余家企业进行政策宣讲，营造公平诚信的市场秩序。

【服务发展】2021年，胶州海关优化口岸营商环境，促进贸易便利化显著提升，承接“海关业务改革2020”，优化通关流程、提升通关效率，进口、出口通关时间较2020年分别压缩37.5%、65.7%，汇总征税6,906万元，同比增长1.1倍。聚焦服务创新，两个典型案例入选青岛海关深化“放管服”改革优化口岸营商环境十佳实践案例。政策红利不断释放，召开2021年度胶州海关惠企政策宣讲会，编写《惠企手册》指导200余家重点外贸企业用惠享惠，建立50家重点帮扶企业底账并开展分类指导，解决企业实际问题77个，推动两步申报免担保在上合示范区试点落地，多家公司赠送锦旗表示感谢。特色品牌多点开花，创建“上合智研”统计分析品牌。创建“胶点法坛”普法品牌，开展宪法宣传周等系列普法活动，赢得企业高度评价。

关地共赢取得新进展，定期召开联席会议共商发展，获评“2020年度支持胶州发展先进单位”。AEO认证形成示范效应，联合制订AEO示范市建设方案，共同举行启动仪式，指导中储物流、贝克曼沃玛金属等5家区内大型企业获批高级认证资质，推动两步申报免担保试点落地，增强高级认证企业通关便利，促进胶州市外向型企业健康发展。打造“智创上合”首创经验，立足上合示范区建设需求，加强联合研判分析，叠加地方政府资金、平台与海关人才、技术优势，助力形成14项可复制可推广的“上合经验”，共同做好服务上合“大文章”。

支持新兴业态发展，跨境电商实现“零突破”，支持上合示范区内开展B2B跨境电商业务，新启用2个跨境电商监管场所，实现每月1个班列、每周3个包机常态化运营，助推龙头跨境电商企业在上合示范区内集聚。监管出口跨境电商业务51万单、货值2.4亿元。支持建设保税产业集群，新增设保税仓库5家，保税仓库总数达到15家。推进保税仓库分类监管试点，促进保税业态加快发展。支持青岛旅游集团在上合示范区、上合组织青岛峰会展览馆设立免税店线下体验中心，现已正式开业运行。

【队伍建设】2021年，胶州海关党委

加大正向激励力度，倡导和谐团结、实干担当，胶州海关党委2021年七件大事实事全面见效，新增科室1个、行政编制5名，激励担当作为，评选先进科室2个、先进工作者9名、“季度之星”4人，全关上下呈现争先创优、气顺劲足新局面。选优配强一线执法科长，突出实干实绩导向，摒弃“论资排辈”，1名执法一线科长担任党委委员，其中35岁以下执法一线科长1人，执法一线科长平均年龄下降1.6岁，干部队伍结构明显改善。立干部成长档案，主要负责同志与执法一线科长每月谈话覆盖率100%，激励一线科长干事创业。强化培训提素质，围绕提升政治能力、做称职中层干部，开办“胶关讲堂”8期，在市委党校举办科级干部能力提升培训班，组织参加总署、青岛海关执法一线党建示范班和管理强化班，通过“学习强国”“钉钉”“青年理论学习”等平台开展教育培训，累计参训860人次，一线人员执法能力显著提升。合作共建强基础，借助黄岛海关先进经验，制定7个方面共建机制，完成28个具体项目，12个支部联建共建，举办“共建学堂”4期，组织红色电影配音、植树绿色上合等形式多样的共建活动，邀请业务专家开展互查，深化执法互促互融。

实施民生“暖心工程”，调整优化职工通勤车，丰富健身器材种类，在停车位安装充电桩，推进“平价菜篮子”项目，增加食堂菜谱、团购品种，真正做到察民情、听民意、暖民心。组织健步行、乒乓球赛、毽球比赛、台球比赛等喜闻乐见的文体活动，营造拴心留人的工作环境。

（撰稿人：管一臻）

日照海关

【概况】日照海关原名石臼海关，是国家设在日照口岸的进出境监督管理机关，于1984年6月7日开始筹建，1986年5月19日正式开关，正处级单位，隶属青岛海关，是中华人民共和国成立后青岛海关设立的首个隶属海关。1992年12月25日，经总署批准，石臼海关更名为日照海关。1992年12月，日照海关设立派驻机构日照海关驻岚山港办事处（副处级）；1999年4月，设立日照海关走私犯罪侦查支局（正处级），2003年1月，更名为日照海关缉私分局。2018年，根据党和国家机构改革部署，出入境检验检疫管理职责和队伍划入海关。

截至2021年年底，日照海关设有缉私分局（内设5科）、驻岚山港办事处（内设5科）、23个正科级内设机构以及综合技术服务中心、日照国际旅行卫生保健中心2个事业单位，负责贯彻执行与海关管理相关的法律、法规、规章、规范性文件和相关技术规范，负责本关辖区征税、监管、缉私、出入境检验检疫、统计等工作。监管日照口岸（含石臼港区、岚山港区）和日照综合保税区1个海关特殊监管区域，业务类型较为齐全、体量相对较大。监管货运量、税收总额在青岛海关贡献度常年分别保持在40%和25%左右。

2021年，日照海关监管进出口岸货运量2.92亿吨，同比增长2.61%。其中，监管进口货运量2.84亿吨，同比增长1.81%；监管出口货运量767万吨，同比增长45.36%。监管进出口总值680.38亿美元，同比增长48.61%。其中，监管进口总值627.85亿美元，同比增长46.11%；监管出口总值52.53亿美元，同比增长86.67%。监管标准集装箱25.47万箱次，同比下降2.45%。其中，监管进口标准集装箱10.53万箱次，同比下降5.43%；监管出口标准集装箱14.94万箱次，同比下降0.24%。开展重量鉴定3,186批、1.55亿吨。报关单接单10.77万票，同比下降2.87%。征收税款404.71亿元，同比增长38.91%。其中，征收关税22.43亿元，同比增长22.20%；代征税382.28亿元，同比增长40.03%。办理加工贸易手册备案393份，同比下降16.60%。监管加工贸易手册实际进出口值20.87亿美元，同比增长17.70%。其中，监管加工贸易手册实际进口值7.53亿美元，同比增长35.40%；监管加工贸易手册实际出口值13.34亿美元，同比增长9.50%。新注册企业数530家，实有注册企业数5,055家。

2021年6月26日，日照海关机关党委被中共山东省委省直机关工作委员会授予“山东省省直机关先进基层党组织”称号。

【党的建设】2021年，日照海关将落实习近平总书记重要指示批示精神“第一议题”制度融入日常、抓在经常，围绕习近平新时代中国特色社会主义思想、习近平总书记重要讲话和重要指示批示精神及党的十九届六中全会精神，开展党委理论中心组学习29期，党委委员带头讲党课9次，开办“日关讲堂”5期，开展研讨100余人次。

开展党史学习教育工作，抓好“四史”学习，落实党史学习教育三个阶段的要求，发放党史学习教育读本9册。组建“七一”讲话精神宣讲小组，党委委员带头深入一线开展宣讲2次。在“日照海关发布”微信公众号开设“学党史建强关”“党史精读”等新媒体专栏，组织青年理论学习研讨，形成理论文章及心得体会67篇，1篇获评总署优秀征文。注重运用红色资源，组织党务干部到临沂革命老区、甲子山战役纪念馆等地接受党史教育，推动党史学习教育走深走实。

推动基层党建提升，深化“强基提质工程”，汇集众智创建“阳光先锋”关级党建品牌，顺利通过全国文明单位复核，被评为青岛海关法治建设示范单位、优秀分析研究品牌单位，全年共有59人次因工作突出被表彰或记功。

开展“我为群众办实事”实践活动，围绕服务口岸发展、服务地方发展、做实民生工程，党委委员带头开展“听民声、走流程”体验活动，带队到辖区企业、港口、业务现场等开展专题调研70余次，深入企业开展政策宣讲30余次，相关经验做法在青岛海关党建网站发布20余条次。

推进清廉海关建设，定期召开党风廉政建设形势分析会、清廉海关建设推进会，强化“制度+科技”成果运用，推进廉政风险源头防控，自觉接受派驻纪检组的监督。开展“现场监管与外勤执法权力寻租”专项整治，印发专项整治工作方案和任务分解表，挂图作战、明确责任，确保整治工作按既定方案有序扎实推进。深化开展警示教育月和“7·28”廉政警示日活动，用好廉政党课、警示教育片、廉政教育基地等多种形式，加强廉政警示教育。制定日照海关“廉政风险清单”，汇总并梳理17个风险岗位、40个廉政风险。全面开展从业自查，对现场监管与外勤执法部门人员家属从业申报情况进行“大起底”。

落实意识形态责任制，开展队伍思想状况调研，抓好舆论引导宣传工作，加强文化阵地管理。加强准军建设，制订“内务规范强化月”工作方案，举办“指挥员送教上门”活动，队列训练实现全覆盖，开展内务督察 12 次，评选“流动红旗”优秀党支部；聘任特约监督员 17 人，组织特约监督员座谈会，广泛征求社会各界对日照海关工作的意见建议。

【新冠肺炎疫情防控】2021 年，日照海关贯彻落实“外防输入、内防反弹”总策略和“动态清零”总方针。检疫监管入出境船舶5,762艘次、入出境人员 12.19 万人次。其中，实施登临检疫 3,058 艘次，船员换班 642 艘次、9,746人次，转内贸船舶 35 艘次、735 人次，累计开展新冠病毒核酸检测 5,563 人次。

推动卫生检疫岗位规范化建设，制定完善岗位操作指引 2 万余字，全面覆盖船舶登临检疫、远程视频检疫、人员封闭管理、疫情应急处置等重点环节，创建青岛海关“规范执法示范岗”。联合日照港裕廊公司探索研发船岸限定区域移动式“智能管控通道”，集合人脸识别、红外测温、喷雾消杀、个人防护 AI 识别等功能，实现人员上下船舶智能管控，降低登轮作业人员职业暴露风险。在“日照东方”中韩班轮创新性采用“远程视频检疫”模式，降低人员接触风险，提升班轮作业效率，4 月 17 日被中央电视台《新闻联播》《新闻直播间》节目播发。

制定进口冷链食品采样操作指引，对 267 批、392 柜进口冷冻水海产品采集新冠病毒核酸样本7,274个。9 月 3 日，检出 1 批进口越南小公鱼干 1 份外包装拭子样本新冠病毒核酸阳性；9 月 19 日，总署对涉事越南出口企业采取紧急预防性措施；10 月，相关货物被责令退运出境。对被布控的 49 批、189 标箱、14.40 万件进口冷链食品完成预防性消毒监督。完成进口冷链食品目的地事中查验 303 批。

开展内部安全防护培训 60 余人次，实行疫情防控日报告制度，实行班组每日自查、关内月度督查，通过全天视频检查发现码头作业人员防护措施落实不到位情事 86 人次，均予以及时处置。累计开展职业暴露、内部人员新冠病毒核酸检测阳性等应急演练 12 次、150 余人次。建立 53 人的“一线、应急、预备”三级梯队，严格封闭管理，实现一线关员、支援医生、专车司机封闭管理全部覆盖。全年，完成国际航行船舶一线监管人员封闭管理 28 批、104 人次；完成进口冷链食品一线监管人员封闭管理 22 批、62 人次。

2021 年 1 月 26 日，日照海关查验中心被青岛海关授予“青岛海关抗击新冠肺炎疫情先进集体”称号。3 月 5 日，日照海关企业管理科被山东省妇女联合会、山东省卫生健康委员会授予“抗击新冠肺炎疫情山东省三八红旗集体”称号。年内，段寅生等 4 人次因疫情防控工作表现突出受到青岛海关嘉奖。凌在朝获山东省“十三五”时期海上搜救工作先进个人。“日照海关对不如实申报入境船员健康状况行政处罚案”被纳入青岛海关2021年度行政处罚典型案例。

【查缉走私】2021年，日照海关开展“国门利剑2021”专项行动，共刑事立案30起，案值2.38亿元，移诉案件17起，移诉案值2.73亿元，移诉嫌疑人19人，法院判决案件14起；行政立案100起，案值1.50亿元；罚没入库1,887.01万元；总署缉私局挂牌督办案件4起，其中一级挂牌督办案件2起、二级挂牌督办案件2起。侦办2起总署缉私局一级挂牌管理案件即日照某公司走私废物案、上海某公司涉嫌走私废物案，涉案废物5,000余吨；侦办3起涉嫌走私濒危动物制品案，查扣走私犀牛角手镯、砗磲制品等40余件；侦办6起“水客”走私高档服饰案件，案值1,600余万元；侦办1起走私进口疫苗案，查证走私九价HPV疫苗3,053支；侦办1起海上偷运走私香烟进境案，查扣涉案走私卷烟700余箱，案值1,000余万元；侦办3起走私人发专案查发案件，涉案人发118吨，案值1.17亿元；侦办2起船用免税燃料油走私进境案，涉嫌走私燃料油1,180余吨，案值580万元。

【检验检疫】2021年，日照海关做好口岸检验检疫工作。加强进境大豆、玉米、原木、木片检疫监管，建立预警分析库，对动植物疫情风险和外来入侵物种开展主动监测、评估调查，梳理导入国外有害生物危害特征参数，通过自动比对触发高风险参数预警。全年，共检疫截获有害生物178种、1.87万种次，其中截获检疫性有害生物35种、3,363种次。其中，卡墨天牛为全国首次截获，红翅大小蠹为山东口岸首次截获，扁齿长小蠹为日照口岸首次截获。截获非检疫性有害生物143种、1.54万种次。检疫监管进口原木836.57万立方米，其中进口散装船运原木263船次、802.27万立方米，同比分别增长17.94%、28.72%；进口集装箱原木2.14万标箱、34.3万立方米，同比分别增长5.86%、下降2.36%。检出病媒昆虫木片8艘次，植物疫情检出率列青岛海关首位。落实总署关于非洲猪瘟、沙漠蝗、松材线虫等重大疫病管控措施，加强进口针叶类原木检疫监管，充分发挥检疫处理区优势，严格监督实施检疫处理，截获松材线虫4批；监管来自非洲猪瘟疫区船舶1,530艘次，封存猪肉及制品179.74吨。在口岸病媒生物监测中捕获淡色库蚊1,935只、小家鼠3只。在口岸国门生物安全监测中捕获具条实蝇16只、舞毒蛾2只。10月11日，日照海关驻岚山港办事处被日照市

▲2021年5月28日，日照海关关员对进口原木实施现场检疫查验

科学技术学会命名为“日照市国门生物安全科普教育基地”。

严厉打击固体废物非法入境，开展进口化矿商品涉废排查，强化现场查验环节放射性检测和矿物属性初筛鉴别，检出退运1批以煤焦油名义进口的固体废物；从15批印度铁矿中拣出杂物359.20千克，全部实施随船退运处理。加大危险化学品及其包装查检力度，检出4批出口锂电池危包使用不合格，查发300余吨出口煤焦油沥青未如实申报。驻岚山港办事处查验二科创建“化危为安”危险化学品查验岗品牌，获评青岛海关“规范执法示范岗”。刘昌志在总署危险化学品技能比武中进入全国百强。严格实施进口化矿商品质量安全管理，按照国家技术规范强制性要求，对进口煤炭和原油实施强制性项目检验，对401批次进口原油实施强制性质量检验；检出退运氟含量超标煤炭6批、重量25.55万吨，检出案例均被总署采用发布；检出不符合远距离运输煤炭19批、重量109.46万吨。

实施进口食品监督抽检78批次、566项次，对2批进口预包装食品标签不合格问题监督完成整改；出口食品监督抽检314批次、3,419项次。严格落实出口食品特殊监管要求，对输欧盟花生及制品黄曲霉毒素监测53批次、128项次，对输欧盟蜂蜜兽药专项残留监测48批次、240项次。推进年度进出口食品安全风险监测工作，完成出口蜂蜜、养殖贝、野生蟹等6类动物源性产品、31个样品的兽药、污染物、农药、生物毒素等监测项目，完成进口养殖鱼3个样品的微生物监测项目，完成出口芋头5个样品的供港蔬菜专项检测。做好出口猪肉产品非洲猪瘟防控工作，督促企业完善防控体系、强化原料验收，抽取样品42个，均为阴性。推进2021年度花生原料黄曲霉毒素农残和重金属污染水平田间普查工作，组织辖区8家企业对辖区8个乡镇产地花生原料、4家输欧盟花生企业对其备案基地花生原料进行取样普查。

▲2021年10月19日，日照海关关员对出口景观石进行查验

【监管业务】2021年，日照海关实施口岸事中查验4,372票报关单，属地查检2,459票报关单。9月1日，成立青岛海关事后验估中心（日照），开展事后验估124票，验估有效率和反馈及时率均达100%。联合日照市商务局对辖区90余家企业宣讲RCEP和海关原产地政策，推广原产地证书虚拟审签中心“线上智能化自动审核+人工集中分类审签”新模式，为辖区企业1.86万批货物签发原产地证书，货值

14.28亿美元，同比分别增长3.68%和11.01%，其中优惠原产地证书货值8.72亿美元。多渠道推广集团财务担保等税款担保业务，征收保证金2,482笔、金额71.86亿元；办理关税保险76票、担保金额4.40亿元；办理集团财务担保136票、担保金额27.80亿元；办理银行保函25票，担保金额4.40亿元。推进属地纳税人管理，通过税收风险信息服务与共享，实现属地海关以企业为单元、口岸海关以报关单为单元、税收征管局以商品、行业为单元的税收征管和风险协同防控，与37家企业签订属地纳税人管理遵从协议，对5家属地纳税人建立台账，开展纳税遵从度评估并制订差别化纳税服务方案。推广企业集团加工贸易监管模式改革，支持试点企业山东美佳集团有限公司集团内保税料件自由流转，取消外发加工备案和担保手续，山东美佳集团有限公司通过企业集团加工贸易监管模式内部结转保税货物26笔、货值1,797万元，节省企业资金占用4,580万元。建立数据监控核查机制，持续压缩通关时间，进口、出口通关时间分别为31.15、2.89小时，同比分别缩短16.5%、32.6%。

落实总署关于进口原油、铁矿、锰矿"先放后检"等便利化改革措施，优化作业流程，指导企业叠加运用"两段准入"申报模式与"先放后检"便利化政策，允许进口铁矿、锰矿"整船申报、分批提取"，对现场查验未见异常的货物允许先行提离海关监管作业场所，后续依企业申请实施品质检验，压缩货物滞港时间。验放进口铁矿2,857批、重量1.58亿吨；验放进口原油447批、重量4,882.90万吨，铁矿、原油进口量分别列青岛海关第1位、第2位。推广进境粮食"靠泊检疫""附条件提离"等监管模式，靠泊检疫散装船运原木263船次、802.27万立方米，大豆169船次、1,045.33万吨，玉米36船次、206.58万吨，木薯干23船次、45.30万吨，木片250船次、1,031.75万吨。打通中韩陆海联运甩挂运输双向通道，在2011年开通中韩陆海联运进口甩挂运输业务的基础上，2021年10月20日，首次采用国际陆海联运甩挂运输"车货不分离"模式监管一票出口韩国大型景观石货物出境，"日照—平泽"中韩陆海联运甩挂模式双向运输落地，监管中韩陆海联运甩挂运输货物4车、7件、88.93吨。

2021年，新开展稽查作业39起，办结36起；受理企业主动披露41起，办结26起；新开展其他作业22起并全部办结；累计追补税60起；对进口汽车零部件企业特许权使用费追补税18起；开展进境粮食专项稽查行动，查发某企业违反规定倒卖进口转基因大豆4.48万吨，货值约1.38亿元，是2021年青岛海关查发的最大一起违反粮食定点加工规定案件。核查作业办结164起，查发问题80起，规范整改18起，制发核查建议书33份，追补税6起。10人获"青岛海关进境粮食专项稽查行动组”嘉奖。

【服务发展】2021年，日照海关加强关地合作建设。与日照市2区2县签订合作备忘录，从外贸数据、委托检测等方面为地方政府、辖区企业提供高效服务，为20多家出口食品企业完成农残、兽残、微生物等免费检测4,426批次，涉及蔬菜、花生、肉类、罐头等近百种产品，免收费用约139万元。创建青岛海关首批“AEO示范市（区）”海关，联合日照市商务局组织守法规范宣讲5次，覆盖近300家企业；开展精准培育15次，指导全国疫情防控重点保障企业日照三奇医疗卫生用品有限公司获得AEO高级认证企业资质；建立地方政府、海关联合激励机制，将高级认证企业资质作为日照市政府帮扶、奖励的参考依据。参与制作日照市《企业全生命周期“一件事”目录》，推进政务服务“不见面、无接触”和“一网通办”，全面推进企业注销便利化，办理企业备案1,294批、电子口岸业务527批；行政审批68件，100%“零超时”“零差评”。支持日照综合保税区贸易新业态发展，监管综合保税区企业进口商品出区保税展示4批次并在高新区智慧谷开设保税展示店；8月16日，办理辖区首票保税货物租赁业务，为集成电路测试系统，货值1,945万元；全年监管保税租赁货物出区2批次，货值9,735万元。全年，日照综合保税区实现进出口值121.5亿元，同比增长2.5倍；征收关税及进出口环节税1.26亿元。指导进境食用水生动物指定监管场地建设，3月16日，日照中盛进境食用水生动物指定监管场地正式通过总署批准，截至2021年年底日照辖区批准设立进境粮食、进境原木、进境肉类、进境食用水生动物共4类7家指定监管场地。支持日照市打造全国进出口再生钢铁原料集散中心，9月10日，经青岛海关商品检验处批准，日照海关设立青岛海关进出口商品质量安全风险监测点（再生钢铁原料），开展质量安全风险监测和预警工作，落实对监测点范围内再生钢铁原料进口监管和风险研判分析。支持中欧铁路班列健康发展，支持回程班列通过二次过境转关模式通关，降低高资信企业商业封志抽验比例，支持中欧班列货物“船边直提”作业模式，全年监管中欧铁路班列79列、4,205标箱。加强服务政策供给，全力支持日照港口岸扩大开放。全年，日照港口岸对外启用泊位7个，泊位吨位总计35.3万吨，设计年吞吐量总计2,430万吨；临时对外启用泊位4个，泊位吨位总计90万吨，设计年吞吐量总计3,308万吨。截至2021年年底，日照港口岸共建成并对外启用泊位79个，临时对外启用泊位2个，已建成未对外启用泊位8个，建设中泊位2个。支持保税仓库扩容，针对港口现有保税仓库面积小、位置偏、功能单一的实际情况，组织现有堆场类保税仓储企业开展移址、扩容等可行性研讨论证，年内日照港堆场类保税库扩容近7万平方米，新设立液体储罐类保税库1座，库容160万立方米。发挥“保税混矿”“先放后检”改革叠加效应，利用“互联网+海关”模式，加快保税混矿通关速度，开展保税混矿业务的保税仓库新增1家，合计4家，全年监管铁矿砂保税混矿入库523.5万吨，价值8.9亿美元，同比分别增长7.5%、54.5%。

【科技发展】2021年，日照海关顺利建成H986项目并通过验收。该项目于2020年12月完成选址、厂家排产设备，2021年3月配套土建动工，2021年4月主机安装调试，2021年7月设备正式验收，2021年12月完成环评验收。制定H986设备岗位职责与操作规程等8项配套管理制度，2021年机检集装箱2,400个，其中执行货运机检指令45票。

日照海关综合技术服务中心通过中国国家认证认可监督管理委员会CMA检验检测机构资质认定和中国合格评定国家认可委员会实验室认可的项目，涵盖食品农产品、矿产品、煤焦炭、原油、植物及其产品、微生物、转基因、木片等共计53类、1,030个检测检疫项目、415个方法标准，基本覆盖日照口岸进出口商品检测需求。接收法检样品7,562批次、2.30万样次、8.53万项次，批次同比增加17.81%，项次同比增加8.67%；接收社会委托检测样品1,125批次、1,330样次、9,278项次。日照国际旅行卫生保健中心取得日照市新冠病毒核酸检测、从业人员预防性体检、医保门诊统筹、新冠病毒疫苗接种及船员海事体检资质，购置新冠病毒提取、扩增等大型检测设备3台（套）。日照国际旅行卫生保健中心实施出入境人员传染病监测体检4,811人次，预防接种3,607人次，从业体检约4,000人次，检出传染病性疾病5例，其中HIV-1抗体阳性1例、梅毒3例、输入性疟疾1例。

参与国家标准起草1项、行业标准起草1项，参与“非传统食品安全关键检测技术研究”“冷链集装箱消杀机器人系统研发与应用”2项青岛海关“组阁揭榜”项目，总署署级科研项目“进境木材有害生物检疫鉴定数字生物参考物质平台的建立与应用”顺利通过验收，“离子色谱关键技术研究和系列标准的制定”项目获总署2021年度海关科技二级成果。获日照市科技进步三等奖1项，日照市第十六届优秀科技论文一等奖4项、二等奖2项、三等奖3项、优秀奖1项；在核心期刊发表科研论文8项；获得国家发明专利授权6项，实用新型专利授权22项，软件著作权授权1项。参与总署“十四五”海关科技发展规划科研项目研究及编制工作。制订网络安全加固升级改造工程技术方案，组织开展云桌面系统采购部署，制订互联网安全整改方案。

（撰稿人：周晓真）

威海海关

【概况】威海海关于 1987 年 5 月 11 日正式开关，是受青岛海关直接领导的正处级隶属海关。2018 年，根据党和国家机构改革部署，出入境检验检疫管理职责和队伍划入海关。2019 年 1 月 24 日，青岛海关确定威海海关的职能配置、内设机构和人员编制。2019 年 11 月 14 日，青岛海关党委正式批复设立威海海关党委。

截至 2021 年年底，威海海关设有驻机场办事处（内设 4 科）、驻海港办事处（内设 4 科）、驻邮局办事处（内设 3 科）、驻文登办事处（内设 4 科）和 16 个正科级机构，以及技术中心、威海国际旅行卫生保健中心、后勤管理中心 3 个事业单位。威海海关缉私分局（正处级），内设 6 科，隶属于青岛海关缉私局。威海海关在职干部职工 247 人，威海海关缉私分局在职干部职工 24 人。

2021 年，威海海关面对新形势、新任务、新要求，提出建设新时代现代化精致样板海关的战略目标，制订威海海关新时代现代化精致样板海关建设意见暨行动方案，实施三步走规划和 8 项具体标准，年度量化指标全部完成。总体思路是以“精致”为目标、方向和遵循，坚持“守正创新、崇德善治”理念，以规范强基、重点突破、精致提升为建设路径，以 8 项细化目标为衡量标准，着力推动各项工作走在青岛海关“第一方阵”，实现威海海关新时期跨越发展，打造青岛关区隶属海关“精致样板”。

2021 年，威海海关监管进出口货运量 373.94 万吨，同比减少 15.29%；监管进出口总值 2,141.44 亿元，同比下降 20.50%；审核进出口报关单 51.74 万票，同比增加 9.78%；征收税款 23.32 亿元，同比增长 6.26%；备案加工贸易合同 3,577份，同比增加 1.40%；监管进出境飞机1,837架次，同比增加 38.02%；监管进出境船舶1,346艘次，同比减少 8%；监管集装箱 47.68 万标箱，同比增加 6.07%；累计签发原产地证书 14.62 万份，同比增加 44.15%。

2021 年，威海海关获青岛海关工作优秀集体、威海市抗击新冠肺炎疫情先进集体等荣誉；驻机场办事处获青岛海关抗击新冠肺炎疫情先进集体；驻海港办事处综合业务科获抗击新冠肺炎疫情山东省三八红旗集体、综合业务大厅获威海市优秀部门办事大厅；企业管理科党支部获青岛海关先进基层党组织；威海海关缉私分局获青岛海关工作优秀集体；威海海关缉私分局查私一科获山东省打击“三假”虚开骗税违法犯罪专项行动成绩突出集体；杨丽君等4人获威海口岸疫情防控工作表现突出嘉奖，陈守光、康新建获青岛海关抗击新冠肺炎疫情先进个人；林莉获全国海关机要保密工作劳动模范称号；120余人次在技能比武、专项工作、课题研究等领域获得嘉奖和通报表扬。

【党的建设】2021年，威海海关学习贯彻习近平新时代中国特色社会主义思想，抓实抓细十九届六中全会精神学习宣贯，通过集体收听收看实况转播、关领导到支部宣讲、组织专题学习班、支部主题党日等形式，兴起学习热潮。开展党史学习教育活动，系统学习习近平总书记“七一”重要讲话精神，党委书记带头讲授专题党课，开好专题组织生活会，利用刘公岛等红色资源开展现场教学，做到学史明理、学史增信、学史崇德、学史力行。推动“我为群众办实事”实践活动走深走实，制定重点民生项目清单，解决企业难事130余件。高标准、严要求落实好“第一议题”制度，召开形势分析及工作督查例会12期，对习近平总书记重要讲话和重要指示批示精神第一时间、第一标准、第一质量贯彻部署。助力乡村振兴，协助联系乳山市城阴村解决道路硬化等难题。

推动党委自身建设，党委书记和党委委员带头履行“一岗双责”和党员领导干部双重组织生活规定，在严肃党内政治生活、严守党的纪律、扎实推动工作、自觉接受监督上敢于担当、率先垂范。发挥好党委理论学习中心组示范引领作用，及时修订威海海关党委理论学习中心组学习规则，组织中心组学习16期，集体学习习近平总书记重要文章及党中央有关会议精神50余篇次。不断提升民主决策规范性和实效性，全面落实民主集中制，召开党委会26次，集体研究议题130余项，修订本关“三重一大”事项和党委议事清单，确保重大事项集体决策刚性执行。坚持大事实事引领战略，13件大事实事均已落地见效。

推动“强基提质工程”，专门设立政工科，配齐配强政工队伍，调配优化19个党支部设置和委员人选，深化“一支部一品牌、一品牌一特色”建设，新发展党员5名。开展模范机关建设，制订模范机关建设工作方案，先后获评抗击新冠肺炎疫情山东省三八红旗集体、山东省青年文明号、青岛海关先进基层党组织等荣誉称号，120余人次获个人荣誉和通报表扬。营造基层党建工作氛围，开展“抗疫先锋”先进事迹典型宣传24期，20余篇党建文章被《金钥匙》、“学习强国”、总署政工办采编。

坚持将全面从严治党向纵深推进，开展“现场监管与外勤执法权力寻租”专项整治，对42项廉政风险、29个重点关注岗位开展全面整改，主要负责同志在总署专项整治视频会上发言。做好巡察和审计“后半篇”文章，对青岛海关党委13个巡察反馈问题全部整改完毕，制订审计整改工作方案，限期整改到位。落实中央八项规定精神，纠治形式主义、官僚主义，全年未发生酒驾醉驾情事。综合运用监督执纪“四种形态”特别是“第一种形态”，开展常规谈话497人次，提醒谈话1人次。支持配合派驻纪检组工作，联合开展专题会商，明确9项联系配合事项，及时认真反馈监督建议书7份。

【队伍建设】强化以德为先、实干为上的鲜明选人用人导向，坚持“一盘棋统筹、一碗水端平”，政治生态持续向好。以“岗位适配、防控风险、集约优化”为原则，分批开展61名干部岗位交流，充实一线业务人力配置。坚持以人为本带好队伍，弘扬求真务实的作风，倡导“有声有色地工作，有滋有味地生活，有情有义地交往”。优化干部培养机制，邀请系统内外专家开展“威关讲堂”5期，优选6名高级主办职级干部与36名业务骨干组建成立专家组，在文化建设、动植物检疫等6个方面搭建促进岗位成才、实现建功立业的良好平台。建立特色监督机制，明确了威海海关党委关于加强六方立体监督严密防控“三大风险”的意见，制定了威海海关专职监督员管理办法，选派政治坚定、作风正派、真抓敢管的同志到业务一线担任监督员，做到监督全覆盖、不留死角。

完善经费保障体系，树立“过紧日子”思想，强化预算刚性约束，严控会议、培训、差旅费开支，办公经费同比下降41%。推动关地合作备忘录落地落实，与文登区、乳山市等区市签订合作备忘录，争取地方对海关经费支持。支持事业单位发展，妥善落实事业单位岗位聘用和工资改革，严格停办检疫处理业务，开拓社会委托核酸检测、化妆品检测等业务，事业收入同比增长150%。深化海关特色文化建设，加强威海海关关史研究，灵活开展沙滩趣味运动会、健步行、台球比赛等文体活动。做好民生贴心工程，完成中央空调、电梯、旋转门改造以及停车场地硬化等工作，提升关警员幸福感。

【新冠肺炎疫情防控】2021年，威海海关将新冠肺炎疫情防控作为重要政治工作抓紧抓实，执行总署、青岛海关最新版工作方案，每期形势分析与工作督查例会、关长办公会必提必研必部署，确保各项规定工作100%落实到位。坚持“外防输入、内防反弹”总策略，落实疫情联防联控机制，严密“三查三排一转运”“7个100%”“一客一消杀”措施，对下船、坞修等重点船员逐一采样检测；落实“人、物、环境”同防要求，开展进境冷链食品、非冷链高风险货物、废弃物检疫检测和预防性消毒，指导港口启用集装箱通道式自动喷射消毒系统，实现进境集装箱100%预消毒。严格管控上下船舶、飞机的物料、个人物品，监督做好生活垃圾卫生处置。压实邮件监管场所经营人疫情防控主体责任，制订应急处置预案，划分专门消杀区，对到达威海国际邮件处理中心的集装箱和车辆，安排专人进行消杀。全年，共监管进出境飞机1,837架次、船舶1,346艘次，对308批次进口冷链食品和13批次非冷链高风险货物实施布控新冠病毒核酸采样，均为阴性。

结合空港旅检现场实际，科学划分“三区两通道”，避免环境因素造成交叉感染。对空港旅客通关子系统进行拓展优化，实现全流程智慧通关，单名旅客通关时间由8分钟缩短至3分钟。在机场现场配备口岸检疫方舱、负压救护车，指导新廊桥扩建项目中负压隔离室的建设，满足口岸疫情防控需要。压实机场行李物品、货物包装、公共环境等消杀环节防控主体责任，做好环境消杀和物品管控。规范医疗废弃物处置和染疫交通工具、工作环境的消毒处理，督促做好运输工具终末消毒，确保口岸和作业场所安全。完善“一线、预备、应急”3个梯队建设和人员储备，建立地方医护人员增援长效机制。加强疫情防控一线人员岗前培训，开展安全防护培训和动态考核，提高一线工作人员规范操作水平。执行“岗前检查、工作巡查、全程督查”和“双人作业、互相监督”等安全防护监督制度，发挥好“党委委员督查、专家组、派驻纪检组、安全防护监督员”督查检查4支力量和“日检查、月自查、季督察”机制作用，强化安全防护督导检查。

融入地方联防联控大局，密切与威海市委指挥部各工作组、各区市指挥部、卫健委、各口岸单位的协作配合，按要求执行人员移交转运程序，确保信息互通、程序交接、人员转移、货物处置等各环节严密有序，最大限度降低疫情输入风险。对货机下机人员，全部移交联防联控机制封闭管理。推动海上疫情防控组出台外籍船舶船员下船救治流程，统一处置原则和措施，形成闭环管理。加大与进口冷链集中监管专仓协作力度，夯实抽样、检测、移交、信息互通等各环节保障机制，最大限度降低“物传人”风险。密切与地方联防联控机制协作，完善入境人员转运闭环管理，明确入境航空器终末消毒职责边界，参加地方海上疫情联合演练，争取海关防护装备储备纳入地方统筹保障范畴。

根据总署统一部署，执行“14+7+7”封闭管理规定，制订威海海关工作人员封闭管理工作方案，实行单间居住、吃住统一管理，核酸每日一检，确保不出问题；组织开展封闭管理工作人员岗前培训，提高安全防护意识和实际操作技能；对地方支援医护人员同等实施封闭管理。执行“应检尽检”制度和“应接尽接”要求，从严顶格做好安全防护，定期进行血清抗体检测。严格出差出行、办公区出入、食堂用餐管理，确保内部安全。组织开展工作人员感染新冠肺炎内部应急处置、职业暴露应急处置演练等，提升现场安全防护意识和科学处突能力。

【监管业务】2021年，威海海关监管进出境运输工具6,760艘（架）次，查检进出口货物6,631票，开展稽核查作业197起；严厉打击侵犯知识产权行为，查获侵权情事324起；强化不实贸易管控，对43家企业实施通关锁定。开展打击非法医疗美容器械专项整治行动，案值1,300余万元。严厉打击侵犯知识产权行为，查获侵权情事324起，集中打击出口侵犯“Dyson”商标权犯罪团伙，案值800余万元。

密切关注埃博拉、高致病性禽流感、非洲猪瘟等疫病疫情传入传出，严防疫情叠加，报送重大动植物疫情信息被总署采用37条，把牢卫生检疫关口，检出HIV等传染病14例，查获人体胎盘提取液300支。严防动植物疫情传入，口岸截获来自非洲猪瘟疫区猪肉制品18.2千克，开展“国门绿盾2021”专项行动，组织国门生物安全、水生动物、饲料及饲料添加剂、出口水果等安全风险监测，检出外来物种426种次，首次在非贸渠道查获加拿大一枝黄花和兔尾草。加强进口食品化妆品安全准入，检出并退运菌落总数超标、超范围使用食品添加剂等不合格进口食品化妆品25批次，连续12年保持辖区企业农兽药残国外零通报。推进日韩商品质量安全风险监测点建设，定期召开风险分析专题会，查发进口商品检验不合格88批次，查出伪报进口危险品9起，查获青岛海关首起违规进口种植牙配件情事。

构建“预防+督审+整改+提升”内控工作体系，创新基层自控运行机制，提升“三大风险”防范能力。健全业务风险联研联防联控工作机制，召开专题会议6期，围绕货运渠道危险化学品监管风险等提出处置建议7条，转化指令10条。强化关警“联研联防联打”机制作用发挥，开展打击走私“快检、快查、快结”协同作战，成功打掉7个进口日本渔具走私团伙，案值1.4亿元。加强业务风险预警，发布风险信息专报12期，提示预警82条次，防范风险点漂移。提高云擎等大数据系统应用水平，构建优化“新增突增企业”等风险防控模型29个，提交针对性布控建议20余条。

创新开展综合业务集成作业、跨快领域集中审单改革，对5个综合业务现场和3个跨快申报现场分别进行整合重构，实现行政资源集约管理，统一辖区执法尺度。借助青岛海关联网集中审像中心威海分中心优势，探索“先期机检图像+报关单数据+智能审图”分析处置模式。

完善网络安全防护体系，开展网络安全排查，启用业务网安全准入系统，完善应急预案，参加青岛海关网络攻防演练。做好庆祝中国共产党成立100周年、国庆等重大节日期间网络安全保障专项工作，制订具体保障方案，分管关领导带班加强值守，保证 7×24 小时通信畅通、快速响应。提升科技设备管理水平，制定设备管理指引，对设备校验改造，合理规范处置报废、闲置设备。开展机房消防、市电断电、病毒入侵等应急演练 3 次，提升应急处置能力。实验室检测水平稳步提升，新增检测项目 83 项，完成新冠病毒样品检测 5.6 万份。提升实验室检测实力，参加能力验证计划 8 次，1 项科研项目获海关科技三级成果，申报行业标准 1 项，在核心期刊发表论文 1 篇。

【查缉走私】2021 年，威海海关保持打私高压态势。加强党委对打私工作的统一领导，定期听取缉私工作情况，开展打击洋垃圾、濒危物种、疫苗、涉毒涉枪、农产品等走私专项行动，全年共刑事立案 22 起，案值 4.96 亿元；行政立案 143 起，案值 1.93 亿元。推动“国门利剑”“蓝天”专项行动，查获缅甸金花蟒、鲟鱼子等涉濒危物种走私情事，查发进境固体废物 364.2 吨，首次在青岛海关属地查检环节查获固体废物，截获邮递进境新型毒品 LSD（俗称“邮票”）10 张、国家管制一二类精神药品2,565粒，在邮递渠道查获用于跨境赌博及电信网络诈骗的银行卡 12 张。开展“全员打私”，成立专项行动专班，对打私工作重点和方面进行集体研判、统一部署。提升“缉私反哺”工作成效，对 11 项反哺监管风险点制定防控措施，健全从缉私办案角度发现和防控廉政风险的工作机制。

【服务发展】2021 年，威海海关持续优化口岸营商环境。行政审批事项全部实现网上办理，办理综合评价持续保持“零超时”“零差评”。深化“证照分离”改革，企业办理海关注册登记业务“不见面、网上办、零跑腿”，助力辖区备案企业超万家。在青岛海关率先对海关监管作业场所（场地）巡查开展“双随机、一公开”试点。参与威海市营商环境迎评工作，7 条经验做法入选“威海营商行”2021 年度营商环境建设成果。深入推动两步申报、两段准入作业模式改革，实行“船边直提”“抵港直装”无感通关模式，全年进口、出口整体通关时间分别为 18.66 小时、1.23 小时，比 2020 年分别压减 2.5 小时和 0.49 小时，均列青岛海关主要口岸第 2 位。深化造船行业“静默监管”模式应用，累计为企业减免保证金 7,900余万元，相关做法入选山东省深化“放管服”改革优化口岸营商环境十佳实践案例。着力促进综合保税区高质量发展，“四自一简”、委托加工、增值税一般纳税人资格试点改革落地见效，青岛海关首个跨境电商退货中心仓投入运营，全年一线进出口总值增长 93.4%。

服务威海“四港联动”实质化运作，参与推动中韩整车物流试运行谅解备忘录尽快签署，提前做好口岸调整、系统调试、资质备案等准备工作。推动辖区口岸扩大开放，乳山口港正式对外启用。促进中欧班列发展，推进文登多式联运中心海关监管作业场所建设，开通中欧班列内外贸货物混编业务，全年出口货物3,740标箱，同比增长75%。巩固提升原产地管理水平，与威海市贸促会签署《“FTA原产地管理提升年”活动合作备忘录》，深化智能审核、自主打印等改革措施，签发证书量增长44.15%，居青岛海关首位。

建立关领导联系企业机制，实行“一区一策”“一企一策”，合法合规解决发展难题47个；获评青岛海关首批“AEO示范市”海关，联合商务部门印发《AEO示范市创建工作方案》，新培育高级认证企业6家，新增数量和占比均居青岛海关前2位；创新进口化妆品样品监管模式，样品通关时间压缩50%，助力打造中日韩化妆品进口集散地；助力新冠病毒疫苗注射器生产，报送新增进口暂定关税建议被采纳，对韩技术性贸易措施评议基地通过初审；做好中韩陆海联运整车运输试运行海关准备工作，文登多式联运中心海关监管作业场所正式投入使用，与二连浩特海关签订加强过境陆运货物监管联系配合办法；促进中欧班列发展，开通中欧班列内外贸货物混编业务。创建青岛海关首批RCEP监管服务创新试验基地，获批山东省商务厅国际贸易摩擦预警工作站；14项税政调研课题被采纳；向市委市政府报送贸易分析和监测预警专报11篇。

▲2021年2月24日，威海海关关员冒雪对高级认证企业提供优先查验

推行“简化申报、清单核放、汇总统计”通关模式，支持启用青岛海关首个跨境电商零售进口退货中心仓，跨境电商进出口总值位列山东省第2位。试点中韩海运邮递物品“一点清关”作业模式，首次实现进口国际邮件数据使用中文传输，通关时间压缩至2小时。推进快件“智能审图+智能同屏比对+自动分拣”模式应用，智能查验涵盖率65.21%。促进新业态规范健康发展，开展跨境电商进口走私“断链刨根”专项整治、快件全链条监管专项整治和“清邮”专项行动，累计查发低报价格、伪报品名等情事200余起，试点中韩海运邮递物品“一点清关”作业模式，深化CT机“智能审图”应用，打造青岛海关快件监管样板。

（撰稿人：赵　莎）

龙口海关

【概况】龙口海关是受青岛海关直接领导的隶属海关，于 1987 年 5 月正式开关，是改革开放后青岛海关设立的第 2 个隶属海关。其业务管辖范围为龙口市的各项海关管理工作。截至 2021 年年底，龙口海关设有 12 个科室和 1 个事业单位（综合技术服务中心）；共有在职关员 72 人，其中公务员 58 人、事业编 14 人。机关党委下设 15 个党支部，共有党员 99 名，其中在职党员 66 名。

2021 年，龙口海关共监管口岸进出口货物3,755万吨，同比减少 9.4%，列青岛海关第 5 位，货值 692.2 亿元，同比增长 20.7%，列青岛海关第 7 位；税收入库 59.6 亿元，同比增长 32.1%，列青岛海关第 5 位；审核报关单 4.2 万票，同比增长 10.4%，列青岛海关第 11 位；监管进出境船舶1,326艘次，同比增加 3.3%，列青岛海关第 7 位；检验检疫进出口货物7,872批次，同比增长 8.7%。近年来，龙口海关先后获得“全国青年文明号”“全国海关先进集体”“全国海关先进基层党组织”等多项荣誉；先后多次被表彰为青岛海关先进集体，被地方政府授予“支持龙口经济发展先进集体”荣誉称号。2021 年，被山东省委组织部命名为全省“干事创业好团队”。

【党的建设】2021 年，龙口海关以习近平新时代中国特色社会主义思想为引领，把习近平总书记的重要指示批示作为行动号令，落实“第一议题”制度，年内专题学习习近平总书记重要讲话、指示批示精神 27 次，开展党委理论学习中心组学习 15 次。在打击“洋垃圾”、濒危动植物产品走私进境、筑牢国门生物安全屏障、优化营商环境等重大决策部署贯彻落实上见态度、见行动、见成果，查获进口固体废物煤焦油1,000余吨并退运出境，办理 1 起邮寄濒危象牙制品进境违规案件；加强思想政治理论引导，在关内大力弘扬“崇法尚德、图强跨越”核心价值理念，倡导“众人划桨开大船”的团队精神和精益求精的“工匠精神”，组织开展“找差距、剖原因、谋思路”思想解放大讨论，努力营造“团结凝聚、奋发图强”的工作氛围。抓实党史学习教育活动，做好各项规定动作，确保入脑入心，取得实效。加大对红色史料的发掘整理力度，发掘整理的《解放前龙口海关支援共产党领导下的抗日救亡运动》入选总署100篇红色档案故事。

【新冠肺炎疫情防控】2021年，龙口海关提升对新冠肺炎疫情防控工作长期性、艰巨性的认识，坚决守好境外疫情防输入的第一道关口。多方协调为口岸配备负压救护车、可移动式检疫方舱等，提升口岸疫情防控合力，规范处置多起口岸突发公共卫生事件，全年检疫监管进出境船舶1,632艘次，对检出船员新冠病毒核酸阳性病例进行及时规范处置，防范疫情从口岸输入；落实总署和青岛海关有关加强职业防护的工作要求，研究制订工作方案，完善各项后勤保障，做好封闭管理工作；强化内部疫情防控，年内先后修订下发两版新冠肺炎疫情防控明白纸，提升全员疫情防控能力。严格执行外来人员管控、干部职工外出报备、办公区域消毒处理等要求，确保疫情防控各项要求不折不扣落实到位。龙口海关被评为烟台市疫情防控先进集体，1人被评为山东省疫情防控工作先进个人，1人获评青岛海关疫情防控工作先进个人。

【监管业务】2021年，龙口海关落实国家总体安全观，坚持海关监管主责主业意识不放松，提升监管有效性。履行海关打私主体责任，密切关警合作，落实“国门利剑2021”和打击洋垃圾走私“蓝天2021”行动方案，打造“打、防、管、控”立体治理格局。查获1起涉嫌走私海参案件，案值约2,000万元。加大知识产权海关保护力度，开展“龙腾行动”，打击侵权行为，近年来首次在货运渠道查获20台侵权驾驶室，涉案货值近50万元，取得知识产权保护方面的新突破；贯彻习近平总书记关于“加强国家生物安全风险防控和治理体系建设，提高国家生物安全治理能力”的重要讲话精神，精准施策严防外来有害生物入侵，切实筑牢国门生物安全屏障。全年共截获外来有害生物99种类、3,886种次，有害生物检出率、种类数和种次等各项考核指标持续位居青岛海关前列。开展进口食品“国门守护”和出口食品“质量提升”工程，切实提升辖区食品安全整体水平。推进进出口商品质量安全风险预警监管体系建设，严格危险化学品及其包装等重点敏感商品检验，加强进口大宗资源性商品固体废物属性筛查，严格固体废物鉴别风险布控指令执行程序，有针对性地提高重大检出率。全年，

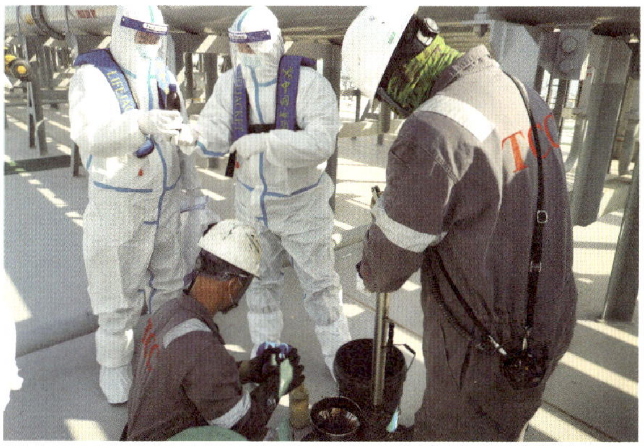

▲2021年3月30日，龙口海关关员对进口原油进行现场取样

共查获不合格进出口危险化学品及其包装8批，并对其中4批实施行政处罚。以属地纳税人管理为抓手，注重涵养税源，全面提升税收征管质量，全年税收入库59.6亿元，同比增长32.1%。不断丰富稽核查后续监管工作手段，稽查查发某公司出口胶合板报检信息申报不一致，货值248万元；查发2票进口货物存在漏报滞期费风险。

【服务发展】2021年，龙口海关提升海关政策服务效果，以与辖区政府签订《关地合作备忘录》为契机，研究出台促进辖区外贸平稳发展22条具体举措，推动新型关地合作关系向纵深发展。用好服务微平台和微信公众号等政策宣传渠道，针对辖区企业实际需求精准开展政策服务，提升政策服务的针对性和有效性，打造“亲清”的新型政商关系。服务重点项目重点企业，聚焦裕龙岛炼化一体化、两个LNG（液化石油气）接收站等重大项目，在特殊监管区域配套、减免税设备进口等方面提前介入，向总署和青岛海关进行政策争请；推行罐箱LNG进口随到随验“零延时”监管模式，助力龙口口岸成为江北最大的罐箱LNG进口口岸。加大企业信用培育力度，完成南山、道恩等6家重点企业的高级认证工作，激发“大企业、大项目、大资本”的示范带动作用。发挥综合技术服务中心作为山东省仅有的两个印度尼西亚官方认证检验机构之一的优势，指导水果企业打破技术性贸易壁垒，提高产品品质，出口规模持续扩大，提升果农实际收入。持续优化口岸营商环境。强化统筹协调，优化通关流程，全力压缩通关时间，口岸进口、出口整体通关时间较2017年分别压缩93%和72%，企业获得感明显提升。推进原产地虚拟审签中心、企业集团加工贸易和大宗散货“先放后检”等业务改革，大幅降低企业运营成本。协调南山集团财务公司参与税收担保改革，为其成员单位提供海关税收担保，累计免收保证金2亿元，有效缓解企业资金压力。支持临港产业发展，围绕龙口“以港兴市”战略，支持港口开拓外贸内支线和国际散杂货班轮业务，支持保税物流业发展，保税货物量、值年增长率均超过50%。优化保税燃料油供船监管模式，全年中石化低硫燃料油业务实现110万吨，同比增长120%，助力龙口港成为中石化在环渤海地区最大的船用保税燃料油集散中心。指导龙口港进境粮食指定监管场地扩建通过验收，全年粮食进口超300万吨，位于山东省前列。随着港口业务不断拓展，海关服务腹地已延伸至东营、淄博、滨州、潍坊等西部地市，有力促进临港产业发展。全年，龙口市外贸进出口总值355.6亿元，同比增长25.9%。其中，出口236.5亿元，同比增长23.8%，首超200亿元；进口119.1亿元，同比增长30.3%，首超百亿元。整体外贸进出口呈现高质量发展的良好态势。

【执法标准化建设】2021年，龙口海

关扎实推进执法标准化、规范化建设，坚持全面推进与重点培育相结合，指导8个重点岗位、20名执法人员分层面、分领域、多维度开展规范执法示范岗创建，最大限度调动一线人员的主观能动性。实施执法“标准化+”工程，对执法流程进行全面梳理和场景式模拟，制作完成132个岗位职责说明书并明确“AB角”。强化涉法疑难问题提前介入制度，组建法治专家虚拟团队，落实重大执法决定法制审核制度，提升现场执法行为的规范化、法治化水平。龙口海关被授予青岛海关首批“法治建设示范单位”称号，进境粮食检验检疫监管岗获评“青岛海关规范执法示范岗”。坚持改革引领，立足龙口海关实际，参与总署、青岛海关各项改革进程，推进集团化加工贸易改革，深化原产地虚拟审签中心改革，全年共签发原产地证书7,839份、签证金额15.53亿美元，同比分别增长0.20%和28.83%。其中，签发自贸区优惠原产地证书4,241份、签证金额4.93亿美元，同比分别增长7.37%和40.30%。推动“两步申报”改革，推动辖区2家异地申报企业使用“两步申报”，模式使用率为25.1%；深化“提前申报”改革，辖区企业“提前申报”模式使用率出口53.3%、进口68.94%。强化内控机制建设，扎实开展各项年度专项审计，有效提升各项工作规范化、制度化水平。加大分析研究工作力度，参与总署署级、青岛海关关级课题，定期向地方政府报送贸易分析报告，统计分析服务决策的作用持续发挥；科研制标工作取得新成果，参与青岛海关“组阁揭榜”课题1项，参与申报的2项课题获得总署立项，参与的2项课题《离子色谱关键技术研究和系列标准的制定》和《动物源基体标准样品研制及食品安全检测质控技术研究》分获总署成果评定二等成果和三等成果公示。主持制定的海关技术规范海关实验室易燃和可燃液体防火指南获得发布，2人作为副主编和编委编写论著《食品检测实验室仪器设备管理指南》，1人作为副主编编写论著《石油石化领域理化检测测量不确定度评估及实例汇编》。

【队伍建设】2021年，龙口海关以深入开展“现场监管与外勤执法权力寻租”专项整治活动为契机，推进全面从严治党向基层延伸，与纪检组研究出台会商通报实施细则，共同推动党风廉政建设和反腐败斗争走深走实。深化警示教育，开展家庭倡廉活动，落实新任领导干部任前廉政考试、廉政谈话和宪法宣誓制度，推动社会特邀监督员作用发挥，构建监督闭合链条。不断提升巡察和审计整改工作效果，对照青岛海关党委巡察“回头看”和经济责任审计现场检查发现的问题，设立台账，挂账销号，推动问题及时整改到位。提升基层党建工作热度，推进基层党组织“强基提质工程”，年内围绕党史学习教育、专项整治、警示教育等重点内容开展42次专题研学活动，开展先锋党建品牌创建，初步形成“一支一品”的局面，业务大厅和查验三科分别通过全国和省级青年文明号复审，综合技术服务中心被授予省级青年文明号。激发干部队伍活力，发挥跨部门虚拟团队的作用，组织青年关员参加岗位资质考试，提升人力资源利用效能；扎实推进全员培训，不断丰富广大干部职工脑袋里的福利，全员培训达标率100%。持续提升职工食堂保障服务水平，协调参加烟台市补充医疗保险，组织“龙关巾帼心向党”妇女节插花活动、党史学习教育趣味运动会等，召开“光荣在党50年”座谈会，为5人颁授荣誉勋章，有效提升干部职工幸福指数。牢固树立事业单位图强发展信心，坚持内部挖潜，不断促进综合技术服务中心做大做强做优，为海关各项事业的发展奠定坚实的基础。

（撰稿人：姜　昊）

荣成海关

【概况】荣成海关原为石岛海关，1990年7月10日开关，行政级别为副处级，隶属威海海关；1993年6月，行政级别升格为正处级，由青岛海关直接领导；2005年2月，更名为中华人民共和国荣成海关；2005年5月，从荣成市石岛镇迁址荣成市区。2018年，根据党和国家机构改革部署，出入境检验检疫管理职责和队伍划入海关。2018年12月，总署批复机构改革后的荣成海关为隶属于青岛海关的正处级海关。荣成海关管辖范围为荣成市的各项海关管理工作。2016年被授予“全国青年文明号”荣誉称号，2017年被授予“全国文明单位”荣誉称号。

截至2021年年底，荣成海关设有11个正科级机构、2个副处级办事处、2个事业单位；有行政编制96人、事业编制35人，荣成海关缉私分局有警员16人。

2021年，荣成海关坚持以习近平新时代中国特色社会主义思想为指导，统筹安全和发展，扎实履行把关服务职责。全年，监管进出口货物265.58万吨，同比增长37.96%，货值614.18亿元，同比增长18.96%；监管进出口集装箱19.05万标箱，同比增长12.50%；监管进出境（港）船舶4,088艘次，同比增长17.88%；监管跨境电子商务进出口货物总值41.51亿元，同比增长372.86%；审放报关单22.03万份，同比增长28.23%；完成入库税收8.30亿元，同比增长23.92%；签发各类原产地证书1.84万份，同比增长7.35%，货值9.51亿美元，同比增长9.11%。

2021年，荣成海关顺利通过中央精神文明建设指导委员会复查审核，继续保留“全国文明单位”荣誉称号。荣成海关报送的作品《船员日记》在第十七届全国法治动漫微视频征集展示活动中获优秀奖。荣成海关《“不夜卫士”引领定制“包船出海”海关监管新模式，助力我国企业畅通稳定全球海运供应链》入选全国海关党史学习教育“‘我为群众办实事’百佳项目”第四批示范项目。

【党的建设】2021年，荣成海关将学习贯彻习近平新时代中国特色社会主义思想作为首要政治任务，把学习贯彻习近平总书记重要指示批示精神作为每月形势分析及工作督查例会的“第一议题”，第一时间学习、第一时间贯彻，推进“学思用贯通、知信行统一”；落实意识形态工作责任制，强化思想政治引领；推进党委理论学习中心组学习规范化标准化建设，构建“会前自学、会中领学、集中辅导、研讨交流、会后深学、实践评估”全链条体系；建立学习落实“第一议题”督查工作机制，围绕落实常态化口岸疫情防控、支部党史学习教育、“两个责任”落实开展督查7次，整改问题42个。荣成海关党委理论学习中心组获评山东省先进县级党委（党组）理论学习中心组。

在党史学习教育中，荣成海关用好辖区红色资源，组织到爱国主义教育基地开展现场教学主题党日活动46场次，党员群众参与780人次；开展“传承红色基因，赓续红色血脉，砥砺图强跨越”大家讲大家谈活动，坚定理想信念；党委班子围绕深入学习贯彻习近平总书记“七一”重要讲话精神、党的十九届六中全会精神以及党史、新中国史、改革开放史、社会主义发展史开展理论宣讲和辅导交流57次；推进“我为群众办实事”实践活动走深走实，深入重点企业和小微企业现场办公调研，解决企业扩大进口巴氏杀菌乳检验监管、企业包船出口农产品等问题85个。

发挥派驻纪检组和内部控制联动机制，对派驻纪检组提出的政治监督及疫情防控、稳外贸促发展意见建议，及时整改到位；推进“现场监管与外勤执法权力寻租”专项整治，梳理确定廉政风险岗位10个、廉政风险点12个，制定38项防控和整改措施；配合青岛海关党委对荣成海关党委的常规巡察和孙勇关长离任经济责任审计工作，对巡察和审计发现问题进行整改；建立实现内控链条闭环管理体系；规范运用监督执纪“四种形态”，保持反腐高压态势。

【队伍建设】推进职务与职级并行、事业单位岗位聘用工作；执法一线科长平均年龄从50岁降至40岁；统筹口岸疫情防控人力资源调度，调配支援人力170人次；稽查科党支部党建品牌“国门‘稽先锋’”通过总署2021年度全国海关党建示范（培育）品牌复核；缉私分局党支部获省直机关“先进基层党组织”荣誉称号；稽查科党支部获评“青岛海关先进基层党组织”荣誉称号；28人次分别获评青岛海关优秀党务工作者、抗击新冠肺炎疫情先进个人、强关建设最美青年等奖励荣誉。

组织开展各类专题培训班28期，参训干部职工238人次；组织举办书画摄影作品展示活动，编辑精神文明期刊《春华》第3期；深入开展“童心·同梦2021”爱心助学服务行动，打造“心心向荣”新时代文明实践品牌。

【新冠肺炎疫情防控】2021年，荣成海关落实新冠肺炎疫情防控规范性文件要求，完善入境船舶检疫流程；加强与地方联防联控，推动完善口岸疫情防控机制；

强化安全防护措施，实战化开展应急处置演练。全年，监管进出境（港）船舶4,088艘次，检疫监管入出境船员7.85万人次，发现有阳性病例的船舶18艘次，监管远洋渔船、上下船船员数均居山东省首位。

贯彻实施“14+7+7”封闭管理集中工作模式，统筹调配内外人力，升级改造冷链专用查验平台，实施安全防护常态化自查督查。完成进口冷链货物新冠病毒核酸采样1,650批、2,764个集装箱和3艘散货船；完成进口高风险非冷链货物新冠病毒核酸检测采样9批、13个集装箱；完成预防性全面消毒监督185批、305个集装箱，进口冷链物流风险监测作业质量和作业效率显著提高。

在青岛海关首批上线运行无接触式卫生检疫平台，实现船舶入境远程检疫和无接触式核酸采样，检疫时间由原来的70分钟缩短至15分钟，船舶靠港即可卸货，每月可节省船舶燃油费、港口人力物资周转费用60万余元，提高港口运转效率，同时降低感染风险。与房车生产企业联合开发的移动检疫方舱、智能式冷链货物消毒机、海关查检移动工作站广泛应用到辖区各口岸，实现海关疫情防控、企业增效双赢；建成启用青岛海关最大的基因扩增（PCR）实验室。完成人体样本新冠病毒核酸检测6.33万人次，完成商品样本新冠病毒核酸检测6.60万管次。

利用内部工作群不定期推送国内疫情最新动态，加强预警；编制荣成海关内部疫情防控台账，动态调整内部防控措施，全员排查中高风险地区旅居史，落实属地疫情管控措施；强化来访人员、第三方服务外包人员管理，健康码、行程码“两码”共验，开展戴口罩、量体温、实名登记等登记管理；严格出差出行审批，坚持“非必要不出差出行”原则，确需出行人员，严格履行签报制度、新冠病毒核酸检测要求；动态调整防疫物资储备，确保满足半年防疫物资需求；制定内部突发疫情应急处置演练脚本，召集相关科室开展桌面推演；口岸一线人员严格落实“应检尽检”要求，全面推动新冠病毒疫苗加强针接种，实现“打胜仗、零感染”。

【监管业务】2021年，荣成海关落实法治建设主体责任，夯实法治基础；加强税政调研、规范作业，提升综合治税能力；推广智能审图、先期机检、“无感通关”，加快推进监管智能化、精准化、信息化建设；坚持“打治结合”，开展反走私综合治理，保持打私高压态势。

对内推动做好法律审查、涉法疑难问题处置，对外做好法律事务接待、协助调查、行政应诉等工作；全面落实行政执法公示制度、执法全过程记录制度、重大执法决定法制审核制度“三项制度”，获评青岛海关首批“行政执法三项制度建设”示范点；推进“规范执法示范岗”活动，稽查岗、原产地岗获评青岛海关“规范执法示范岗”；获得“青岛海关法治建设单项示范点”荣誉称号。

深入歌尔微电子、泰祥集团、渔都食品、成山集团等企业开展税政调研，围绕企业长期进口的蓝鳕鱼、天然橡胶、冷冻猪肉等商品提交降低关税税率申请，助力企业降低关税成本，全年上报税政调研建议19项。以属地纳税人管理为抓手，实地调研属地企业8次，解决属地纳税人问题70余个；严格归类、审价等作业标准，确保税款应收尽收，全年“两税”（关税、代征税）入库8.29亿元，同比增长23.90%，入库税款创历史新高。

对过境集装箱货物和拼箱货物全部实施H986非侵入式过机审图，全年监管过境货物1,146票，货值3.02亿美元。对监管作业场所、集中作业场地开展线上巡查，对供退船物料、装卸货实施视频值守。加强海关监管场所安全管理工作，严查夹藏进出口危险货物，开展安全检查5次，覆盖辖区20多个海关监管作业场地。发挥与青岛海关风险防控分局共建优势，风险布控更加精准有效。强化全链条监管，组织开展外来有害生物监测、“国门绿盾2021”等专项工作，在进口集装箱、旧机电产品等货物中检出多种有害生物，查获来自非洲猪瘟疫区的猪肉及其制品200多千克，检疫进口种牛2批次共5,273头，检出二类传染病1次。查获青岛海关首票电商渠道出口危险品情事，并与海事部门联合处置。加强打击侵权违规行为，办理知识产权案件227起。

把习近平总书记对海关工作的重要指示批示作为“第一号令”，开展“国门利剑2021”联合行动，加大对洋垃圾走私打击力度。荣成海关配合威海海警局查获海上走私电子垃圾42个集装箱、废物1,000余吨。提高口岸布控查验和企业稽核查力度，首次在货运渠道查发1批以“非耐火涂面制剂”申报的禁止进口固体废物23.80吨并依法监管退运出境。对辖区企业开展再生金属行业专项稽查。

严厉打击毒品走私，立案侦办青岛海关首起通过邮递物品藏匿方式走私进境新型毒品案。严厉打击烟草走私，立案侦办走私香烟案1起，案值达2.06亿元，被列为总署缉私局一级挂牌督办案件。打击重点涉税商品走私，移交起诉走私进口帝王蟹系列案7起，案值2,434万元；强化非设关地港口码头走私巡查，推进建设打私综合治理、协同作战体系，全国基层反走私综合治理示范点建设通过省级验收。全年，立案侦办刑事案件7起，案值2.11亿元，抓获犯罪嫌疑人10人；移送起诉案件10起，犯罪嫌疑人23人，案值9.40亿元，做到全案全结，无刑事积案。

【服务发展】2021年，荣成海关推动“两步申报”、“两段准入”、原产地自助打印等业务改革；坚持压缩整体通关时间，进口、出口整体通关时间分别为12.46和0.96小时，均居青岛海关主要海运现场前2位，“通关效率最快”成为荣成口岸金字招牌。落实优先查验、收发货人免于到场、“先放后检”等措施，全年通过“少接触”“无接触”方式办理业务402次。推广原产地证书自助打印和智能审签，全年为荣成企业节省进口国（地区）关税2,600多万美元。荣成海关指导企业全国首创开展“包船出海+冷藏运输+运抵直装”业务，破解远洋贸易“一舱难求、一箱难求”困局，全年监管出口6船次，5万吨果汁、冷冻蔬菜等货物，为企业节省海运费7,000多万元，为港口企业增收600余万元。

▲2021年12月14日，荣成海关关员对“包船出口”果汁实施现场监管

坚持监管和服务并重，推动渔船食品安全标准化建设，实施“一次申请、一次评审、一次批准、一审多推”、实现“一船评审、多船推荐”的评审模式；探索实践远洋渔船“线上+线下”监管模式，节约企业成本；荣成市有备案远洋渔船139艘，其中通过欧盟注册的远洋渔船达到127艘，分别占山东省数量的47.14%和45.50%。

调研梳理辖区资优企业基本情况，确定培育重点，创新探索信用培育新路径。年内，威海百合生物技术股份有限公司、荣成康乐水产食品有限公司、荣成鲁洋水产食品有限公司、荣成易海淘网络科技有限公司4家企业通过青岛海关AEO高级认证评审，辖区高级认证企业达15家，荣成市获评青岛海关首批AEO示范市。

获批青岛海关首批RCEP海关监管服务创新试验基地，出台13项监管服务举措推动基地建设。自主开展改革项目5个，承接总署、青岛海关改革试点8个，落实常规改革项目5个，通过改革创新为辖区企业节省费用超过7,000万元。其中，进口鳕鱼肚试点工作在全国率先开展，首批32吨冻鳕鱼肚从石岛口岸顺利进口；开展“非停产核查”“远程核查”“采信第三方报告”等多种形式相结合的无感核查工作模式，核查工作时间由2个工作日压缩到4个小时以内，食品企业的核查事项由96个减少到9个，企业节省配合成本500多万元；推动总署扩大进口巴氏杀菌乳检验监管模式改革试点范围，实施“检查放行+风险监测”监管模式，货物通关时间缩短50%，货物上架时间延长30%，企业利润提高20%，自荣成口岸进口的韩国乳制品占据全国进口量的91%，进口鲜奶基地初具规模；试点实施“核查领域部门间联合抽查”改革，与荣成市市场监督管理局、畜牧中心等相关单位共同对抽查对象开展集约化检查，将“出口备案食品生产企业核查”“出口饲料和饲料添加剂注册生产、加工、存放企业核查”等6个抽查事项纳入联合抽查试点，减少对企业正常生产、经营活动的干预，降低企业迎检成本。

助推龙眼港口岸 1 个泊位正式对外启用，荣通船业舾装码头首次临时对外启用，黄海造船码头等 3 个泊位延长临时对外启用。口岸泊位开放退出机制初步建立，成功推动蜊江 1 号、2 号等 6 个泊位退出对外启用，降低涉关地码头走私风险。

助力跨境电商等新业态发展，为企业量身定制“36 小时跨国直购”出口模式；启动跨境电商一般零售进口（9610），跨境电商 B2B 直接出口（9710），跨境电商 B2B 出口海外仓（9810）三类跨境电商新业务模式；帮扶荣成房车企业建设“海外仓”，更好地开拓国际市场。荣成市对韩国跨境电商出口量位居山东省第 2 位。

【事业单位发展】2021 年，荣成海关综合技术服务中心报送的课题“出口活章鱼增养殖技术”获山东省自然科学基金青年项目立项，为机构改革后首个青岛海关省级科技立项项目；“冷链集装箱消杀机器人系统研发与应用”获青岛海关“组阁揭榜”科研立项。

综合技术服务中心加强实验室精细化管理，扩充法定检验项目，拓展放射性检测业务，承办青岛海关实验室管理现场会并做交流发言。荣成国际旅行卫生保健中心基因扩增实验室运行平稳，常态化开展异常情况应急处置演练，多次检出新冠病毒核酸阳性样本，有力支援荣成市新冠肺炎疫情防控工作；完成体检区域大范围改造，扩大医疗机构执业证书执业范围，推进海船船员体检“一检两证”（经一次体检后可同时获颁《国际旅行健康检查证明书》和《中华人民共和国海船船员健康证书》）结果互认，实现“交一次费、查一次体、拿两本证”，解决海船船员办证难问题。

（撰稿人：张　斌）

济宁海关

【概况】济宁海关是国家在济宁设立的进出境监督管理机关，是隶属于青岛海关的正处级海关机构。1994 年 3 月，经国务院批准，济宁海关正式成立。2000 年 10 月，济宁海关走私犯罪侦查支局成立，2003 年 1 月更名为济宁海关缉私分局。2003 年 4 月，设立济宁海关驻曲阜办事处。2018 年，根据党和国家机构改革部署，出入境检验检疫管理职责和队伍划入海关。截至 2021 年年底，济宁海关设有缉私分局（内设 5 科）、驻曲阜办事处（内设 3 科）、11 个正科级内设机构以及综合技术服务中心 1 个事业单位。全关共有干部职工 183 人，其中关员 82 人、警员 15 人、工勤及协管人员 86 人。

2021 年，济宁海关共监管进出口货物 651 万吨，货值 45.13 亿美元，同比分别增长 16.32%、13.23%；监管进出口报关单 5.84 万票，同比增长 4.16%；监管进出口集装箱 16.72 万个，同比下降 19.49%；入库税款 19.75 亿元，同比下降 1.28%；实有备案企业5,356家，新增企业 552 家；加工贸易手册实际进出口 9.06 亿美元，同比增长 10.84%；行政立案 14 起，案值 1.59 亿元，刑事立案 10 起，案值 2.1 亿元；办结稽查作业 18 起，办结核查作业 145 起。

2021 年，济宁海关围绕新时代现代化强关建设目标，坚持大事实事引领，马上就办、真抓实干，强化监管、优化服务，奋力争创“新时代基层海关文明标杆”，各项工作取得新成绩。年内，济宁海关通过全国文明单位复查，继续保持全国文明单位荣誉称号；被山东省税务局、山东省公安厅、青岛海关、济南海关、中国人民银行济南分行评为“山东省打击‘三假’虚开骗税违法犯罪专项行动成绩突出集体”；被山东省司法厅评为“山东省‘七五’普法依法治理工作先进集体”；被中共济宁市委、济宁市人民政府评为“济宁市优化营商环境工作先进集体”；被济宁市卫生健康委员会评为“济宁市消毒工作先进集体”；被青岛海关评为首批“青岛海关法治建设示范单位”“首批 AEO 示范市（区）海关”。

【党的建设】2021 年，济宁海关学习

习近平新时代中国特色社会主义思想、党的十九大和十九届历次中央全会精神。落实“第一议题”、党委理论学习制度，围绕习近平总书记重要讲话、重要指示批示和党的十九大精神开展党委集体学习，班子成员学原文读原著、逐一谈心得体会。邀请地方党校专家作十九届六中全会精神解读，通过“三会一课”、“金句晨读”、青年理论研讨等方式组织党员干部加强政治理论学习。

用好内外部红色资源，组织开展“学党史、忆英烈”主题党日、党史故事诵读、网上专题培训等活动，提升学习效果。与济宁市国资委等党建共建单位共同开展庆祝建党百年活动，与济宁市市场监督管理局、菏泽海关联合举办党史学习教育专题培训。开展“我为群众办实事”实践活动，组织38名关员赴15家重点帮扶企业开展“换位体验”跟班作业，与企业员工“同工、同岗、同劳动”，帮助解决实际困难。

修订“三重一大”决策制度实施办法，落实民主集中制。建立并实施关党委专题学法制度，强化依法行政、依法治关意识。压紧压实党建主体责任，推进党建“强基提质工程”，规范“三会一课”等基础工作，班子成员带头过双重组织生活。倡导创先争优，济宁海关业务运行监控科党支部荣获青岛海关“先进基层党组织”称号，陈维荣获青岛海关“优秀共产党员”称号。加强党建品牌建设，汲取辖区优秀传统文化，创建济宁海关“圣城儒关”集体党建品牌，14个党支部、79名党员实现党建品牌全覆盖。

围绕青岛海关党委10件大事实事，研究制定本关12件大事实事，定期调度推进，全部顺利完成。配合青岛海关巡察“回头看”、经济责任审计，对反馈问题照单全收，认真研究制订整改方案，建立台账、挂账销号，共整改巡察“回头看”反馈问题14个、审计反馈问题40个，彻底解决2处无证房产历史遗留难题。

【监管业务】2021年，济宁海关做好口岸新冠肺炎疫情防控工作。落实“打胜仗、零感染”要求，加强内部防护工作，组织开展疫情防控应急演练和常态化督查，推进新冠病毒疫苗接种，实现重点人员“应检尽检”。克服本关人力不足困难，先后派员8批共13人次支援荣成、烟台、黄岛、日照、广州等口岸一线单位，参与地方冷链、非冷链疫情防控工作。下属事业单位在青岛海关首家获得新冠病毒疫苗接种资质，首家开展接种工作，全年完成新冠病毒疫苗接种5,000余剂次。组织完成PCR实验室规划、招标工作，购置检疫方舱，增强疫情防控技术保障。

落实全员打私要求，关党委定期听取打私工作汇报，建立风险联合研判工作机制，研究推进重点工作，组织开展“国门利剑2021”专项行动。全年，共办理刑事案件10起，案值2.1亿元，其中成功查发人发走私系列案件，案值1.73亿元；首次侦办香烟走私大案，查获香烟8万余条，案值逾2,000万元；首次侦办“水客”走私案件。办理行政案件8起，案值1.5亿元。严厉打击出口骗税违法行为，取得突出成效，被评为山东省打击“三假”虚开骗税违法犯罪专项行动成绩突出集体，在山东省专题会议上做典型交流发言。

全年，监管进口粮食175万吨；保税进出口货值9.1亿美元；实施危险货物包装性能检验1,232批，危险货物使用鉴定1,643批。172条动植物疫情信息被总署《动植物检疫政策动态》采用。组织完成18起稽查任务，核查企业145家。探索开展“核查领域采信第三方出具报告制度”，有效减轻企业合规成本。组织做好出入境健康体检和预防接种工作，针对重点人群加强传染病防控宣教，全年出入境人员健康检查6,361人次，完成出入境人员预防接种4,743人次。

▲2021年7月14日，济宁海关关员在木制品出口企业开展查验作业

【服务发展】2021年，济宁海关党委专题研究确立“对接项目、对接需求、对接问题、靶向服务”工作思路，研究制定《2021年促进济宁市经济发展10项措施》，责任到人跟踪落实。班子成员带队分赴各县市区对接重点项目，“一县一策”开展政策宣讲，5月上旬实现县区全覆盖，累计培训企业560余家。

助力地方发展跨境电商，成立工作专班开展调研分析，有重点地指导各县区开展探索，5月10日济宁市跨境电商“B2B”模式实现“零”的突破，9月5日首次以“跨境电商+转关”模式开展出口业务。支持济宁市港航产业发展，成立支持济宁港口发展工作专班，对接学习江苏、浙江有关地市海关，组织研究内河支线进出口监管政策，主要负责人带队赴辖区济州港现场调研，在任城区开展有关政策宣讲和重点项目对接。创新评审方式支持辖区梁山县申建全国专用车技术性贸易措施评议基地，顺利通过总署标法中心线上评审，优化二手车出口监管服务，支持二手车扩大出口，济宁市全年出口各类二手车1,024台，货值1,232.8万美元，居全国试点城市首位。

推广“提前申报”“两步申报”等便利措施，落实减免税、原产地政策，全年为企业节省成本约2亿元，进口、出口整体通关时间分别压缩24.33%、61.33%。支持济宁市成功创建海关“AEO示范市”，成立5个专家工作组，与地方商务部门联合制订培育方案，选取15家企业重点培育，全年向青岛海关推荐5家企业并获通过，辖区高级认证企业数量达到13家，协助地方制订“AEO示范市”创建方案，推动济宁市和下辖2个县出台AEO激励政策。助力济宁市抢抓RCEP政策机遇，赴县市区开展政策宣讲，对重点企业进行分类辅导，组织成立专班加强研究分析，向济宁市政府报送《关于RCEP中日关税减让对我市外贸影响分析情况的报告》，分别获济宁市市长于永生、副市长张胜明批示肯定。落实“六稳”“六保”部署，班子成员对青岛海关指定的48家稳外贸重点企业“分包认领、一包到底”，指导用好海关103条稳外贸政策措施，帮助解决困难问题36个。服务“乡村振兴”战略，指导企业应对国外贸易壁垒，助力硫酸软骨素重返欧盟市场，微山湖鸭蛋制品、鲍鱼饲料首次出口韩国，植物产品出口大幅增长。

【能力建设】2021年，济宁海关开展“大培训、大自查、大规范”和业务技能“大比武”活动，鼓励关员参加跨岗位的业务学习和执法资质考试，以“全岗通办”为目标，培养多岗位、多专业、多资质的“通才”。全年，开展全员培训41期、科室自训100余次，完成7个条线的比武练兵。9名关员通过动植检资质考试，3名关员获得加工食品签证官，13名关员在总署危险化学品及其包装岗位练兵“万人争先”活动中取得优异成绩。分析研究指标以大幅领先优势居青岛海关第1名，获青岛海关优秀分析研究品牌单位称号。

按照“虚拟中心、实体运作”思路，探索建立内勤（通关检务）、外勤（查检执法）中心，优化调整科室职责，统筹使用人力，试行“合理编组、以熟带新、跨岗作业”工作机制和“潮汐工作法”，提高监管和服务效率。

开展内外部普法宣传，被山东省司法厅评为“山东省‘七五’普法依法治理工作先进集体”。加强制度建设，对51项制度启动立改废。对青岛海关制度提出6条修改建议并被采纳，采纳数量列隶属海关第2位。组织开展“一线释法”、新法“面对面”活动，指导一线岗位规范执法，争创关区“规范执法示范岗”。加强执法合作，与济宁市市场监督管理局开展“双随机”联合检查。年内，被青岛海关评为首批“青岛海关法治建设示范单位”。

贯彻安全生产“三个必须”要求，组织开展安全生产三年行动自查，加强监管场所、危险化学品业务管理。做好值班应急工作，加大安全检查、巡查力度。迅速、妥善处置1起因电气线路老化产生的火情，有效降低损失，开展安全大排查，强化值班工作，研究部署老化线路改造和消防系统升级工程，同步开展严肃问责。组织开展保密培训，强化全员保密意识。加强密件、涉密载体管理，规范流转和使用程序。加强网络安全管理，升级机房网络设备，增配高防护能力防火墙，“七一”前多次组织开展网络攻防演练。

加强实验室建设，获批“济宁市食品农产品安全重点实验室”，首次获得济宁市重点研发计划立项，争取项目资金30万元。完成ISO“三体”管理体系监督评审，提升管理水平。向总署、青岛海关争取专项资金支持，启动PCR实验室建设。综合技术服务中心推动检测项目扩项提质，争取政府采购和社会委托业务，下属企业发挥专业优势开拓消杀市场，事企业单位均超额完成全年预定目标。

【队伍管理】2021年，济宁海关组织开展“现场监管与外勤执法权力寻租”专项整治。全面起底2012年以来的问题线索，梳理监管场站、保税仓库和重点敏感商品情况，主动向派驻纪检组通报。加强警示教育，开展班子集体纪法学习5次、预防职务犯罪讲座2次。召开专题会议，组织各科室结合职责剖析典型案例30余个。深挖执法和廉政风险，形成廉政风险防控清单、问题整改清单，自查确定重点关注岗位15个，整改21处风险点和6项问题。召开全面从严治党会商会议，听取派驻纪检组分析通报和意见建议，对照查摆并整改问题25个。

探索建立外勤作业向派驻纪检组报备、外勤执法异常情况第一时间报告和执法回访制度，挑选职级干部组建监督员队伍，对外勤作业进行全过程监督。建立并实施“关长接待日”制度，设置“关党委信箱”，畅通沟通和监督渠道。针对辖区金乡县对外贸易便利化服务中心存在的印章管理风险，引入“契约锁电子签章”系统，通过电子锁、在线审批、拍照定位对签证用印进行远程管理，实现人力节约、管控有效。

加强社会主义核心价值观宣传教育，引导干部职工明大德、守公德、严私德，坚持公正文明执法，持续提升全国文明单位建设水平。组织开展志愿服务活动，济宁海关“蓝飘带”志愿服务队获得首届省直机关“最美青年志愿服务集体”荣誉称号。参与地方创建全国文明典范城市、“四进”、“民意‘5’来听”等工作。

实施食堂改造工程，优化职工就餐环境。成立伙食委员会，广泛征求意见建议。选优食堂供货渠道，提升菜品质量，新增外卖、净菜、团购和加值班预约用餐服务。开展“明厨亮灶”行动，加强食堂监督管理。设立民生超市，提供质优价廉的商品。发挥体检业务优势，为干部职工及家属提供优惠体检套餐。协调地方政府，为关员购房、就医、子女入学提供帮助。组织做好教育培训工作，丰富文化体育活动，增进干部职工脑袋里和精神上的福利。

（撰稿人：王华文）

临沂海关

【概况】临沂海关于1994年6月28日开关，有“革命老区第一关”美誉。2018年，根据党和国家机构改革部署，出入境检验检疫管理职责和队伍划入海关。截至2021年年底，临沂海关内设19个科室、1个事业单位（综合技术服务中心）。有干部职工121人，其中行政编制93人、事业编制28人。关领导5人，高级主办14人，正科级领导干部20人，副科级领导干部20人。关员平均年龄42.16岁，35岁以下关员占比29.75%，大本及以上学历占比92.56%，党员占比90.08%。

2021年，临沂海关监管进出口货物1,783.31万吨，货值203.06亿美元，同比分别增长22.65%、58.58%；监管进出口报关单30.29万票，同比增长35.04%；监管进出口集装箱55.71万个，同比增长14.20%；入库税款14.06亿元，同比增长28.2%；市场采购报关单12.66万份，货值685.76亿元，同比分别增长86.70%、99.80%；货物检验检疫批次13.19万批次，货值67.77亿美元，同比分别增长25.88%、41.74%；实有备案企业9,889家，新增企业1,392家，同比分别增长12.57%、6.83%；备案加工贸易手册429册，同比下降1.20%，备案金额11.71亿美元，同比增长1.20%；行政立案41起，案值1.63亿元，罚没收入162万元；办结稽查作业17起，办结核查作业220起。

2021年，临沂海关被山东省直机关工委评为“山东省省直机关创建模范机关先进集体”表现突出单位；被山东省税务局、山东省公安厅、青岛海关、济南海关、中国人民银行济南分行评为“山东省打击‘三假’虚开骗税违法犯罪专项行动成绩突出的集体”；被山东省司法厅评为“山东省‘七五’普法依法治理工作先进集体”；被中共临沂市委、临沂市人民政府评为“临沂市抗击新冠肺炎疫情先进集体”“2020年度中央、省驻临单位综合评价先进单位”；被青岛海关评为“首批青岛海关法治建设单项示范点”“首批AEO示范市（区）海关”“青岛海关优秀分析研究品牌单位”。“优化出境竹木草制品监管模式助力老区乡村振兴”案例被山东省口岸办、青岛海关评为“2021年度青岛海关深化‘放管服’改革优化口岸营商环境十佳实践案例”；被全国海关党史学习教育领导小组办公室评为“‘我为群众办实事’百佳项目”。综合业务科党支部被青岛海关评为“青岛海关先进基层党组织”，旅检值机科被青岛海关评为“青岛海关抗击新冠肺炎疫情先进集体”。

【党的建设】2021年，临沂海关把学习贯彻习近平新时代中国特色社会主义思想作为首要任务。提高党员干部政治机关意识，开展党史学习教育，高质量开展建党100周年系列活动，组织开展十九届六中全会全员培训，党委中心组学习23次，开展全员现场教学、专题讲座14次，各支部开展主题活动190余次。压实管党治党政治责任，召开2次全面从严治党工作会议，制订45项重点任务分工方案，联合派驻纪检组开展1次会议会商，召开3次纪检监察工作联席会议。推进巡察“回头看”反馈意见整改，分析原因，研究制定27项整改措施，将问题整改到位。践行“两个维护”，开展“国门利剑2021”联合专项行动，推进打击“洋垃圾”专项整治行动。选派关员任第五批省派第一书记，接续助力乡村振兴。与枣庄海关、日照海关等单位开展联学联建10次，张鑫、王加宾两名同志分别被省直机关工委、青岛海关授予“优秀共产党员”荣誉称号。

推进“现场监管与外勤执法权力寻租”专项整治活动，召开专项整治专题会议10次，推进“两个清单”整改落实到位，新建风险防控制度机制8条，完善作业流程5条。深化清廉海关建设，建立党委、派驻纪检组会商机制，开展警示教育月活动，组织125人次参观警示教育基地，召开全关警示教育大会。强化准军作风养成，应用“好差评”系统，开展“内务规范强化月”活动，实施内务规范流动红旗制度，开展内务规范视频督查，发布督查通报7期。

【监管业务】2021年，临沂海关毫不放松打好新冠肺炎疫情防控阻击战。强化口岸疫情防控，严格入境人员、交通工具检疫，监督落实口岸环节进口冷链食品和高风险非冷链集装箱货物预防性消毒措施。严格一线检疫人员培训演练、“应检尽检”、疫苗接种工作。扎紧内部疫情防控网络，坚持“人、物、环境”同防，严格防疫物资储备发放、监督疫情防控措施和安全防护执行情况。组织开展29轮、3,000余人次口咽拭子新冠病毒核酸检测。争取到临沂市政府286万元专项经费新建新冠病毒核酸检测实验室。

提高税收征管效能，完善属地纳税企业底账，加强合规申报引导，开展税政调研，确保关税应收尽收，全年征税14.06亿元。完善进出口食品安全监管体系，落实“四个最严”要求，严格进出口食品安全卫生管控，保障百姓“舌尖上的安全”，全年共检验检疫进出口食品化妆品2.6万余批，货值76.9亿元。压实出口危险化学品监管责任，严格危险化学品检验工作，先后检出 4 例包装使用不合格案例；开展危险化学品执法安全隐患大排查和质量提升活动，承办青岛海关危险化学品监管实操培训班；全年检验检疫出口危险化学品 1, 939批，危险货物包装性能检验4, 172批。提升进境粮食加工管理水平。开展“进境粮食监管水平提升攻坚”专项整顿活动，限期整改 51 家，行政处罚 2 家，暂停检疫审批 12 家，注销资质 2 家；全年检疫监管进境粮食 331 批、265. 3 万吨。保持打私高压态势，首次查发航空货运渠道 3 家企业涉嫌夹藏货物进境系列案件；对河南周口 5 家化妆刷出口企业开展稽查并移交缉私立案处置，是青岛海关第 1 起贯彻落实服务黄河流域生态保护和高质量发展要求开展的跨青岛海关稽查作业。

开展示范创建活动，获评“青岛海关法治建设单项示范点”和“青岛海关法治建设示范单位”。2 个岗位被评为青岛海关“规范执法示范岗”。严格依法行政，全年办结涉检行政处罚一般程序案件 6 起、简易程序案件 9 起，继续保持行政复议、行政诉讼“零记录”。开展破产追税工作，争取关税债权优先受偿。开展普法宣传，全年开展各类普法活动 20 次、出动执法人员 80 余人次。

优化企业注册备案流程，全年注册登记出口动植物及其产品加工企业 330 家，备案出口食品生产企业 73 家，办理报关单位备案手续1, 985家次。创新原产地签证模式，试点市场采购对韩出口商品“正面清单”制度获山东省政府肯定推广，参与起草的《市场采购出口商品便利化原产地签证模式操作指引（试行）》通过总署原产地管理技术委员会审议。

【创新属地查检】2021 年，临沂海关创新属地查检模式。临沂市下辖 9 县 6 区，共 1. 72 万平方千米，其中，沂水、蒙阴、平邑等县区单程超 100 千米，往返时间近 4 个小时。临沂海关年受理属地申报 10 万余批（布控查检9, 000余批）、出具证书 7 万余份、监管进出口企业1, 000余家。现有查检科室 3 个、在岗 19 人，日均现场查检近 40 批、出具检验检疫证书 300 余份。

临沂海关针对客观实际，打造一个模块化、可扩容的联合作业平台，优化解决执法资源不足、执法过程有效时间利用率低、证稿拟制不规范等问题。集合 3 个查检科室成立联合查检中心，突破业务岗位和人员科室界限，统筹处理辖区属地查检作业任务，集约安排关员、车辆等资源，提高查检效能。全年，出动外勤执法人员 701 次、执法车辆 346 车次，节约执法人员约1, 342人次、执法车辆约 676 车次，人员车辆节约比率达 63%。创新查检手段，对出口货物增加线上视频方式查检，节省查检路途时间，全年视频查检4, 970批，占总查检批次的 87%，节约查检路途时间约 1 万小时，提高查检效率，缓解企业因集装箱短缺造成的物流时间压力。实行注册登记线上评审。对出口食品农产品企业注册登记实行文件审核，资料异常的实行线上视频验核，9月中旬以来，对9家资料异常企业开展线上验核评审，降低企业制度性交易成本。统筹证稿拟制工作，固定办公区域，开辟专用账号，抽调专人拟稿，配置具备资质的关员具体负责审核、签证，解决科室证稿拟制人员不足和证稿拟制、审核、打印、签证、盖章、归档多岗位流转问题，提升证书质量、服务效率。已统一拟制证稿4.1万份。建立规范化保障体系，制定《临沂海关联合查检中心作业实施细则》，配套“派单、查检、证稿拟制、不合格处置、疫情防控、监督回访”6个操作规程，保证业务创新工作规范、有序开展。

【服务发展】2021年，临沂海关坚持大事实事引领，发挥职能优势服务临沂外贸稳中提质。深化县域关地合作，传导海关政策，汇编《临沂海关惠企便民手册》，对6个外贸重点县区1,100余名政企人员开展业务培训，到4个县区为95家企业开展RCEP政策解读指导，保障首届RCEP区域（山东）进口商品博览会顺利举办。营造优化营商环境氛围，开设“语述临风”临沂海关官方微信公众号，全年发布系列“政策解读”和优秀典型案例展播51篇。关税保证保险等新型担保方式为企业释放流动资金6亿元。推进社会信用体系建设，联合临沂市商务局出台《推动临沂市创建AEO示范市工作方案》，新培育高认企业3家，入选青岛海关首批“AEO示范市（区）”海关。建言辅政作用明显，报送的《关于优化口岸营商环境促进外贸发展工作情况的报告》等5篇专题报告获得市委市政府主要领导批示肯定。促进对外开放，打造开放平台，推动临沂航空口岸正式开放，指导建设全货机进出口货物监管场站和前置拦截区，联合临沂市有关单位开展国际机场正式开放验收准备工作。畅通欧亚班列物流通道，指导济铁物流园规划设计和海关监管场所建设，一站式办理全程通关业务。全年，监管欧亚货运班列137列，同比增长48.9%。支持市场采购贸易，扩大“通关一体化”政策效应，探索“市场采购+跨境电商+海外仓”监管新模式。全年，市场采购出口685.8亿元，同比增长99.8%。促进综合保税区高质量发展，优化监管模式，服务保税维修、保税研发等业务开展，指导综合保税区完成跨境电商分拣检测线建设。全年，综合保税区进出口311.7亿元，同比增长199.4%。

加强关地合作助推县域外向型经济高质量发展。落实《临沂市人民政府　青岛海关合作备忘录》精神，探索既促进地方外经贸发展又支持海关事业单位图强的新模式，先后与辖区莒南县、费县、沂水县、河东区、罗庄区、兰山区、经开区7个县区签署县域合作备忘录。发挥海关职能作用，坚持重点帮扶与全面提升相结合，优化服务供给，深化“放管服”改革、建立信息沟通共享机制、提供免费检测服务等十几个方面与相关县区密切协作。

▲2021 年 6 月 2 日，临沂海关关员在柳编企业调研新业态出口情况

以政府“购买服务”的形式将县区外贸企业的委托检验检测业务“打包”委托给技术服务中心，由县区政府“买单”，技术服务中心为县区外贸生产经营企业自检自控提供检测、咨询、培训等服务，不再收取费用。全年，综合技术服务中心共为 7 个县区外贸企业提供免费检测业务2,000余批次，免收检验检测费 200 余万元，个别大型出口企业享受免费检测业务金额达 20 余万元。编制包含 31 个政策礼包的惠企便民手册。根据各县区产业类型、发展重点和企业诉求不同“按需选策”，组成海关政策宣讲队赴县区为政府、企业“精准送策”，凸显政策的针对性、有效性和普惠性。全年，到 7 个县区开展活动，培训企业人员和外贸从业者 900 余名，发放惠企便民手册2,000余册，深受县区政府和企业欢迎。

【队伍建设】2021 年，临沂海关扎实推进强关建设、优化干部队伍结构，科级领导干部平均年龄达到 38.7 岁，其中执法一线领导干部占比 93.3%。争取临沂市政府支持，增加 9 名地方事业编人员。获得总署科研立项 1 项，参与行业标准制定 1 项，申请发明专利 1 项，1 项科技成果获临沂市首届职工技术创新成果二等奖。开展全员培训，举办临关大讲堂 9 期，5 名关员和 1 个团体在各类比武竞赛活动中取得优异成绩。推进分析研究工作，推进政策研究“一科一品”工程，26 篇分析研究文章被省部级以上载体采用，为青岛海关第 1 名，其中 3 篇被中办国办采用，临沂海关被评为青岛海关优秀分析研究品牌单位。推进幸福临关建设，举办职工运动会、各项球类比赛，组织实惠团购 12 次。

（撰稿人：孙祥瑞）

菏泽海关

【概况】菏泽海关是国家在菏泽设立的进出境监督管理机关，是隶属于青岛海关的正处级海关机构。1996年12月，原青岛海关驻菏泽办事处正式对外办理业务。2018年，根据党和国家机构改革部署，出入境检验检疫管理职责和队伍划入海关。2018年12月，挂牌成立中华人民共和国菏泽海关。先后获评青岛海关先进单位、全国海关先进基层党组织、全国文明单位、菏泽市担当作为先进集体、菏泽市优化营商环境先进集体。内设9个科室和1个技术中心，有干部职工80人，其中关员53人、工勤及协管人员27人。

菏泽海关管辖范围为菏泽市的各项海关管理工作，基本任务是出入境监管、征税、查缉走私、统计，对外承担税收征管、通关监管、保税监管、进出口统计、海关稽查、知识产权海关保护、打击走私，以及辖区国境卫生检疫、进出境动植物检疫和进出口商品检验、鉴定、认证和监督管理职责。

2021年，菏泽海关坚持以政治建关为统领，围绕新时代现代化基层强关建设目标，抓贯彻、促落实、重推进、求实效，较好完成各项工作任务。全年，菏泽市外贸进出口568.19亿元，同比增长30.10%，进出口规模创历史新高。其中，出口282.29亿元，同比增长31.77%；进口285.91亿元，同比增长28.48%。全年，菏泽海关关税及代征增值税入库32.95亿元，审核报关单4.18万份，监管货运量960.96万吨，检验检疫出入境商品6.49万批。

【党的建设】2021年，菏泽海关坚持把旗帜鲜明讲政治贯穿到工作各方面、全过程，增强“四个意识”、坚定“四个自信”、做到“两个维护”，围绕习近平新时代中国特色社会主义思想、十九届六中全会精神等主题，开展专题学习32次。党委书记围绕党史教育学习讲“七一”专题党课，征集建党百年主题作品7篇，在党史学习教育中注重关史学习，打造关史文化长廊。成立2个青年理论学习小组，每月度至少开展1次集中学习，轮值编发“党史精读”微信推送4期，与山东东明石化集团团委开展“砥砺奋斗、无悔青春”理论学习交流活动，抓好青年干部学习。

做到“两个维护”。召开党委会22次、关长例会12次、业务形势分析及工作督查例会12次，形成督查事项40项。坚持“过紧日子”，安装新能源充电桩3个，改造洗车房废水利用管道2处，持续推进节约型机关建设，每月节约支出1万余元。将抓好常态化疫情防控作为“一把手”工程，安装人脸识别、体温检测、门禁一体机，从严从实强化内部防控，派出2名年轻同志支援荣成口岸一线工作。

推进党委中心组理论学习制度化、模范机关建设标准化，开展读书班1期、中心组集中学习14期。组织2期“学好百年党史，不忘初心使命”党务干部培训班，评选过硬支部4个，培树党建示范品牌4个，党员示范岗4个，推动支部由“建在科上”向“强在科上”跨越。组织征文评比、演讲比赛、颁发“光荣在党50年”纪念章等“庆祝建党100周年”系列活动，邀请党校教授、为烈士寻亲退伍老兵做专题报告2场次；联合济宁海关组织党史学习教育专题培训班，与中国移动菏泽分公司、中国银行菏泽分行、包联社区开展主题党日活动，唤醒入党初心。坚持党管意识形态，建立意识形态领域问题整改清单4项，在总署门户网站、《中国国门时报》等11个媒体上发布稿件134篇，自有新媒体平台累计推送文章36篇次。

将“全面从严、一严到底”作为工作总基调，结合“现场监管与外勤执法权力寻租”专项整治长期整改工作，成立“以案促改制度化常态化领导小组”，制订印发“以案促改”活动实施方案，明确4项具体任务，集中开展“以案促改”，深化“清廉海关”建设。组织专题学习典型案例，全面剖析案件发生原因，精准开展廉政风险排查7次，强化整改督导和成效评估。加强日常教育和监督，开展提醒谈话93人次，派驻纪检组、党委委员到科室跟班作业26次；增设2名兼职监督员，赴菏泽市廉政教育基地开展警示教育，教育引导干部严守法纪红线、恪守道德底线、筑牢思想防线。

【监管业务】2021年，菏泽海关做好防止非洲猪瘟、高致病性禽流感等重大动植物疫病疫情和外来有害生物传入工作，踏查外来杂草监测点480余个、实蝇监测点14个，线路里程150余千米，监测到检疫性杂草1种；监督进口粮食171批次、112万吨，同比分别增长102%、82%；查发4票进口货物擅自卸离运输工具、危险化学品及包装不合格37批次。开展“安全

▲2021年11月11日，菏泽海关关员验放牡丹种苗

生产月”活动，加强实验室、监管现场安全巡查，开展安全生产隐患排查整改，切实筑牢安全底线；组织防护服规范穿脱培训，加强一线执法作业人员安全防护，开展8次应急处置演练，提升实战应急能力。

2021年，菏泽海关制订“国门利剑2021”行动方案，配合青岛海关缉私局查办10亿元走私人发进境案；查办走私违法案件5起，案值850.3万元。坚持问题导向，强化行业风险分析研判，新开稽查作业9起，同比增长12.5%，稽查作业办结率100%，查发问题6起，稽查追补税2起。优化核查作业模式，建立联系配合机制，开展涉检核查作业116起，其中33家企业存在不符合项，制发核查建议书7份。完成8家进境粮食企业风险排查工作。

开展“双特”价格台账管理，对4家企业开展特许权使用费核查。开展保税混兑原油监管，“量身定制”税收规范服务方案。全年，实现税收入库32.95亿元，同比增长91.5%。

加强法治建设。打造核查、原产地签证、查检等5个“规范执法示范岗”，提升全员法治素养，营造良好的法治氛围；开展“4·15全民国家安全教育日”“龙腾行动2021”等主题普法活动，强化知识产权海关保护，申报的普法作品《国门生物安全 你我共同守护》在第17届全国法治动漫微视频征集展示活动中获三等奖；在海关法治公园“政府信息公开”专栏及时更新总署公告等政策法规，联合菏泽市公安局、菏泽法院、菏泽市食安办开展送法进企业12场次。完善法治审查工作，对印发的11份制度文件进行法制审查。

组织开展2021年度专项审计自查，做好菏泽海关、济宁海关联合互查，牵头做好实验室建设专项审计调研和自查问题清单、自查报告的填报工作。加强“制度+科技”反腐成果运用，深化内控机制建设，对新海廉平台预警数据进行验证测试，确认移出风险提示126条，制发补税等监控核查联系单12份。对照审计反馈问题，逐一研究整改措施，深挖根源。

【服务发展】2021年，菏泽海关坚持优化服务，聚力“六稳”“六保”，发挥职能优势，创新出台多项服务举措，推动菏泽市外贸促稳提质，荣获“菏泽市优化营商环境先进集体”荣誉称号。建立与菏泽市7县4区政府、商务局直通机制，深入81家稳外贸基本盘企业开展政策宣讲及座谈交流，梳理“一县一策”“一企一册”分类台账，跟踪解决企业关切的堵点痛点问题69个，持续释放政策红利。联合菏泽市应急管理局对27家进出口危险化学品企业实施“海关+应急”联防联控。支持山东东明石化集团成功获批山东省第15家“企业集团财务公司担保”改革试点。帮助3家输俄种苗企业顺利通过俄罗斯官方远程预检，保障菏泽牡丹种苗顺利出口。推动菏泽市获评青岛海关首批AEO示范市，2021年菏泽市3家重认企业和2家新认企业均顺利通过现场认证，帮助2家新认企业申请商务部门财政补贴20万元。

优化“预约通关”流程，巩固通关时效，推广“提前申报”“两段准入”等改革，“两步申报”应用率68.19%，进口、出口货物整体通关时间分别为12.47小时、7.48小时。承接菏泽市卫健系统科创税收优惠政策培训班，联合菏泽市商务局、菏泽市贸促会举办RCEP专题培训班，共计签发原产地证书10.68亿美元，同比增长34.48%。帮扶菏泽市一次性病毒检测试剂盒、月饼、鱼胶原蛋白、阻燃剂等10种产品实现首次出口。立足“数据+研究”，撰写上报统计监测预警、外贸分析报告14篇。推广使用政务服务“好差评”系统，社会满意度保持在100%。

发挥海关职能特点和专业技术优势，“一把手”亲自挂帅成立4个工作推进专班，全程跟踪、全面协调、全力推进，支持菏泽内陆港保税物流中心（B型）拓展红酒分装新业务，全年实现进出口总值4.36亿元，在山东省5家保税物流中心中排名第2位；推进济铁菏泽物流园海关监管场站建设，推动监管方案修改与场站验收同步进行，场站顺利通过验收；复制推广保税原油混兑政策，监管开展保税原油混兑业务量682.71万吨，货值203.78亿元；支持山东润泽保税油库扩容至110万立方米，成为鲁西南地区规模最大的保税油库。

【队伍管理】2021年，菏泽海关采取海关e课堂、现场培训等形式做好教育培训工作，实现人均培训429学时、196学分。发挥考核指挥棒作用，激励干部担当作为，郭海涛、韩继伟分别获评青岛海关“优秀共产党员”“强关建设最美青年”荣誉称号。

提升管理水平。与济宁海关开展互助合作共建，开展执法业务骨干研讨、培训交流3次；互派17人次，对关税、检验检疫、财务等9个领域工作进行实地互助检查2次，发现、整改问题29项。引入物业公司专业化团队，提高综合服务保障能力。坚持择优导向，评审职称5人次；成立安全生产、疫情防控督导组，督导各项决策落实情况。开展内务督察12次，提升内部管理的标准化、规范化水平。

倡导“大事商量、小事原谅、不争对错、不翻旧账”家风家训，每周四举办“关长接待日”活动，畅通诉求表达渠道，全年共开展15期，解决问题59个，征集合理化建议29条，接待特约监督员、进出口企业、全体干部职工及家属等社会各界人士40余人次。成立民生、伙食委员会，办好食堂扩容、职工体检、民生超市、团购农副产品等民生实事，提升干部职工幸福指数。深入推进精神文明建设，组织健步行、集体观影等活动；关领导带队开展学雷锋、文明交通劝导、包联社区帮扶等“蓝飘带”系列志愿服务活动，顺利通过全国文明单位复审。

（撰稿人：毕亚伟　张印栋）

枣庄海关

【概况】枣庄海关前身为青岛海关原驻枣庄办事处，1997 年 9 月 19 日正式开关对外办理业务。2018 年，根据党和国家机构改革部署，出入境检验检疫管理职责和队伍划入海关。2019 年 1 月 20 日，由枣庄市市中区兴华路 10 号搬迁到枣庄市薛城区嘉陵江路 77 号；同年 1 月 31 日，枣庄海关正式挂牌成立。截至 2021 年年底，枣庄海关设有 7 个科室。现有人员 44 名，其中行政人员 41 名、事业人员 3 名。

2021 年，枣庄海关坚持以习近平新时代中国特色社会主义思想为指导，学习贯彻党的十九大和十九届历次全会精神，围绕青岛海关党委建设新时代现代化强关的目标定位，坚持“有声有色工作、有滋有味生活、有情有义交往”的工作理念，崇法尚德、图强跨越，打造让党中央放心，让人民群众满意的模范机关，奋力建设“让他人羡慕、自己留恋，始终走在同类海关第一方阵”的幸福海关，较好完成各项工作任务。全年，共监管进出口货运量 42.91 万吨，监管进出口货物总值 8.48 亿美元；审结报关单 9,603 票，征收税款 4,835.82 万元；新增备案企业 406 家，新增备案进口食品进口商 5 家；加工贸易备案手册 84 份，加工贸易备案总值 2.11 亿美元；查获走私违规案件 21 起，案值 1,509.10 万元；签发原产地证书 9,431 份、4.47 亿美元，同比分别增长 14.40%、46.90%；检验检疫出入境商品 11,355 批次、货值 42.93 亿元，同比分别增长 5%、70.10%。

2021 年，枣庄海关获评青岛海关工作优秀集体，被授予“山东省打击‘三假’虚开骗税违法犯罪专项行动成绩突出集体”“服务枣庄发展突出贡献奖”，1 人被评为“全国打击虚开骗税违法犯罪两年专项行动成绩突出个人”。

【党的建设】2021 年，枣庄海关把学习贯彻习近平新时代中国特色社会主义思想作为首要任务，研究制订党委理论中心组理论学习计划，党委理论学习中心组集中学习 14 次，交流研讨 42 人次。成立 2 个青年理论学习小组，实施“三铸”工程，打造“智汇青枣”学习品牌，学习经验被直属机关团委推广。坚持把学习贯彻习近平总书记重要讲话和重要指示批示精神作为“第一议题”，先后12次召开形势分析及工作督查例会调度落实情况，以实际行动捍卫“两个确立”。严禁“洋垃圾”入境，组织开展“蓝天2021”专项行动，对进口固体废物加工企业进行专项稽查，持续保持“零入境”。严厉打击象牙等濒危物种、野生动植物及其制品走私，首次查发辖区企业出口濒危物种情事，行业性稽查建议被总署采纳，并在全国推广。连续3年开展“大手拉小手”志愿服务活动，继续跟踪帮扶2个脱贫家庭，将巩固拓展脱贫攻坚成果与乡村振兴有效衔接。扎实开展党史学习教育，举办党史学习教育专题读书班，召开党史学习教育专题组织生活会，党委委员、支部书记、先进典型分层次开展宣讲19次。坚持守正创新，开展“百天读百年党史”“学史·铸魂”红色讲坛、VR云览红色基地等活动，《弹起我心爱的土琵琶》MV成为青岛海关唯一入选总署海关影像的庆祝中国共产党成立100周年视频。推进“我为群众办实事”实践活动，制定枣庄海关党委34项实事清单，设立“关长接待日”，开展“进百企、解百题”“双百”活动，29名协调员帮助企业解决问题100余个。

注重加强党委自身建设，落实民主集中制，召开党委会28次，发挥党委把方向、管大局、保落实的作用。制定完善贯彻落实“三重一大”决策制度实施办法、党委理论学习中心组学习规则，提升党委工作规范化水平。严格执行新形势下党内政治生活的若干准则，党委委员带头落实党员领导干部双重组织生活规定，党委书记围绕“传承红色基因　强化使命担当”等主题讲专题党课，党委委员与关员谈心谈话130余人次，自觉接受监督。落实意识形态工作责任制，邀请市委宣传部负责同志现场授课，巩固壮大主流意识形态。深化“强基提质工程”，将党建工作列入形势分析会必研必报议题，先后12次研究部署相关工作。建立党委委员基层支部联系点，3名党委委员在不同分管领域交叉联系基层支部，覆盖70%党支部。每季度制定党建重点工作指引，组织开展基层支部书记抓党建述职评议会，推动党建任务落地落实。与科技处、临沂海关、中国银行开展党建联建，组织干部职工赴铁道游击队纪念馆等红色基地进行党性教育。深化党建品牌创建，培树“企管家园”“新综亮窗”等党建品牌40余个。综合业务科党支部获评青岛海关“先进基层党组织”。认真落实巡察整改主体责任，成立巡察整改工作领导小组，制订巡察整改工作方案，明确43条整改措施，逐项明确责任领导、主协办部门和完成时限，压紧压实巡察整改责任。召开巡察整改专题民主生活会，聚焦巡察反馈问题，党委委员坚持把自己摆进去、把思想摆进去、把工作摆进去，查找问题26个，剖析原因16条，提出整改计划17条。

【监管业务】2021年，枣庄海关毫不

放松打好新冠肺炎疫情防控阻击战，15次召开会议研究部署疫情防控工作，党委委员8次到查检现场跟班作业，查漏补缺。加强与枣庄市疫情防控指挥部协作配合，4次参加进口冷链货物疫情防控桌面推演，对从印度等高风险国家进口的辣椒、孜然，引导企业落实通关防疫措施，消除属地感染风险。加强内部防护，汇编枣庄海关疫情防控制度，厘清物业与合署办公单位疫情防控责任，严格执行出差审批、核酸检测、错峰就餐等防护制度，配齐防疫物资。坚持“一盘棋”思想，服从服务抗疫大局，派员支援荣成、广州等口岸一线。坚持筑牢检验检疫防线，加强非洲猪瘟等重大动物疫情防控，对出口禽肉备案养殖场开展高致病性禽流感监测15批次，结果均为阴性，未发生重大动物疫情传入传出情况。加强国门生物安全监测，对水果种植区开展168点次的检疫性实蝇监测、对进境粮食加工仓储企业及周边开展19厂次外来有害杂草监测，未检出检疫性实蝇和外来有害杂草。开展进境粮食检疫监管提升行动，年度内办理调运联系单27次，办理监管核销19次，检查提出问题整改项11项次。加强危险化学品和危险货物监管，检验不合格87批，不合格检出率居青岛海关第2位。深化综合治税，征收税款4,835.82万元，提前完成全年税收预测目标。加强税收风险防控，税收风险防控建议被总署税收征管局采纳。加强原产地管理，开展“FTA原产地管理提升年”活动，打好“虚拟审签+自助打印+智能审核”组合拳，签发枣庄辖区原产地证书9,431份，查发首个骗取原产地证书案件。开展“国门利剑2021”专项行动，与枣庄市外汇局、枣庄市税务局签订合作备忘录，查办行政违规案件22起，案值1,509.10万元，荣获全省打击出口退税工作先进集体。提升稽查查发效能，稽查有效率达100%。深化多查合一，在青岛海关率先开展部门间联合抽查工作，办结核查作业总数38起。推进“法治青关”建设，落实“谁执法谁普法”责任制，开展“执法人员上讲台”活动，刚性落实行政执法“三项制度”，枣庄海关稽查实施岗获评青岛海关“执法示范岗”，枣庄海关获评“青岛海关法治建设示范单位”。与公安、市场监管、税务、外汇等部门签订合作备忘录，率先实施跨部门联合执法，做到“进一次门、查多项事”。

▲2021年5月25日，枣庄海关关员在毛笔生产企业现场调研

【服务发展】2021年，枣庄海关坚持大事实事引领，服务枣庄外贸稳中提质。支持海关监管场所建设，协同市政府相关部门做好规划，枣庄保税物流中心（B型）被列入山东省“十四五”对外开放重点工程。滕州公用型保税仓库获批建设。优化枣庄内陆港“陆海联动、海铁直运”监管模式，提高货物通关效率，推动港口功能向内陆腹地延伸。该模式入选山东省优化口岸营商环境十佳实践案例，被总署纳为“海关服务黄河流域生态保护和高质量发展重点举措”，相关经验被《人民日报》报道。推动枣庄融入“一带一路”市场，保障欧亚班列开行40余列，枣庄与“一带一路”沿线国家和地区贸易总值同比增长10.6%。支持新兴贸易业态发展，举办跨境电商政策宣讲会，枣庄跨境电商B2B出口突破10亿元，联合枣庄市商务局争取市场采购贸易模式试点。支持枣庄建设中国国际闲置品循环链示范区，向枣庄市政府提出申建全国二手车出口试点城市的建议，帮助枣庄安通机动车检测公司获得出口二手车检测业务资质，实现二手车出口零突破。支持进口旧打印机入境维修再制造新业态发展，年内监管进口旧打印机2.5万台。持续优化口岸营商环境，落实“两步申报”“提前申报”等改革部署，巩固压缩整体通关时间成果，枣庄海关进口、出口整体通关时间分别为6.66小时、1.52小时，分居青岛海关第3位、第7位；“两步申报”应用率达24%；进口、出口提前申报率分别达95.7%、62.6%，均居青岛海关第3位。推动AEO示范市创建工作，联合枣庄市商务局印发《推动枣庄市创建AEO示范市工作方案》，制定5大类23条便利措施，新增高级认证企业1家，复核通过高级认证企业3家，枣庄海关获评“AEO示范市（区）”海关。继续为60家重点外贸企业提供一对一个性化服务，落实报关企业注册登记行政许可改备案改革，成功推荐3家企业获得国外注册，新增进出口货物收发货人406家，进口食品进口商5家。

【队伍建设】2021年，枣庄海关树立以德为先、注重实绩的选人用人导向，打破论资排辈，公平、公正、公道评价使用干部，队伍结构得到优化。鼓励关员参加在职教育，研究生比率提升至23%。发挥绩效考核指挥棒作用，制定绩效考核办法，激励干部担当作为。建立健全工作督查机制，关领导每月至少1次带队，对党建、业务、安全等全领域开展督查，推动工作落实在平时。发挥工青妇等群团组织作用，举办庆祝建关24周年趣味运动会，开展健步走等文体活动，营造其乐融融的文化氛围。成立民生委员会，办好食堂、惠民超市等民生实事，建立荣誉退休制度，开展慰问帮扶，关心关爱退休老同志，在健康体检、节日关怀等方面与在职职工享受同等待遇，提高全体同志的幸福感。树立“过紧日子”思想，成立“开源节流”考核工作领导小组，研究制定枣庄海关厉行节约的8条细化措施，资产使用率达95%，总体支出同比压减6%。持续做大做强事企业单位，加强与临沂海关合作共建，完成事业单位改革，将实验室并入临沂海关技术中心，通过 CNAS 认证。扛起全面从严治党主体责任，2 次与派驻纪检组召开全面从严治党专题会商会，分析研判形势。落实中央八项规定及其实施细则精神，深入整治官僚主义、形式主义，杜绝酒驾醉驾问题发生。开展“现场监管与外勤执法权力寻租”专项整治，建立 36 项重点问题排查清单、12 项廉政风险清单和 2 个重点关注对象名单，组织 36 人填写“现场监管与外勤执法”领域违规事项个人申报表、配偶子女从业情况自查表，深入企业开展“二对一”谈话，全面排查问题线索。深化作风建设，参加枣庄市政风行风热线、市长热线，用好政务服务“好差评”系统，社会满意度保持在 100%。开展“警示教育月”系列活动，党委委员深入科室开展“面对面”宣讲，各支部 24 次召开主题党日学习总署、青岛海关通报案例，持续保持“零违纪”。

（撰稿人：李　明）

莱州海关

【概况】1996年11月19日，国务院正式批准莱州港为国家一类开放口岸并设立海关。1997年3月13日，莱州海关筹备处成立。1998年10月28日，莱州海关正式成立，为正处级机构，隶属于青岛海关。2016年5月11日，根据总署关于烟台海关机构设置的批复，撤销莱州海关，设立烟台海关驻莱州办事处（正处级）。2018年，根据党和国家机构改革部署，出入境检验检疫管理职责和队伍划入海关。同年12月，设立莱州海关。

截至2021年年底，莱州海关设有7个科室和1个事业单位（综合技术服务中心），属偏口岸综合型隶属海关，业务辖区为莱州市。现有监管场所1处，为莱州港监管作业场所。莱州港为大宗散货、液体化工品码头，拥有开放泊位12个，进口主要商品为原油、铝矿砂、燃料油等，出口主要商品为甲基叔丁基醚、二甲基甲酰胺、硅酸钠等。年内，莱州港口岸进境粮食指定监管场地获总署批复建设。

2021年，莱州海关有在职干部职工39人，其中行政编制33人、事业编制人员6人；本科及以上学历36人，占比92.31%；中共党员32人，占比82.05%。

2021年，莱州海关推进“五关”建设，旗帜鲜明讲政治、学深党史办实事、严守国门保安全、强化管理促提升、优化服务助发展，以“强化提升年”为目标，推动莱州海关各项工作固本强基、业务及队伍管理水平全面提升。监管进出口货物1,255.73万吨，同比减少5.29%；进出口总值52.82亿美元，同比增长34.10%；税款入库32.86亿元，同比增长30.97%；监管进出境运输工具440艘次；检疫处理非洲猪瘟疫区船舶146艘次，封存疫区猪肉及制品1.28万千克；推进“国门利剑2021”“蓝天2021”等打私行动，查处走私案件3起，其中2起为涉香烟走私违规案件。进出口货物提前申报比例为青岛海关第一。

【党的建设】2021年，莱州海关夯实党建基础，多措施深入开展党史学习教育活动。深化“强基提质工程”，完成各党支部、团支部换届，推进支部建设。深入开展“我为群众办实事”实践活动，促进党建与业务深度融合。深化准军事化纪律部队建设，开展“内务规范强化月”“警示教育月”活动。

强化基层组织建设。坚持党委领学促学，党委委员以普通党员身份到所在支部学党史、参加支部活动，讲授党史专题党课3次，推动支部党史学习教育有序开展。统筹红色资源丰富学习内容和形式，组织开展线上线下红色活动共计9次，开展党史同学共建。完成各党支部、团支部改选，按程序完成1名预备党员转正，开展2名入党积极分子培养。在口岸疫情防控等工作中党支部充分发挥战斗堡垒和先锋模范作用，努力打造过硬支部，1个党支部获评“青岛海关先进基层党组织”，1人获评“强关建设最美青年”。

把“我为群众办实事”实践活动作为党史学习教育的落脚点，多措并举为企业排忧解难。各党支部结合业务职能帮扶莱州特色产业开拓国际市场，为企业打造“一企一品一案”综合惠企政策服务方案。助力特色食品农产品出口，发展壮大苹果、大姜、辣椒等特色种植产业，从种植到加工帮助出口企业建立“公司+基地+标准化”管理模式，帮助多家企业成功进入国际高端苹果消费市场；支持莱州特色养殖产品石鲽鱼出口韩国，保持出口15年零通报。加强对国外市场法规政策研究，培育食圣酿造和大家乐等出口龙头企业，增加自主品牌产品出口数量。2021年，莱州海关被评为“支持莱州发展一档单位”。为企业、群众办实事的措施成效在总署门户网站、《大众日报》、《今日莱州》、《莱州新闻》等媒体报道近30篇次。

落实全面从严治党工作要求，开展“现场监管与外勤执法权力寻租”专项整治工作，党委班子成员走访莱州海关辖区企业12家，与30余家企业人员开展座谈，未收到不廉洁线索反馈。坚持问题导向，对9条廉政风险点和8个重点关注岗位制订40余条整改措施，督导自查整改工作3次，逐项对账销号。修订完善《廉政风险点排查及控制计划》清单，督促各科室、部门对风险点实施监控抽查，全面排查防控廉政风险，压缩权力寻租空间。强化全员廉政警示教育，组织廉政警示教育月实地参观，观看警示片，科室及支部组织廉政教育学习，结合发布案例强化以案说法、以案示纪，全年未出现廉政及违纪问题。

【新冠肺炎疫情防控】2021年，莱州海关坚持人物同防，严格对来自周边国家（地区）的人员、交通工具、进口商品实施检疫。抓牢新冠肺炎疫情防控工作部署，参与莱州市口岸防控专班工作会20余次，强化与联防联控单位的高效协调对接。抓实口岸疫情防控措施执行，对所有入境人员实施“三查三排一转运”检疫措施，领导班子带队督导检查口岸疫情防控14次，组织演练4次，不断优化防控方案和应急预案。抓细人员安全防护，落实口岸工作人员“每日一检”和“应检尽检”，严格执行“岗前检查、工作巡查、全程督查”和“双人作业、互相监督”安全防护监督制度，设立安全防护监督岗，通过实地检查、实时视频巡查、执法记录仪视频抽查等多种形式加强对现场落实疫情防控措施的监督检查。协调疫情防控指挥部和莱州港完善视频监控，确保现场发生职业暴露时做好应急处置，监控录像全覆盖、可追溯。执行“14+7+7”封闭隔离及管理措施，增加作业班组，配置3个专班投入卫生检疫一线，在岗集中封闭管理场所内部设置“三区两通道”。全年，共监管出入境船舶482艘次、登临检查221艘次，实施船员体温检测9,017人次，对船员流调98人次，检疫换班船员41人次，处置船员下船就医2人次，实施新冠病毒核酸检测157人次，均为阴性。

【监管业务】2021年，莱州海关强化口岸监管，落实口岸疫情防控政策，改革创新口岸监管模式，加强进出口商品检验检疫管理，保障国门安全，提升莱州口岸核心竞争力。

支持莱州港建设并运营口岸服务中心，一站式办理口岸各类手续，提升服务效能和通关效率。引导进口企业利用重量鉴定改革措施，压缩船舶在港作业时间1小时以上。推行“边运抵、边装船”抵港直装模式，提高港口装运效率和堆场利用率。推行检验监管改革新政，对进口原油实施“先放后检”，帮助企业节省原油储运时间约20%。简化口岸办事程序，进出境船舶手续10分钟办结，优化船舶卫生检疫、货物查验和检验鉴定业务流程，平均每艘船舶压缩在港作业时间2小时。推广“抵港直装”出口货物23.62万吨，大幅提高港口装运效率和堆场利用率，优化出口汽油检验监管流程，助力18.55万吨汽油加速装运出口。监管供退船物料541批次，对监管场所实地和远程视频巡查230余次。开展莱州港海关监管作业场所巡查监管45次，组织原油储罐区消防、反恐防爆、海上缉毒应急处置演练。

全年，查验大宗进出口商品245批次，共计货值49.02亿美元，其中主要商品为原油，共计179批次，货值46.15亿美元。进口属地查验货物11批次，共计货值790万美元。检验出口危险化学品811批次、出口危险货物包装956批次。对进出口危险品货物海关监管各环节的安全风险进行深入排查，梳理辖区所有进出口危险化学品危险特性、安全救助措施、防护措施等，形成台账记录。共检出进口商品不合格5批次、出口商品不合格6批次。保障国门生物安全，检验检疫出口食品及动植物产品2,548批，7,317.41万美元，实施国门生物安全监测215项次。制订2021年度出口动物源性食品安全风险监测实施方案、安全风险监控计划和国门生物安全监测计划。监测动物源性食品安全风险样品1个，检测项目60项次；监控食品农产品样品16个，检测项目139项次；监测水生动物疫病样品5个，监测项目12项次；检疫性实蝇布置监测点 14 个，集中检查与诱捕器维护 16 次；外来有害杂草监测共出动 36 人次，踏查监测点 40 个，监测线路里程 320 千米。

▲2021 年 10 月 11 日，莱州海关关员在田间查看辣椒采摘情况

【服务发展】2021 年，莱州海关优化服务，宣讲优惠政策、提升工作效率、扩大宣传影响，促进莱州地方经济发展。组织提前申报政策专题宣讲 7 次，约 300 家企业参会，简化提前申报手续，提振企业提前申报意愿，贴近企业难题和需求，保障提前申报率稳步提升。实施“7+24”小时预约加班制，及时处置查验引起的报关单修撤、报关单异常无法通关情况以及需人工验估的报关单，压缩整体通关时间。全年，接受申报报关单 2.89 万票，同比增长 23.43%；受理、审核、缮制检验检疫证单 3,225 批，同比增长 7.64%；进口、出口货物整体通关时间分别为 4.16 小时、1.76 小时，分别位列青岛海关第 2 位、第 8 位，提前申报比率分别为 97.76%、66.36%，均位列青岛海关第 1 位。

培育 3 家企业通过青岛海关认证，成为高级认证企业。提升信用管理区域示范效应，莱州市获批“AEO 示范市”。创新关企协调机制，为 20 家辖区企业提供专属企业协调员，建立“一对一”的企业问题快速解决机制，为企业解决实际困难和问题 70 余个。

助力华电莱州港务有限公司码头 1 号泊位获得山东省政府批复同意并正式对外开放，为发电企业拓宽煤炭进口渠道。快速实施验收，促烟台港集团莱州港有限公司油品公用型保税仓库获批投入使用。对仓储原油即报即批，助力保税仓储“零待时”，全年保税货物入出库 553.93 万吨、29.81 亿美元，同比分别增长 23.31%、164.79%。调研莱州港发展瓶颈，多措并举，促成莱州港进境粮食指定监管场地于 10 月获得总署同意批复建设，有力扶持莱州口岸进口粮食加工贸易，优化莱州港进出口商品结构。

更新思路，紧抓进口税收源头管理，贴近关键代理，传导海关政策，做好属地纳税人管理，完成台账登记更新 1 家。宣传原产地优惠政策，梳理未用惠企业名单，联系企业推广自助打印，保证企业零跑腿即可办理原产地证。在普惠制原产地证书政策变更公告后，联系企业做好变更应对，避免因证书签发产生损失。全年，共计签发原产地证书8,742份，货值 3.81 亿美元，为企业节省关税1,300余万美元。

报送青关要情 20 篇，7 篇要情信息被总署采用刊发；统计监测预警信息、业务统计分析被山东省政府、青岛海关业务分析快报采用4篇；协助撰写工作专报2篇。

【法治建设】2021年，莱州海关忠实践行习近平法治思想，推动各层面“崇法学法守法用法”。推进法规管理，编制岗位职责及工作依据，岗位职责更加明确清晰。收集岗位操作手册建议采纳16条，制度立项建议采纳3条。开展制度性文件审核2项、民事合同法律审查8次、办理法律事务接待1次。

抓好法治宣传教育。启动“八五”普法工作，明确各岗位“谁执法谁普法”普法责任。做好“政策宣讲年”工作，组织机械加工出口、跨境电商等政策专题宣讲会4场，覆盖当地18个镇街园区主要进出口企业120余家。贯彻“执法即普法”理念，办好“普法实事”，抓住“8·8”“12·4”等节点开展宪法、疫情防控、食品安全、信用管理等法规进口岸、进社区、进商超、进企业等活动20余次，点对点解决“急难愁盼”问题16个。发布法治工作相关报道30余篇，参与广播电视台《警法在线》栏目普法1次，关员创作拍摄的1个普法微视频获总署门户网站采用。深入开展法治研究，组织撰写法治论文4篇，1篇获青关政研采用。2名关员在执法岗位工作突出获青岛海关表彰，4名执法领域专家参加青岛海关专项工作。

推动执法规范化。执行“三项制度”，推动执法公示、重大执法决定法制审核等措施落地。抓多维监督，发挥监控指挥中心、法规、督审部门职能，开展作业规范性检查督察40余次，推动执法公示、执法全过程记录要求落实。抓风险防范，组织开展执法文书和作业记录评查、以案释法、执法记录视频“复盘”等活动8次，解决涉法疑难问题5个，建立由法制部门牵头、汇集法律背景人员组成的“1+N”法律小组，完成重大执法决定法制审核9次，有效保障执法合法性。选派法治骨干1人参加青岛海关模拟法庭排演，提高实战能力。“三项制度”做法成效被《中国国门时报》刊发推广。“法治青关”建设提档升级，获评青岛海关“法治建设示范单位”，联合查验岗获评“规范执法示范岗”。持续巩固压缩整体通关时间成果，实施“双随机、一公开”监管，执法质量稳步提升，未发生行政复议和行政诉讼情事。

【队伍建设】2021年，莱州海关以打造过硬领导班子、加强干部管理激励、抓好基层队伍建设为切入点，着力建设忠诚干净担当的高素质专业化海关干部队伍。严格规范开展选人用人工作。按照《党政领导干部选拔任用工作条例》《海关领导干部选拔任用工作办法》等有关规定，完成科级领导干部提拔任用及试用期满转正工作，按程序对提任干部开展任前谈话和廉政教育提醒。年内，完成4人关衔晋升，6名事业编制人员聘任聘用，1名2020年录用公务员和1名2020年军转干部转正定级，2名2021年新录用公务员任职，集中整理干部人事档案、选拔任用档案。派员2人次支援荣成海关和山东省疫情防控专班工作。

加强执法一线科长建设。配齐配强执法一线科长队伍，推进执法一线科长队伍年轻化，平均年龄39岁，年龄结构进一步优化。优化正副职配置，加强执法一线科长培养使用，执法一线科长通过外出参观、跟班学习、网络学习等形式增强业务能力。运用队伍管理平台抓好考核、管理，加强科级干部教育培训，提升执法一线科长带队伍、防风险能力。

推动"虚拟科室"建设。创新选人用人措施办法，解决人力资源不足等问题，按照业务关联度高、工作协同性强的原则，将6个业务科室融合为3个"虚拟科室"，涉及关员占全体关员的66.67%。明确虚拟科室工作职责，制定虚拟科室岗位操作手册，合理进行业务办公系统统一授权，实现信息互通共享。综合人员资质、工作经验等因素进行优化配置，实施"虚拟科室"人员无障碍流动。开展业务大学习、大交流，以"虚拟科室"为单位开展各类学习培训，提升干部队伍综合素质。有效整合登临卫生检疫、港口查验等业务，缓解动植物检疫、企业稽核查等工作"双随机、一公开"人力紧张问题，充实窗口轮值、单证审核、关税征管等工作力量。

强化干部监督管理。落实"一岗双责"，实施干部配偶、子女及其配偶从业情况自查抽查，共抽查16人、抽查比率47%，未发现干部及亲属"贴着海关发财"等情事。开展干部人事档案整理，收集归档各类材料100余份。全面核对干部职工"三龄两历一身份"等重点信息，及时进行查漏补缺，完成人事档案专项审核。

（撰稿人：仲　珩）

蓬莱海关

【概况】蓬莱海关于1997年开始筹建，1998年10月29日正式开关，隶属青岛海关。2015年9月，总署批复同意烟台地区海关机构整合，蓬莱海关整合为烟台海关（副厅局级）驻蓬莱办事处（处级）。2018年，根据党和国家机构改革部署，出入境检验检疫管理职责和队伍划入海关。总署批复同意撤销烟台海关驻蓬莱办事处并设立蓬莱海关，隶属青岛海关。

截至2021年年底，蓬莱海关内设8个行政科室和1个事业单位（蓬莱海关综合技术服务中心）。现有在编人员41人，其中行政编制35人、事业编制6人，平均年龄40.5岁，男女比例为27∶14，均为大学以上学历，其中硕士研究生11名、博士研究生2名。在职党员30名、占比73%。

蓬莱海关辖区范围为烟台市蓬莱区（含原长岛县）。现有监管作业场所5个，分别是蓬莱港区、巨涛港区、栾家口港区、大金码头、京鲁船业舾装码头，共有码头泊位28个。进口商品主要是机电产品、钢铁制品、原木、水泥熟料、铝矿砂、葡萄酒，出口商品主要是机电产品、钢铁制品、石油沥青、铝制品、化工品、水产品及水果。全年，蓬莱海关共监管进出口货物399.44万吨、货值19.10亿美元，同比分别增长21.89%、58.56%；入库税款19,115.78万元，同比增长60.28%；检疫出入境船舶643艘次，同比增长7.35%。

【党的建设】2021年，蓬莱海关坚持“学党史、悟思想、办实事、开新局”，围绕“四史”开展4次专题学习研讨。以上率下，示范引领，举办专题“关长讲堂”2期。在蓬莱海关关网开设《中国共产党人的精神谱系》专栏，从党的历史经验中汲取精神力量。

组织前往胶东革命纪念馆、胶东艾崮山抗日根据地纪念馆参观学习3次，在烟台抗日烈士纪念碑前举行祭扫活动和重温入党誓词。开展党建共建，利用烟台海关关史展，开展关史教育学习2次。参加“全省红歌接力赛”、蓬莱区庆祝建党百年“我心向党”合唱比赛活动，提升全体党员参与感。组织“红色电影周”活动，集体观看《建党伟业》等红色电影7部。

发挥党史学习教育效应，以“我为群众办实事”实践活动成果来检验党史学习成效。党委班子成员每人深入5家企业走访，共收集并解决企业提出问题28个。参加“清洁仙境”活动，组织党员干部走进帮扶村、社区等开展卫生清扫32次。制定出台26条工作措施，助力蓬莱经济体制和生态文明体制改革，推进蓬莱外向型经济高质量发展。各支部立足职能，为企业解决实际问题33个，便及企业300多家次。

加强基层组织建设。以“政治引领力强、推动发展力强、改革创新力强、凝聚保障力强”支部标准推进基层支部建设，培训支部委员15人次，培养入党积极分子1名，发展预备党员1名，2名预备党员顺利转正。推动“一支部一品牌，一品牌一特色”，打造“仙境速通”等5个党建品牌。组织开展“党旗在基层一线高高飘扬——以实际行动庆祝中国共产党成立100周年”活动，1人被评为青岛海关“强关建设最美青年”，1人被评为“青岛海关优秀党务工作者”。

开展“现场监管与外勤执法权力寻租”专项整治，对7名离岗离职人员和41名在编干部的配偶、子女及配偶从业情况进行排查，组织34人完成违规事项个人申报工作；全面梳理排查廉政风险点，形成覆盖6个部门、25项问题、9个工作岗位的廉政风险清单。

打造“清廉海关”。制订2021年全面从严治党工作重点任务分工方案，倒逼责任落实。打好党内监督“组合拳”，答复日常监督工作单6份、监督建议书4份，排除廉政风险隐患。落实青岛海关党委派驻纪检组与驻在单位党委会商通报工作办法，围绕全面从严治党及基层党建工作开展2次工作会商。织密防控风险“立体网”，召开党风廉政建设座谈会，发挥支部纪检委员抓廉政促廉洁作用，组织观看《破冰》等3部警示教育片，发送《致党员干部家属一封信》，实施家庭助廉。开展“基层书记组长谈责任”视频访谈活动，提升反腐倡廉工作水平。

【口岸疫病疫情防控】2021年，蓬莱海关以最全面、最严格、最彻底的措施做好疫情防控，健全“培训考核、监督管理、自查督查”三位一体安全防护体系，制定蓬莱海关口岸新冠肺炎疫情防控安全防护管理制度，更新《蓬莱海关新型冠状病毒肺炎口岸防控技术方案》至第13版。全年，共检疫人员1.74万人次，其中入境8,577人次、出境8,826人次。监管上船船员2,647名、下船船员2,100名。对申请下船船员、有症状者等实施采样2,595人次。

按照总署和青岛海关统一部署，落实封闭管理要求，制订蓬莱海关口岸卫生检疫工作人员封闭管理工作方案，明确封闭管理人员设置及职责，启动实施封闭管理场所改造。统筹调配全关业务人员，抽调业务骨干，搭建“一线、应急、预备”三级梯队，组建成立3个工作班组，按“14+7+7”封闭模式进行轮流作业。

加强来访人员管理，严格实行健康码查验、行程卡核验、体温测量；严控出差出行，非必要不离蓬；实行全员健康监测“日报告、零报告”制度，第一时间摸排疫情防控指挥部公布的病例轨迹。建立内防工作指引，形成新冠肺炎疫情内部防控作业指引并动态更新至第4版。严格执行“应检尽检”要求，按照规定采样频次组织新冠病毒核酸采样，进行台账管理。

把防止疫病疫情输入工作作为重点，开展入境口岸监测调查、检疫性实蝇监测、外来有害杂草监测等6项国门生物安全监测工作，设置监测点43个，截获各类有害生物78种次，其中检疫性有害生物61种次，并及时进行妥善处置；共在进境木材中截获有害生物12批次，17种次。严格防范非洲猪瘟疫情，落实疫区猪肉100%封存、相关场所100%消毒等措施，共对181艘次来自或经停疫区的船舶登临检查，封存猪肉及其制品18,431千克，对泔水、厨房等监督实施消毒。

【监管业务】2021年，蓬莱海关按照总署、青岛海关统一部署，组织开展“国门利剑2021”“蓝天2021”“齐鲁利剑2021”等专项行动，查办4起一般行政案件，案值1,241.02万元。抓好重点领域、重点产品监管，加强稽核查作业和综合治税，提升执法把关效能。

开展进口食品“国门守护”行动，强化进出口高风险食品监督管理，全年检出进口不合格产品2批，无因安全、健康和环境保护项目不合格造成出口食品通报及退运情况。

提升进出口危险化学品及包装检验监管效能，保障进出口重点大宗资源性商品质量安全，共完成16批次出口危险货物包装使用鉴定，辖区首次出口验放汽油2批、6.58万吨。

结合辖区企业过往违规案例，开展“加工贸易风险排查专项行动”，对辖区21家企业开展集中排查，共发现问题12个，涉案金额共计1,391.55万元。统筹人力资源，采取“线上+线下”相结合方式，开展核查作业57起，同比增加90%。

联合商务部门开展外地报关企业的摸底排查和走访调研，采取“因企施策”措施，扩大税源基数；提前解决企业在归类、审价、原产地确定等方面面临的具体问题20余个，保障税源稳定。

与市场监管、公安等部门联合开展走私线索实地核查2次；建立打击海上走私协作配合机制，与蓬莱、长岛海警工作站分别签署合作备忘录；加强关警打私联动，与烟台海关缉私分局开展涉案线索联合研判处置、非设关地码头联合巡查及打私宣传6次，移交刑事案件线索1起。

【服务发展】2021年，蓬莱海关把本职工作与地方经济社会发展相融合，立足海关职能，服务改革、服务开放、服务政府和企业，助推地方高质量发展。

立足地方区域发展实际，突出文以辅政、政以文彰，加强调查研究，及时回应辖区企业发展需求，履行服务地方发展职责。围绕蓬莱葡萄酒、苹果产业、化工产业、海工装备、文化旅游等产业撰写调研报告6篇，其中《蓬莱海关关于蓬莱苹果产业发展情况的调研报告》被蓬莱区委《蓬莱发展》刊发。

指导葡萄酒企业开展体系建立、硬件改造、备案办理，搜集并发布国外法律法规变化及预警召回信息近80条，新增出口葡萄酒备案生产企业3家，出口葡萄酒30批、56,610升、货值59.83万美元。支持地方申建国家级葡萄酒技术性基地，撰写可行性研究报告。对接地方发展规划，给予企业支持，助力珑岱酒庄进口优质葡萄苗木1.98万株，推动海工装备制造企业自用泊位开放，蓬莱对外启用自建泊位增至28个，大金重工等3家拥有自建对外开放泊位的海工装备制造企业出口总值达61.92亿元，同比增长30%。

打造进口“船边直提”、出口“抵港直装”监管模式，促进贸易便利化，实现货物“即报、即查、即放”。44票进境冷冻远洋自捕鱼实现“船边直提”，节省企业冷冻货物仓储费130余万元；7票大型风电设备、石油焦、脱硫石膏等出境货物实现“抵港直装”，节省货物吊装费100余万元。指导企业拓展升级海关监管作业场所，新增5.4万平方米作业场地，扩大模式改革受惠覆盖面。

▲2021年2月1日，蓬莱海关关员对出口果冻制品进行现场查验

落实“单一窗口”、两步申报、精简单证、提前申报等惠企政策，按照“由内及外、齐抓共提、全时监控、日清日结”管控思路，持续压缩流程时长，打响“仙境速通”品牌。宣传RCEP享惠规则，为辖区40余家外贸企业举办专题政策宣传及实务培训。全年，辖区对RCEP成员方外贸进出口总值40.30亿元，同比增长31%。

（撰稿人：冯　飞）

海阳海关

【概况】海阳海关是于2014年9月经总署批准成立的正处级隶属海关。2018年，根据党和国家机构改革部署，出入境检验检疫管理职责和队伍划入海关。2019年3月27日，青岛海关确定海阳海关的职能配置、内设机构和人员编制，设海阳海关为正处级隶属海关，受青岛海关直接领导。海阳海关于2019年5月28日正式开关，2020年1月1日起全面对外开展业务，其辖区范围为山东省海阳市。截至2021年年底，设有4个科室。在编人员共20人，平均年龄36岁。其中，男性13名，平均年龄40岁；女性7名，平均年龄30岁。海阳本地干部5名，外地及交流干部15名。在编人员均为中共党员。

2019年4月，经青岛海关直属机关党委批准，海阳海关设机关党支部；2020年7月，经青岛海关直属机关党委批准同意，撤销海阳海关机关党支部，设立海阳海关机关党总支，下设2个党支部。

海阳港区为国家一类开放口岸，于2019年12月27日获国家口岸管理办公室发文批准正式通过国家级扩大开放验收，有开放泊位4个，其中1万吨级泊位2个、5,000吨级和3,000吨级泊位各1个，年设计吞吐能力150万吨。海阳港相关进出口、口岸监管业务均由海阳海关办理。2021年，入境外籍船舶5艘，进口金精矿33吨，货值1.41亿元。

2019年12月31日，海阳海关被山东省文明委授予“山东省文明单位”荣誉称号。

【党的建设】2021年，海阳海关推进内务管理精致化，开展干部轮训、专业培训、跟班学习、岗位互学，“岗位大练兵”全覆盖；坚持“一人多岗、一专多能”，成立督审、业务研讨、食品水产品评审、稽核查4个业务小组，解决人员少与业务种类多之间矛盾；结合准军事化海关纪律部队建设要求，完善内务规范制度28项，形成闭环制度体系。推进业务管理精细化，把相关业务操作规范逐条逐项量化标准要求，完善83项岗位守则；把全年大事实事分解成61个子项目，实行目标、任务、时间、效果“四落实”；完善内审督察机制，强化过程管控，聘请海阳市政府机关、企业等单位特约监督员 12 人。

持续推进文明单位建设，打造“方圆小课堂”“方圆小药箱”“超超学法”等群众文明建设品牌；组建党员志愿服务队，实施“社区吹哨、党员报到”服务“双报到”海阳市方圆街道阳光社区 4 大类 17 个实事项目，共组织党员下沉 135 人次，累计服务 500 多小时，海阳海关党员志愿服务队被评为“海阳市优秀服务团队”。海阳海关顺利通过省级文明单位年度复审。

【监管业务】2021 年，海阳海关抓好常态化疫情防控工作。严格落实岗位责任制，抓紧来访人员管理，抓实办公场所、监管场所预防性消毒，做好一线关员防护和参加口岸一线闭环管理人员关心关爱工作；与地方卫健、边防、海事及港务等部门建立联防联控机制，严格实施登临检查，做好入境船舶和人员卫生检疫，严防疫情从口岸输入，全年共计监管进出境船舶 10 艘次、船员 152 人次。

建立完善案件办理联动机制，深挖案件线索。全年，共立案一般行政案件 4 起，办结 4 起，立案数量较 2020 年增长 300%，罚没收入 9.71 万元，较 2020 年增长 385%。协助汕头海关缉私局推进办理刑事案件 1 起，刑事案件办理实现零的突破。

守牢国门生物安全防线，强化生物安全风险监测管理，出台口岸病媒生物本地监测方案、输入性病媒生物监测方案及国境口岸食品安全抽检实施方案，开展鼠类、实蝇等有害生物监测 368 批次、进出口食用农产品和饲料安全风险监控 16 批次。

推进安全生产专项整治三年行动，落实安全生产“三个必须”要求，压紧压实安全管理责任，完善常态化安全生产隐患排查机制、联防联控工作机制，全年共对办公区域、监管场所、重点企业实施安全督察 11 次，未发现异常。

【服务发展】2021 年，海阳海关推进关地合作备忘录落实落地，实施《应对新冠肺炎疫情促进海阳市外贸平稳发展的七条措施》，助推做好“六稳”、落实“六保”。全年，海阳市外贸进出口总值 98.45 亿元，同比增长 25.73%；税款入库5,812 万元，同比增长 1.82%；受理报关单 4,679票，同比增长 50.70%；审核加工贸易手册备案 273 份，备案金额 6.91 亿元，保税额 1.65 亿元；制发检验检疫证书 2,206票，审核原产地证书1,274票；辖区登记在册企业总计 682 家。

支持核电、毛衫、食农产品等优势产业膨胀发展，“一企一策”为重点企业提供“菜单式”服务，海阳海关的工作得到海阳市党政主要负责同志共 7 次批示肯定。助力核电建设，成立工作专班，实行“零障碍、无缝隙、点对点”服务，完成核电保税仓库货物延期申请 17 票、货值 1.98 亿美元，促进全国首个“零碳”供暖城市建设。助力特色农业发展，加强政策引导和技术支持，优化全流程服务。全年，共监管进出口食品农产品重量约 5.41 万吨，同比增长 20.93%，货值约 6.45 亿元；现有备案出口农产品种植基地 114 家、面积约 28 平方千米，惠及万余农户。助力毛衫产业壮大，面对新冠肺炎疫情与外贸不确定性双重压力，点对点指导企业突出重围，毛衫产业全年进出口总值 24.38 亿元，同比增长 27.80%。助力粮食进口实现突破，共完成进境粮食加工企业备案 6 家，备案仓容 7.69 万吨；进境粮食 3 万吨，节省企业加工成本近 900 万元，涉及关联食品加工、饲料加工、粮食储备企业 15 家。

▲2021 年 9 月 16 日，海阳海关关员在果园查看阳光玫瑰葡萄种植管理情况

推进“放管服”改革，推进“两步申报”“提前申报”等改革事项，实施“智慧企管”改革，梳理近 300 家企业一手数据资料，实现作业流程和管理一体化。2021 年出口通关时效 0.41 小时，列青岛海关第二、烟台地区第一；“两步申报”比率超 80%，列青岛海关第二。

优化口岸营商环境。推进行政审批“一网通办、一次办好”，实现海关服务全程无纸化；拓宽“预约加急通关”“原产地信用签证”等政策覆盖面，力保产业链供应链稳定；支持口岸拓展金精矿、石墨块、沥青等业务，实施“船边直提”“抵港直装”作业模式；强化政策引导，举办 15 场次政策宣讲会，指导企业用好 RCEP 政策及海关 AEO 认证、原产地签证及汇总征税等便利化政策；对标海阳“双招双引”和新旧动能转换重点项目，累计为 150 多家企业推送海关政策和信息近千篇次，解决企业咨询和反馈问题 560 多条次。全年，共引导 8 家本地企业外贸回流，“回流”进出口总额近 5 亿元。

（撰稿人：辛　强）

第七篇

直属事业单位

青岛海关技术中心

【概况】青岛海关技术中心是直属于青岛海关的正处级事业单位，主要承担检测、检疫、化验、鉴定、咨询、培训和认证等职能。现有实验室面积 10 万余平方米，检测设备5,000余台套，在编人员 194 人，其中硕士学历 76 人、博士学历 36 人，副高职称 94 人、正高职称 34 人，享受国务院特殊津贴 2 人，国际标准化组织专家 1 人；拥有 17 个国家级检测重点实验室，4 个食品安全基准实验室，5 个生物安全实验室；业务领域覆盖生物安全、税种鉴别、固体废物鉴定、物种鉴别、食品安全、动植物检疫，化工产品、矿产品、工业品质量安全，以及危险货物包装鉴定、危险废物鉴别等领域；是海关总署认定的进出口商品检验鉴定机构，国家市场监督管理总局、国家卫生健康委、农业农村部认定的食品复检机构，国家认监委（国家认证认可监督管理委员会）指定的 CCC（China Compulsory Certification）认证测试机构，生态环境部、海关总署、国家市场监督管理总局认可的固体废物属性鉴别机构，生态环境部认可的危险废物鉴别机构，交通运输部认可的危险货物包装检验机构，山东省农业农村厅和畜牧兽医局认定的农产品质量安全检测机构，以及韩国食品药品安全部认定的食品检测实验室，印度尼西亚农业部认定的植物源食品检测实验室，沙特标准计量和质量组织认定的轮胎性能合格评定实验室，能够为保障监管执法、维护国门安全、服务经济发展提供有力支撑和坚强后盾。

2021 年，青岛海关技术中心完成检测业务 16.10 万批、341.82 万项，同比分别增长 39.46%、53.76%。其中，法检业务 7.45 万批、279.17 万项，同比分别增长 66.75%、62.72%；委托业务 8.65 万批、62.65 万项，同比分别增长 22.23%、23.48%。

【搬迁调整】2021 年 5 月，青岛海关技术中心本部由市南区瞿塘峡路 70 号搬迁至城阳区新悦路 83 号红岛检测基地，顺利通过国家认监委资质认定和 CNAS 能力认可评审，保证实验室检测业务正常开展，青岛海关对“技术中心搬迁工作组”予以嘉奖。6 月 17 日，青岛海关党委书记、关长贺水山到红岛检测基地调研，参观 P3

实验室、食农实验室、工业品实验室和技术中心党建活动室，听取工作情况汇报，与技术中心领导班子成员、派驻纪检监督员开展“一对一”谈话。8月，青岛海关党委对技术中心领导班子进行调整。经慎重研究决定对原有41个内设机构的名称、职能进行优化调整，设置6个行政综合保障部门，4个服务国家战略和口岸发展的定向实验室，针对生物安全、固体废物鉴定、税种鉴定、物种鉴别等特殊业务设立对口实验室，着力提升技术保障和服务发展能力和水平，有效促使综合管理工作步入正轨，制度体系更加完善，财务保障更加有力，民生工作持续改善，各部室交流更加顺畅，合作更加密切，业务工作稳中有进、持续向好。同时，加强与青岛海关职能部门和隶属海关沟通协作，听取意见建议，谋求发展共识，最大限度发挥技术中心支撑作用，全力保障海关监管执法，共同提升国际贸易便利化水平。

【内部管理】2021年，青岛海关技术中心坚持以习近平新时代中国特色社会主义思想为指引，扎实开展党史学习教育，深入贯彻十九届六中全会精神，提升党建工作成效和水平。加强理论学习，建立“及时跟进学、丰富形式学、突出成效学”的统筹学习模式，不断强化理论武装，提高政治站位，持续推动党史学习教育走深走实。全面贯彻落实意识形态工作责任制，通过谈心谈话、调研走访等形式，了解党员干部思想动态，不断加强意识形态阵地建设和管理。组织举办“迎七一·唱支山歌给党听”、“庆百年华诞·线上红歌会”、党建征文、党建摄影作品展等活动，引领全体干部群众学党史、颂党恩，进一步增强对党的百年奋斗历程和伟大成就的认识和感悟。把“我为群众办实事”实践活动作为党史学习教育重要内容，围绕进出口商品检测超周期问题深入调研，重新梳理业务交接程序，提升工作效率，超流程批次数同比下降80%。针对新冠肺炎疫情防控、打击“洋垃圾”和濒危物种走私等重点工作，强化部署、狠抓落实，全力保障新冠病毒检测实验室高效运行，连续检出进口固体废物和濒危物种。以“现场监管与外勤执法权力寻租”专项整治活动为契机，全面深入摸排风险岗位和人员，逐一进行廉政提醒谈话。通过召开支部纪律委员座谈会、观看廉政教育片、签订党风廉政建设责任书等形式，促使每名党员严格按照党章党规要求，坚决守牢法纪底线。

【监管执法保障】2021年，青岛海关技术中心落实总体国家安全观，把好国门质量安全关。严保国门生物安全，深入开展新冠病毒、非洲猪瘟病毒核酸检测和外来生物检测技术研究，持续提升进境动植物疫病截获率，松材线虫检出率创历史新高。严厉打击走私骗税，自行开发高效检测方法5项，有效协助风控部门查发出口香菇骗税、进口石墨走私，以及进口玉米、蔗糖、天然橡胶等骗税逃税情事30余起。阻止“洋垃圾”进境，高质量完成固体废物属性鉴别业务580余批，检出固体废物63批。保障进出口危险化学品安全，打造全国海关首个进出口危险货物及包装实训点，开展危险化学品风险监测234批，牵头组织全国系统危险化学品及包装检验监管上岗培训和资格考试。保障进口商品质量安全，检出进口印度枯茗子不合格63批；检出进口汽车用制动器强制性项目不合格7批，检出进口棉花不合格1,826批，有效维护贸易双方合法权益。

▲2021年2月18日，项目牵头人在对纺织服装中生态化学指标进行气相色谱—质谱精密分析

【新冠肺炎疫情防控】2021年，青岛海关技术中心全面统筹协调，选派30余名同志投身疫情防控一线，7×24小时轮流工作，保证6小时出具新冠肺炎核酸检测结果，满足口岸疫情防控需要。全年，完成新冠病毒法检业务2.1万批、样本41.6万个；冷链监管专仓委托业务2.8万批、样本24.3万个。岳志芹同志被评为全国系统抗疫先进个人。加强生物安全实验室管理，建立每日安全巡查制度，加强样品操作前灭活、人员培训、实验室记录和档案、个人防护、样本保存与管理、感染性物质运输、实验室废弃物管理、生物安全管理体系、实验室应急预案等11项安全自查，强化生物安全防护和应急处置演练，定期开展检测方法验证和环境监测，不断完善生物安全防控体系。同时，严格出差出行管理，统筹调度疫苗接种进度，建设冷链专用方舱，降低工作感染风险，保证内部防疫安全。

【服务发展】2021年，青岛海关技术中心立足海关职能，发挥技术优势，主动融入经济发展大局，与青岛自贸区、上合示范区管委深化合作，与胶州海关合作建设“上合示范区原产地证书审签中心”，解决动物源性食品输欧准入问题，促成欧盟放宽对中国出口花生检验监管要求；加快检验、认证、检测结果互认，助力输韩食品一站式通关，推动进口棉花、橡胶、汽车通关便利化，指导企业用足用好关税优惠政策，为推动青岛外贸发展做出新贡献。

【交流合作】2021年，青岛海关技术中心加强对外沟通合作，持续增强发展后劲，与济南、郑州、太原、西安、兰州、西宁、呼和浩特、满洲里等沿黄9省区海关技术中心签署战略合作框架协议，牵头成立青岛检验检测认证协会、“一带一路国际检验检测联盟”。高宏伟同志作为总署推荐转基因专家，当选第六届全国农业转基因生物安全委员会委员；车礼东同志作为总署推荐的中国代表团成员，参加联合国危险货物运输专家委员会和联合国全球化学品统一分类和标签制度专家委员会2021年夏季线上工作会议。

【科技创新】2021年，青岛海关技术中心以关键技术突破、创新产品研发和创新成果转化为重点，加强合作、联合攻关，争取海关系统和地方政府科研项目，推进科研成果转化，深入开展专项检测技术和方法研究，持续提升技术壁垒应对的话语权和结果判定的精准度。主持修订《关于维生素C的在研课题输出一项AOAC检验方法标准》AOAC（Association of Official Analytical Chemists）国际标准1项、《微生物检验方法验证通则》等国家标准14项、《禽肉中弯曲菌计数方法》等行业标准24项、《进出口纺织品亚硝胺的测定》等海关技术规范2项、《SDAQI 008—2021 食品中苯菌酮残留量的测定》等团体标准4项；主持完成《重点进口商品固体废物属性鉴别关键技术及应用》等科研项目5项，其中《纺织服装及原材料品质提升关键技术与系列装备的研发和应用》获山东省科技进步二等奖；《基于广泛定向及非定向分析的食品种化学危害物筛检关键技术及应用》获中国检验检测学会科学技术一等奖；《麦氏弧菌的真空冷冻干燥保护剂及其保藏方法》等被授权发明专利11项、《一种消毒杀菌样品存储柜》等被授权实用新型专利9项；发表技术论文30余篇，其中《Characterizing gangliosides in six sea cucumber species by HILIC - ESI-MS/MS. Food Chem. 2021, 352, 129379.》等7篇被SCI（Science Citation Index）收录、《商品海参溯源分析技术研究进展》等2篇被EI（The Engineering Index）收录。

（撰稿人：车立志）

青岛国际旅行卫生保健中心

【概况】青岛国际旅行卫生保健中心（青岛海关口岸门诊部）为青岛海关直属事业单位，保健中心建筑面积7,000余平方米，现有CT、彩超、X光机、全自动分杯加样系统、大通量核酸提取仪等医学检查检测设备88套，配备海关移动P2+实验室，可开展检验项目112项，其中经CNAS认证项目为42项，经总署认证项目为70项。设有13个内设机构，现有职工104人，其中博士研究生4人、硕士研究生20人，正高级职称3人、副高级职称29人。承担出入境人员传染病监测、健康体检、旅行预防接种、卫生保健咨询、医疗保健门诊、卫生检疫技术科研开发与技术服务；承担青岛口岸卫生检疫技术保障和支持；承担青岛海关医学媒介生物种属鉴定及携带病原检测。

2021年，青岛国际旅行卫生保健中心完成出入境人员健康体检2.26万人次，签发证书5.57万份；检测体检样本1.56万人份，检出乙肝、丙肝、梅毒等阳性340例；对检出的23份HIV（Human Immuno-deficiency Virus）初筛阳性标本进行确认，检出HIV-1抗体阳性17例；办理出国人员外文材料翻译1,213份。进行预防接种1.72万人次，针对出国人员办理新冠病毒疫苗转签新需求，探索新模式，在收集分析中国已开展新冠病毒疫苗种类基础上，通过多方查询确保中英文规范用语，业务系统增加新冠病毒疫苗转签准确翻译模块，缩短签发时间，累计登记签发新冠病毒疫苗中英文转签记录2,210份。对青岛海关各口岸送检的115批次、335只病媒生物进行种类鉴定和病原体检测工作。其中，在10只鼠类中检出携带流行性出血热病毒（汉坦病毒），一次性检出阳性数量创历年来新纪录；山东口岸利用分子生物学技术首次检出东突厥蜚蠊。参加国家卫生健康委临床检验中心能力验证活动9大项、山东省和青岛市卫健部门新冠病毒核酸检测活动5次，新冠病毒变异株核酸检测2次，新冠病毒抗体检测1次，结果均为满意。

【党的建设】2021年，青岛国际旅行卫生保健中心结合建党100周年，筹建党员活动室，召开党员大会，重温入党誓词。赴中共青岛市党史纪念馆开展“重温党的历史、牢记责任使命”主题党日活动。打造党建品牌，第一党支部“医心向党　倾情相互”、第二党支部“旅行守护者”、第三党支部“大医精诚　健康管理”，在品牌的创建历程中，明确学习贯彻党的十九届六中全会精神的实施意见，全面学习贯彻落实十九届六中全会精神，走好“两个维护”的“第一方阵”，深化“让党中央放心、让人民群众满意的模范机关”建设。

【新冠肺炎疫情防控】2021 年，青岛国际旅行卫生保健中心按照“专人负责统筹、领导跟班作业、工作人员各司其职”的要求，形成齐抓共管、齐心协力防控格局，为口岸疫情防控提供强有力的技术支持，为口岸提供 7×24 小时全天候新冠病毒样本检测支持。全年，共完成核酸采样 3.50 万人次，进行新冠病毒核酸检测 16.34 万份，抗体检测6,437人份。进行环境样本检测8,063份；进行鼻咽拭子检测 15.53 万人份，其中对出入境人员进行检测 5.83 万人份；保障青岛海关“应检尽检”和“愿检尽检”工作检测 1.33 万人份。荣获青岛海关 2021 年度工作优秀集体。

2021 年，青岛国际旅行卫生保健中心严格执行程序，做好风险研判，谁接访、谁负责。落实预检分诊要求，执行二次登记、查验健康码、检测体温、询问旅居史，确保不漏检可疑情况；接收新冠病毒样本时遵守相关规定，按照操作规程对送样箱进行消毒，拒收不符合疫情防控要求的样本；做好医疗废弃物的收集、转送、交接、清运等管理工作，做好消毒和记录；高度关注疫情发展变化，及时了解各地风险等级，发布疫情信息提示，有针对性地调整防控重点；每日对内部人员进行健康监测并报告，每周至少督查 1 次。对督查中发现的问题立即整改，整改不到位、不符合要求的纳入绩效测评，督促务必整改到位。

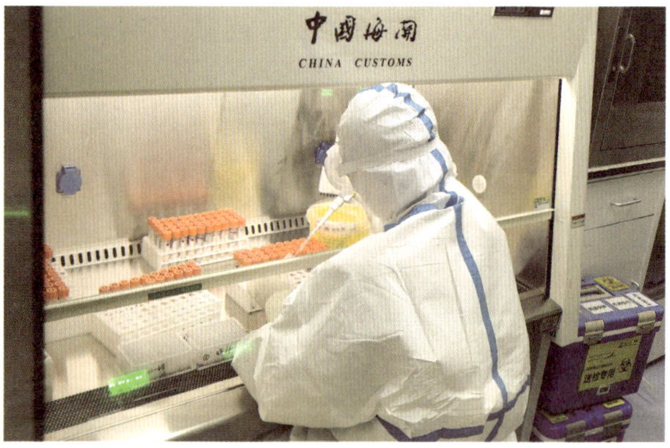

▲2021 年 8 月 18 日，实验室人员在青岛胶东国际机场移动 P2+实验室进行新冠病毒检测前的准备工作

2021 年，青岛海关移动 P2+实验室在青岛胶东国际机场正式投入运行，日最大新冠病毒核酸检测量可达 800 人份。该项目是山东省出入境口岸首个获得二级病原微生物实验室资质备案的车载可移动核酸检测 PCR 实验室，实现“国境门口”就近检测，大幅缩短样本流转时间，降低样本运输泄露风险，提高检测效率。按照总署、青岛海关要求，保健中心派出 P2+实验室工作组张涛、刘迪、李秋磊 3 名同志支援北京冬奥会、冬残奥会入境新冠病毒核酸检测工作，圆满完成为期2个月的支援保障任务。

【科研工作】2021年，青岛国际旅行卫生保健中心主持并完成总署新冠病毒口岸防控紧急立项课题“新型冠状病毒高通量多靶标现场快速检测方法研究及设备研制”，开发新冠病毒等7种人感染冠状病毒自动化高通量微流控检测芯片，填补国内空白；主持总署科技项目“新型冠状病毒变异株检测试剂研发和监测”，建立检测新冠病毒变异株的S序列一代测序方法。“口岸外来有害生物及媒介的联合监测与预警防控研究应用”项目获2021年度山东省重点研发计划（重大科技创新工程）立项，该项目由青岛国际旅行卫生保健中心牵头，联合济南海关、青岛检疫处理有限公司、烟台大学等单位承担，是青岛海关主持承担的首个山东省重点研发计划项目，获得山东省资金支持2,057万元。承担、参与新冠肺炎疫情防控相关行业标准2项，获得实用新型专利21项。

【健康体检】2021年，青岛国际旅行卫生保健中心探索“医联体”合作共赢模式，挂牌山东大学齐鲁医院（青岛）、山东医科大学附属青岛眼科医院、青岛市口腔医院医联体合作单位，与多家口腔医疗单位建立合作关系；完成体检系统升级改造，提供更优质的健康体检和预防接种服务，构建“手机预约+检中导检+检后随访+集成化报告”体系，对体检区域、口腔诊室和洗消间等进行改造升级，进一步优化就诊环境、提高顾客满意度，完成30余家企事业、机关、社会团体健康体检共8,563人次，年度体检工作检出随访病例382例，其中发现疑似癌症等重大病例22例，“健康管理之家”品牌获得好评，顾客满意率96.8%。

（撰稿人：任艺特）

青岛海关后勤管理中心

【概况】青岛海关后勤管理中心成立于2001年，原名青岛海关机关服务中心，2016年3月更名为青岛海关后勤管理中心，截至2021年年底，内设机构14个，在编人员45人，其中行政编18人、事业编27人，中心及所属企业职工241人。主要承担青岛海关机关办公场所的物业管理、机关干部职工食堂的管理、机关公务车辆管理、涉案财物的保管，以及政府集中采购项目执行和一般公务采购项目的组织实施、机关基本建设项目的施工和竣工验收等工作。

【党的建设】2021年，青岛海关后勤管理中心严格落实青岛海关党委理论中心组学习制度，细化落实“三会一课”要求，把学习贯彻习近平新时代中国特色社会主义思想和习近平总书记系列重要讲话精神作为首要任务，学用结合、知行合一。通过“一把手”讲党课、参观教育基地、组织专题知识讲座等多种形式，提高全体党员党性修养，筹建“学党史　讲廉政　传家风”党史学习教育文化走廊，开辟党建文化墙、党员活动室。发挥优秀党员先锋模范作用，营造比优学优良好氛围。

【新冠肺炎疫情防控】2021年，青岛海关后勤管理中心进一步深入贯彻落实总署、青岛海关有关新冠肺炎疫情防控的会议精神以及各类新冠肺炎疫情防控文件要求，落实青岛海关机关新冠肺炎疫情内部防控任务，明确分工，责任到人，切实把内部防控工作抓严、抓实。加大出入人员的安全检查，对外来人员重点排查；做到服务人员、第三方外包人员等各类人员疫情防控“同区域，同政策，同管理”；按时按规定次数，对重点区域和敏感部位进行安全消杀；加强防疫物资管理，指定固定场所存放疫情防控物资，建立出入库台账，做好适时统筹发放工作。

【内控管理】2021年，青岛海关后勤管理中心进一步严格贯彻落实“过紧日子”要求，加强内控管理，在各个环节厉行节约。加强机关食堂管理，重视宣传引导，通过播放宣传标语、张贴宣传画、摆放宣传牌等形式，倡导“浪费可耻、节约有荣”美好风尚，杜绝“舌尖上的浪费”。

通过“一周一计划、一月一询价”，定期分析就餐人数，动态增减食材数量，提高食材出成率和利用率。加强办公用品管理，做到“货比三家”，选择性价比最优供应商定点采购，健全办公用品及耗材出入库登记制度，严格控制申领发放，每季度对领用情况进行公示。办公用品支出费用同比下降11%。加强装修改造工程监管，既确保安全、注重质量、节能环保，又高度重视经费控制，理清项目经费支出，分项做好档案，及时开展审计，大大节约施工项目资金。加强机关公车管理，严格执行用车审批、一车一卡、定点维修、定点投保、定点加油制度，合理安排出车任务和行驶路线，实行单车费用核算，实现出车次数和燃油消耗量大幅下降。加强中心内部财务管理，深化改革强管理，重点支出得到保障。

【服务保障】2021年，青岛海关后勤管理中心立足部门职能，持续做好服务保障工作。公务出车累计1,398余台次，安全行驶无事故，圆满完成“跨国公司领导人青岛峰会”“督察内审”等重要保障工作。确保日常工作安全有序，提高办公楼巡检力度和巡检频次，对消防设施、燃气管道、施工现场等重点区域加强日常检查，及时消除安全隐患。全年，共组织设备设施安全巡查72次，完成各类维修服务4,800余次，更新灭火器1,397具、老化消防水带275条，开展突发事件应急演练17次。优化工作生活环境，稳步推进建筑施工项目顺利开展，推进实施基建项目3个，努力为干部职工提供优质工作生活环境。

▲2021年5月27日，机关食堂工作人员正在制作糕点

【企业管理】2021年，青岛海关后勤管理中心深入贯彻落实青岛海关党委促进事企业发展14条意见走实走深，不断健全完善现代企业管理制度，建立灵活高效的市场化运营机制，优化企业经营结构，增强市场竞争力，推动经营提质增效。根据上级有关通知要求和工作部署，及时注销企业3家，完成企业改制3家，改制后由全民所有制企业改为国有独资有限责任公司。所属企业克服新冠肺炎疫情影响，通过“走出去，请进来”的方式，主动与外部业务单位加强沟通交流、调研学习，掌握整体行业内以及周边企业的经营管理现状，寻求合作意向，拓展经营思路，实现企业收益增长。

（撰稿人：刘元臻　闫可学　张新杰
宫晓霞　徐卫仁）

中国电子口岸数据中心青岛分中心

【概况】中国电子口岸数据中心青岛分中心是青岛海关直属事业单位，承担的工作有：为青岛海关辖区进出口企业和执法部门提供电子口岸信息服务、系统运行维护与技术支持，电子口岸安全认证，青岛海关互联网服务的相关应用软件开发、培训与咨询服务，以及青岛、烟台、威海、日照、临沂、济宁、菏泽、枣庄共8个地市范围内进出口企业电子口岸数字证书制发，协助中国电子口岸“单一窗口”（企业依托中央平台向口岸管理和国际贸易相关部门提交标准化单证数据的系统）在青岛海关的运维工作。2021年，累计接听企业咨询电话4.32万个，解决企业问题4.11万个，共为1.22万家进出口企业办理新企业入网业务。

【服务发展】2021年，中国电子口岸数据中心青岛分中心支持地方经济发展，认真贯彻习近平总书记“打造‘一带一路’国际合作新平台”重要指示精神，关注青岛市承担的重大国家战略项目，参与“中国对上合组织国家贸易指数”编制和发布，完成青岛市黄河流域关际合作配套信息化系统方案设计、青岛航运贸易金融数字化生态规划设计课题研究等工作。优化口岸营商环境，建立“我为群众办实事”长效机制，出台“延时服务”“7×24×365应急通关服务”等办事制度，窗口部门累计提供延时服务90余次，热线接听非工作时间紧急通关咨询1,602个，通过微信客服、QQ群等互联网形式为企业解决问题共1.27万次。连欢同志获青岛市行政审批局“‘我为群众办实事’先进个人”荣誉，郑伟、郑成文两位同志荣获2021年度市民中心“服务标兵”称号。构建新发展格局的政治能力和专业水平，助力地方政府打造高水平开放平台，联合青岛市人民政府、上海期货交易所、山东港口集团共同建设的全国大宗商品仓单登记系统青岛试点项目在中国（山东）自由贸易试验区青岛片区正式上线，在全国率先实现海关与期货交易所的信息联网，推动建设高标准市场体系，加强大宗商品的安全流通和高效运转，提升中国重要大宗商品价格影响力，促进“双循环”发展格局加快构建。

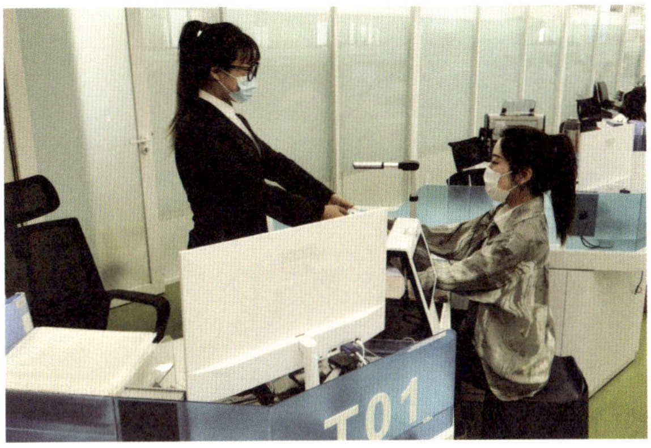

▲2021 年 6 月 6 日，工作人员正在为企业提供电子口岸制卡服务

【提质增效】2021 年，中国电子口岸数据中心青岛分中心落实青岛海关提质增效要求，建立完善财务开支、行政后勤、人力资源、信息化管理等各项制度，通过 ISO 9001 质量管理体系及 ISO 27001 信息安全管理体系认证，通过软件成熟度 3 级认证，共有 16 个软件产品取得软件著作权登记证书，获得高新技术企业认证。

【技术保障】2021 年，中国电子口岸数据中心青岛分中心聚焦“更有效率”海关建设目标，开发部署青岛胶东国际机场“智慧旅检系统”和“货运监管系统”，确保机场转场工作顺利完成，助力海关监管模式升级；配合业务主管部门开发“风险防控辅助系统”“贸易便利化管理平台”“水水转关辅助系统”等应用，不断强化科技创新支撑引领作用，提升新型智能化监管系统的使用效能。牢固树立国家总体安全观，不断提高网络安全风险整体防控、精准防控、联合防控效能，确保海关业务外网安全，做好重大活动保障。成立庆祝中国共产党成立 100 周年网络安全保障专项工作组，参与中国共产党成立 100 周年网络安全保障及网络攻防演习，封禁威胁 IP 地址2,388个，排查安全风险 12 次，完成庆祝中国共产党成立 100 周年网络安全保障工作任务。做好特殊时期网络安全保障，在全国两会（中华人民共和国全国人民代表大会、中国人民政治协商会议）、中国国际服务贸易交易会、中华人民共和国全国运动会、中国国际进口博览会、中共十九届六中全会、“双 11”等特殊时期强化网络安全保障工作。

（撰稿人：邢光伟　张文杰）

第八篇

大事记

大事记

1月

▲1日　青岛海关圆满完成2020年税收目标任务。全年入库税收1,135.39亿元，圆满完成总署交办税收目标任务。其中，关税123.37亿元、进口环节税1,012.02亿元。

▲5日　青岛海关2项科研项目分获山东省科技进步奖一等奖、三等奖，其中“离子化合物分析关键技术及仪器的开发与应用”项目是青岛海关首次获得山东省科技进步奖一等奖。

▲8日　青岛海关所属烟台海关、荣成海关、青岛大港海关、威海海关、菏泽海关5个单位经中央文明委复查确认继续保留全国文明单位称号。

青岛海关数据分中心成功中标“中国对上合组织国家贸易指数展示平台一期建设项目”项目。该项目是青岛海关配合总署2020年统计研究重点工作“研究发布中国对上合成员国贸易指数”、服务地方政府高质量建设上合示范区的重要举措，也是数据分中心在大数据应用展示产品方面的全新尝试。

▲11日　由青岛市文明办、市爱卫办、市直机关工委等单位联合发出通报，命名青岛海关、黄岛海关、青岛流亭机场海关、青岛大港海关、青岛邮局海关5个单位为“青岛市无烟示范机关”，同时对青岛海关机关无烟示范机关创建工作通报表扬。

▲12日　青岛海关完成H2018新一代通关管理系统3.0版试点切换工作。即墨海关作为青岛海关首批试点海关，试点当日共审核报关单206票，人工干预报关单35票，反映系统问题3个，反馈总署工单2个。

▲18日　青岛邮局海关在寄自香港地区的进境邮件中查获毒品LSD（俗称“邮票”），共10张，这是青岛海关查获的首例新型毒品LSD案件。

▲19日　青岛海关老干部活动中心正式揭牌。新建成的老干部活动中心位于西陵峡二路办公楼7楼、8楼，面积约900平方米，设有学习教育、健身、书画、理疗、形体训练等场所，配备先进的设施

设备。

青岛海关顺利启动“海关预算执行系统”及配套系统“公务之家”试点工作。

▲21 日 即墨国际陆港多式联运海关监管场站正式开通运营。该场站通过“陆海联动 海铁直运”内陆港监管模式可实现货物申报、查验、放行等港口功能。

▲27 日 青岛海关所属烟台海关机场旅检现场检疫采样方舱正式投入使用。该批采样方舱共 5 个，投入使用后，将有效增加烟台海关空港口岸海关卫生检疫采样工作效率，缩短入境旅客通关等待时间。

2 月

▲3 日 青岛海关完成中国首艘载人潜水器支持母船——“深海一号”科考船入境检疫工作。第一时间登轮完成 28 名船员及 30 名科考队员的入境检疫工作。

▲8 日 青岛海关开发上线“疫情内部防控台账系统”。实现青岛海关疫情防控信息的每日上报、自动汇总、一键导入导出等功能。

3 月

▲1 日 山东省商务厅召开“国外技术性贸易措施专题调研课题项目”招投标会，青岛海关申报的《中韩重要农产品食品安全管理体系研究》等 5 项课题全部中标，中标数量占该项目课题总数的 50%，中标金额总计 45 万元。此次招投标是山东省首次针对技术性贸易工作设立的研究项目，是海关与政府合作发挥技术性贸易措施作用支持企业出口的重要措施。

▲3 日 青岛海关党委书记、关长贺水山会见韩国驻青岛总领事馆新任总领事金敬翰。金敬翰高度赞扬青岛海关在服务中韩经贸发展方面所做工作，并对青岛海关一直以来给予在鲁韩企的帮助和支持表示感谢。贺水山表示将继续加强与韩方的交流合作，共同推动中韩两国经贸往来走向更高层次。

▲4 日 青岛海关被国务院办公厅评为信息报送工作先进单位。总署办公厅通报，青岛海关办公室被国务院办公厅评为 2020 年度政务（含互联网）信息报送工作先进单位（全国直属海关唯一获评单位，也是青岛海关首次获此殊荣）。青岛海关分别被总署办公厅和山东省委办公厅、省政府办公厅评为信息工作先进单位。

▲6 日 青岛前湾综合保税区验收结果获得总署批复。这标志着青岛海关辖区内原出口加工区、保税港区等不同类型的海关特殊监管区域已全部转型升级为综合保税区并通过验收。截至 3 月 6 日，青岛海关辖区共有综合保税区 8 个。

▲8 日 《青岛市国民经济和社会发展第十四个五年规划和 2035 年远景目标纲要》发布，青岛海关前期提出 8 条建议被采纳。

▲10—11 日 受总署委托，青岛海关采取远程视频方式，完成对天津海关辖区天津港国际物流冷链基地、华锐全日物流

股份有限公司进境肉类指定监管场地的评估验收。这是全国首次通过视频验收进境肉类指定监管场地，是新冠肺炎疫情防控期间的紧急创新举措。

▲12 日 青岛海关制订完成《黄河流域外贸协同服务平台初步设计方案》。

▲25 日 青岛海关党委书记、关长贺水山出席青岛海关科研项目“组阁揭榜”仪式，并颁发榜单。青岛海关首次通过“组阁揭榜”方式组织科研攻关。

▲29 日 青岛海关行政复议诉讼案件获评2020年青岛中级人民法院行政审判典型案例、山东省高级法院十大优秀庭审案例。

▲31 日 青岛海关与青岛市财政局、中检集团山东公司完成崂山区伊岭路1号房产及原始基建档案交接工作。

4 月

▲1 日 总署副署长邹志武在青岛出席全国海关督察内审工作会议。

青岛海关首次采用线上方式开展减免税项目调研。

▲2 日 总署副署长邹志武在青岛海关、总署风险防控局（青岛）调研，听取青岛海关整体工作情况汇报，以及牵头沿黄海关关际合作的专题汇报，就综合业务、关税、统计分析、督察内审等工作进行座谈。总署关税征管司司长姜峰在青岛海关开展关税工作调研，了解属地纳税人管理和价格管理工作，对有关工作给予肯定，并提出具体指导意见。总署综合业务司司长金海在青岛海关召开座谈会，听取综合业务条线问题和意见建议，对青岛海关综合业务工作给予充分肯定并对下一步工作提出具体要求。

青岛海关首次在荣成海关启用查检移动工作站。

▲12 日 总署标法中心、济宁海关共同开发的全国首个大蒜产品技术性贸易措施研究评议基地自平台“济宁大蒜自平台”正式上线。

▲16 日 青岛海关选送的抗疫见证物《青岛海关关于畅通“海上高速公路”破解我省航空货运困境的报告》《黄岛海关口岸疫情防控船舶登临检测记录》被中国国家博物馆永久收藏。

青岛海关西陵峡二路办公区保密会议室项目通过国家保密局验收。

▲22 日 青岛海关查办的2起知识产权案件入选青岛市首次发布的知识产权保护十大典型案例。

▲25 日 总署统计分析司司长李魁文参加中国海洋大学与青岛海关“智库联盟”合作协议签署仪式，并在青岛海关召开座谈会，听取统计研究业务工作汇报，李魁文对青岛海关统计研究工作给予肯定，并对下一步工作提出具体要求。

▲26 日 总署统计分析司司长李魁文在青岛出席2021上海合作组织国际投资贸易博览会。李魁文代表总署对外正式发布

"中国对上合组织成员国贸易指数"，上合贸易指数网站同步上线运行。

青岛海关获得青岛市2020年度综合考核优秀等次。共有16家驻青单位参加考核，青岛海关列驻青单位第2名，已连续4年获得优秀等次。

青岛海关查办的知识产权案件入选中国海关知识产权保护典型案例。

▲27日 青岛海关党委书记、关长贺水山会见白俄罗斯共和国驻华大使先科·尤里。双方回顾了中白两国海关合作情况，对相关工作给予高度评价。双方表示，希望以上合示范区建设为契机，推动中白两国经贸发展与海关合作走向更高层次。

5月

▲8日 青岛海关知识产权保护典型案例被全国打击侵犯知识产权和制售假冒伪劣商品工作领导小组办公室《2020年中国知识产权与营商环境新进展报告》编发。青岛海关查办的侵犯"Champion"商标权套头衫案，是海关系统唯一被采编案例。

▲10日 RCEP原产地管理信息化应用系统在青岛海关成功上线。

青岛海关移动P2+实验室获得《临床基因扩增检验实验室技术审核合格证书》《山东省病原微生物实验室及实验活动BSL-2备案证明》，正式具备新冠病毒核酸检测资质。

6月

▲8日 青岛海关抗击新冠肺炎疫情工作受到青岛市委、市政府表彰。青岛大港海关获评青岛市抗击新冠肺炎疫情先进集体，卫生检疫处李继宇等获评青岛市抗击新冠肺炎疫情先进个人。

▲9日 青岛海关党委书记、关长贺水山在青岛西海岸新区出席中国（山东）2021国际大宗商品交流合作大会，与山东省副省长汲斌昌等领导共同见证山东国际大宗商品交易市场上线启动仪式与战略合作签约。

青岛海关"海关通关服务云软件V1.0"计算机软件著作权登记获批。正式收到国家版权局颁发的"软件著作权登记证书"，标志着该项目正式完成产品转化。

▲10日 青岛海关移动P2+实验室正式启动运行，为口岸疫情防控提供更高效技术支撑。

▲21日 青岛海关创新研发的"数e通——关员便捷助手"正式启用。该系统将大幅提高一线关员操作的便捷性、准确性，智能化水平显著提升。

▲23日 中央电视台等新闻媒体连续报道青岛海关缉私局查获的特大可卡因走私案。该案被总署评为打击毒品走私十大典型案例。

▲28日 青岛海关首个教育培训实训点（进出口危险货物及包装）正式揭牌。

▲29日 RCEP青岛经贸合作先行创

新试验基地原产地证书审签中心正式启用。这是全国首个由海关和地方政府共建的原产地证书审签中心。

7月

▲9日　青岛海关5个基层党组织和8名同志获评山东省省直机关“两优一先”。青岛流亭机场海关焦惕、卫生处孙宝杰、黄岛海关翟乃超、临沂海关张鑫、缉私局左庆国获评“山东省省直机关优秀共产党员”称号，政工办李文莉、威海海关杨龙超、烟台海关缉私分局张忠跃获评“山东省省直机关优秀党务工作者”称号，日照海关机关党委、综合业务处机关党支部、青岛大港海关企业注册备案科党支部、烟台海关驻港口办事处党总支部、荣成海关缉私分局党支部获评“山东省省直机关先进基层党组织”称号。

▲12日　青岛海关7个基层党组织被总署党委授予2021年度全国海关党建示范（培育）品牌。关税处机关党支部“青关税政通”党建品牌获评2021年度全国海关党建示范品牌。科技处机关党支部（老牟团队）、黄岛海关舱单管理科党支部（舱单尖兵　监管先锋）、青岛流亭机场海关旅检党总支（国门卫士　旅检先锋）、青岛大港海关企业注册备案科党支部（关企连心桥）、政工办机关党支部（润物无声）、荣成海关稽查科党支部（国门“稽先锋”）6个基层党组织通过全国海关党建示范（培育）品牌复审，总数居全国海关首位。

▲15日　总署副署长王令浚出席跨国公司领导人青岛峰会开幕式及总署闭门会议。

总署副署长王令浚到黄岛海关调研，在联网集中审像中心听取智能审图、关港通系统、知识产权保护、智慧监管等新技术应用进展情况汇报，在青岛港全自动化码头实地了解“智能空轨”建设和海关监管情况，对青岛海关有关工作给予充分肯定，并提出具体要求。

▲28日　青岛海关首次向地方政府移交查扣的固体废物。首批移交的固体废物为废旧电池、旧电脑等，由荣成海关移交给荣成市政府，共计37.9吨。

8月

▲6日　“青岛海关健步走团”在山东省体育局主办的“云走百天　庆党华诞”2021年云走齐鲁线上万人健步走活动中，组织有力、成绩优异，获得山东省体育局授予“官方认证健走团”称号。

▲25日　青岛海关所属菏泽海关报送的《国门生物安全　你我共同守护》、荣成海关报送的《船员日记》2部普法作品在第17届全国法治动漫微视频征集展示活动中分获三等奖和优秀奖。青岛海关获奖数量居全国海关系统首位。

9月

▲2日　青岛海关获评青岛市卫生健

康委员会、青岛市精神文明建设委员会和青岛市红十字会联合授予的“青岛市无偿献血突出贡献集体”，孟珺同志获评“青岛市无偿献血突出贡献个人”。

▲17日 青岛海关年内首次独立策划完成中央电视台《新闻联播》报道。报道称，据海关统计，2021年前8个月，上合示范区共为358列、2.9万标箱中欧班列货物办理通关验放手续，同比分别增长53.6%和85.2%。目前，上合示范区国际班列可通达18个“一带一路”沿线和上合组织国家和地区46个城市。

▲18日 青岛海关工会获评国家体育总局授予的“2017—2020年度全国群众体育先进单位”称号。

▲23日 青岛海关2个集体获评第20届全国青年文明号。青岛流亭机场海关旅检业务现场、烟台海关驻机场办事处旅检一科获此殊荣。至此，青岛关区已有全国青年文明号集体15个。

▲26日 中国（山东）自由贸易试验区烟台片区首单“零成本”汇总征税保函落地。该模式由关税处、烟台海关、山东自贸试验区烟台片区管委联合推出。实施后，将大幅降低企业融资成本，提升两步申报、汇总征税应用率，进一步压缩通关时间，优化口岸营商环境。

10月

▲8日 青岛海关党委书记、关长贺水山会见总署关税征管司司长姜峰。双方就进一步加强综合治税、深化税收征管改革等工作进行交流。

总署关税征管司司长姜峰到黄岛海关开展执法一线科室基层联系点调研，听取黄岛海关验估科党支部工作汇报，对有关工作给予肯定，并提出具体要求。

▲13日 青岛海关获得2021年“安恒——泰山杯”山东省网络安全大赛优秀组织奖。

▲15日 青岛海关非贸渠道重点安全准入查发快速响应信息位列全国第一。

青岛海关组织召开山东省FTA原产地管理提升年专题新闻发布会。青岛海关、山东省贸促会、济南海关以及青岛市市北区政府分别就山东省FTA原产地管理提升年活动开展情况及成效、山东省2021年1月至9月自由贸易协定实施情况、山东省利用自由贸易协定典型案例以及山东省RCEP实施准备典型案例——RCEP青岛企业服务中心建设的有关情况进行发布。

▲21日 青岛海关与青岛市公安局建立关于打击知识产权犯罪情报线索联合研判的合作机制。双方将依托山东省打击侵权犯罪线索孵化基地进行大数据分析研判，实现知识产权违法犯罪链条治理。

▲27日 青岛海关作为全国海关10个直属机关党委“书记项目”试点单位，在总署基层党建“书记项目”试点工作视频会上围绕党建品牌创建工作做交流发言。

11 月

▲1 日　由总署进出口食品安全局牵头，青岛海关承办的“全国海关进出口食品安全监管子系统（一期）——进口食品境外生产企业注册管理”项目正式在全国海关上线运行。该项目可实现进口食品境外生产企业单一窗口注册、海关内部审批流程信息化，提升海关进口食品监管领域执法服务效能。

▲10 日　青岛海关“积极推进离退休干部网格化管理，探索优化服务管理新模式”案例在山东省委老干部局组织的省直单位老干部工作转型发展创新案例评选活动中获评一等奖。

▲12 日　上合示范区原产地证书审签中心正式启用。这是国内首个以服务上合组织成员国经贸合作为特色的专门原产地证书审签中心。

▲17 日　总署企管司、青岛海关、伊朗海关三方举行 AEO 互认实施准备视频会，三方就中伊 AEO 互认实施具体日期、信息互换方式进行协商，明确下一步双方工作，推动中伊 AEO 互认安排尽快实施。

总署对 2020 年全国海关优秀公职律师予以通报表扬。青岛海关 2 名公职律师获评 2020 年全国海关优秀公职律师，位列全国直属海关首位。

▲19 日　青岛胶东机场海关正式揭牌。

青岛海关推报的烟台海关、青岛海关综合业务处、日照海关党建创新案例在山东省机关党建研究专委组织的全省机关党建创新优秀案例评选中分获一、二、三等奖。

▲22 日　青岛海关被全国“扫黄打非”工作小组授予 2020 年全国“扫黄打非”先进集体称号。

▲27 日　青岛海关法治研究成果在第二届“齐鲁海关法论坛”研讨会上获奖。青岛海关共报送法治研究论文 75 篇，其中 4 篇获得一等奖，16 篇获得二、三等奖。

▲30 日　山东省口岸办、青岛海关联合开展深化“放管服”改革优化口岸营商环境十佳实践案例评选活动。确定《编制发布“上合指数”服务中国——上合组织地方经贸合作示范区建设》等 10 个实践案例入选 2021 年度青岛关区深化“放管服”改革优化口岸营商环境十佳实践案例。

12 月

▲1 日　青岛海关依法向山东省农业农村厅移交执法查没走私海马干 49 万余尾，重 1.28 吨，这是近年来全国海关一次性移交涉案海马干数量最多的一次。

▲3 日　青岛海关、济南海关与山东省农业农村厅联合签署罚没水生野生动物及其制品移交工作协作备忘录。

▲8 日　总署党委委员、副署长孙玉宁到总署风险防控局（青岛）调研。听取该局整体工作汇报和大数据应用探索实践

专题汇报，实地调研党建和党史学习教育工作开展情况，深入处科室了解日常工作，充分肯定该局工作成效，并提出工作要求。

▲9日 总署党委委员、副署长孙玉宁在青岛海关调研，听取工作汇报，对青岛海关强化监管、优化服务、关地合作，促进经济社会发展所做工作给予充分肯定，对下步工作提出具体要求。

▲10日 总署党委委员、副署长孙玉宁在青岛出席全国海关智能审图工作现场会，听取相关工作汇报，充分肯定试点海关在智能审图实战应用方面的创新经验及丰硕成果，并针对下一步工作提出要求。

2021中国关务发展大会发布2021年十大海运集装箱口岸营商环境测评结果，青岛口岸营商环境指数综合得分排名第一，获四星级评价。

▲16日 青岛海关2个项目获得2021年度青岛市科技进步奖二等奖。

▲28日 青岛海关党委书记、关长贺水山参加总署直属海关单位党委书记述责述廉述党建视频会议，并向总署党委述责述廉述党建。

总署公布取得2020年度副高级职称人员名单，青岛海关23人取得职称资格，人数位居全国海关系统首位。机构改革以来，青岛海关累计142人经总署评审取得正、副高级职称，评审通过人数连续4年位居全国海关系统首位。

▲31日 《上海合作组织成立20年贸易发展报告》正式出版发行。该书由总署全球贸易监测中心指导，上合示范区管委支持，青岛海关联合中国海洋大学编撰出版。

第九篇

荣誉榜

2021年青岛海关获省部级及以上表彰单位、部门

序号	获奖单位/部门	奖励/荣誉名称	批准单位
1	青岛海关办公室	国务院办公厅政务（含互联网）信息报送工作先进单位	国务院办公厅
2	青岛海关关税处机关党支部	2021年度全国海关党建示范品牌	中共海关总署委员会
3	青岛海关进出口食品安全处	2021年全省食品产业高质量发展表现突出集体	中共山东省委　山东省人民政府
4	青岛海关缉私局查私处	打击虚开骗税违法犯罪两年专项行动成绩突出集体	国家税务总局　公安部　海关总署　中国人民银行
5	黄岛海关缉私分局	打击虚开骗税违法犯罪两年专项行动成绩突出集体	国家税务总局　公安部　海关总署　中国人民银行
6	黄岛海关缉私分局侦查科	全国公安机关成绩突出集体	公安部　中华全国总工会
7	青岛海关直属工会	模范职工之家	中华全国总工会
8	青岛海关直属工会	2017—2020年度全国群众体育先进单位	国家体育总局
9	烟台海关驻机场办事处旅检一科	第20届全国青年文明号	全国创建“青年文明号”活动组委会
10	青岛流亭机场海关旅检业务现场	第20届全国青年文明号	全国创建“青年文明号”活动组委会
11	青岛大港海关旅检科	全国工人先锋号	中华全国总工会
12	荣成海关	第十七届全国法治动漫微视频征集展示活动优秀奖	全国普法办
13	青岛海关技术中心	陕西省科学技术进步奖	陕西省人民政府

2021 年青岛海关获省部级表彰个人

序号	获奖人员	所在单位/部门	奖励/荣誉名称	批准单位
1	王　鑫	青岛海关综合业务处	山东海洋强省建设突出贡献奖先进个人	中共山东省委　山东省人民政府
2	徐　程	济宁海关缉私分局	全国打击虚开骗税违法犯罪两年专项行动成绩突出个人	国家税务总局　公安部　海关总署　中国人民银行
3	韩晓刚	黄岛海关缉私分局	全国打击虚开骗税违法犯罪两年专项行动成绩突出个人	国家税务总局　公安部　海关总署　中国人民银行
4	李　飞	流亭机场海关缉私分局	全国打击虚开骗税违法犯罪两年专项行动成绩突出个人	国家税务总局　公安部　海关总署　中国人民银行
5	李文莉	青岛海关监察室	山东省优秀党务工作者	中共山东省委
6	王　栋	黄岛海关	全国打击虚开骗税违法犯罪两年专项行动成绩突出个人	国家税务总局　公安部　海关总署　中国人民银行
7	郑　艺	海关总署风险防控局（青岛）	全国打击虚开骗税违法犯罪两年专项行动成绩突出个人	国家税务总局　公安部　海关总署　中国人民银行
8	于健波	烟台海关驻港口办事处查验一科	2021 年度“百名优秀执法一线科长”	中共海关总署委员会
9	吴俊卿	青岛胶东机场海关旅检三科	2021 年度“百名优秀执法一线科长”	中共海关总署委员会
10	姚　斌	青岛大港海关查检一科	2021 年度“百名优秀执法一线科长”	中共海关总署委员会
11	朱晓黎	临沂海关	全国打击虚开骗税违法犯罪两年专项行动成绩突出个人	国家税务总局　公安部　海关总署　中国人民银行
12	任　斌	枣庄海关	全国打击虚开骗税违法犯罪两年专项行动成绩突出个人	国家税务总局　公安部　海关总署　中国人民银行
13	董俊哲	青岛海关技术中心	陕西省科学技术进步奖	陕西省人民政府
14	王　铭	青岛海关技术中心	陕西省科学技术进步奖	陕西省人民政府
15	郑丽莎	青岛海关技术中心	陕西省科学技术进步奖	陕西省人民政府

青岛海关首次被授予“光荣在党50年”纪念章名单

青岛海关机关（110名）

孙　英　张　偘　吴立成　刘　藩
宋星汉　刘凤林　王梦吉　潘瑞高
谭世斌　杨灵春　董开贞　姜道忠
张保来　刘志军　唐　良　张维珉
张龙军　曹洪忠　张忠义　郭建礼
张隆江　杨景之　于书寿　刘永起
李举元　于惠英　王文学　王凤义
王隆俭　单德安　刘玉贤　隋申之
王乐真　孙殿全　宫恩书　王显明
张　勤　李振祥　包秀荣　蔺玉娥
冷　云　刘宗华　孙爱军　周绪达
贾守忠　张志辉　高维斌　吴世发
王鸿翎　于国明　张辉鹏　苏国民
李玉梅　江景渭　史衍臣　马永奎
赖征军　李　明　姜绍华　滕学松
戚传海　李武军　高玉琴　李盈田
林淑珍　刘其荣　邵华林　江玉英
胡正生　王钦伦　赵翠芳　张道林
李维有　王珂珍　吕学升　魏　华
任延堂　薛立坚　王辉民　刘德茂
宋玉晓　姜桂本　冯春溪　周敬祥
王民伟　张朝刚　平　凡　黄祖梅
王鑫贤　施绍炎　陈广德　王棣华
陈可钦　周世刚　秦孝华　刘香梅
陈林海　夏桂芳　于海之　王起智
闫盛金　杨洪水　郭荣德　王永成
张清峰　曹桂理　刘玉治　陈汇书
倪　阳　段作允

黄岛海关（9名）

徐书明　李延香　康殿龙　徐桂楠
孙秀琴　翟凡光　史锦章　张世金
杨丛昌

烟台海关（32名）

邹本玺　高厚玺　于喜昌　姜勤升
孙书平　韩永江　周尚玉　宋道江
王淑妍　徐兆田　朱启坤　薛振正
宫兆林　姜援鲜　王传禄　于开真
庞云章　夏元仁　王维忠　赵恒奎
李玉明　宗玉泰　朱世田　刘有月
迟丰义　鲁绪东　阎忠祥　乐存亮
王献国　董绍荷　于树模　陈洪才

大港海关（21名）

邹德祥　曲人光　刘风志　刘殿京

王增仁　鲍为民　淳于勇卫　张俊杰
俞伟利　王新国　王新国　姜宝卿
牟文斗　朱信亭　戴葆色　赵龙生
庞学修　孙志成　邱光全　阎其华
王秀美　王庆华

日照海关（12 名）

潘春来　王殿玉　马鸣皋　张子荣
刘富田　尹衍山　邓洪照　杨培广
司学明　刘贵俊　申华强　刘加宾

威海海关（12 名）

栾竹林　柳亚轩　鞠远礼　李忠民
王厚堂　张文早　庄子明　朱厚元
秦海银　袁洪福　王代远　杨清庆

龙口海关（5 名）

付万璞　王义之　尚恭平　吴振茂
成守信

荣成海关（3 名）

魏绪来　李胜清　曲文学

济宁海关（1 名）

聂承瑞

临沂海关（1 名）

郭连美

菏泽海关（2 名）

宋登杰　李　鲁

枣庄海关（1 名）

桑连峰

莱州海关（3 名）

程勤彦　张春生　尚京亮